Johann August Reuß

Deutsche Staatskanzlei

Jahrgang 1799. Band 3

Johann August Reuß

Deutsche Staatskanzlei
Jahrgang 1799. Band 3

ISBN/EAN: 9783744701044

Hergestellt in Europa, USA, Kanada, Australien, Japan

Cover: Foto ©Suzi / pixelio.de

Weitere Bücher finden Sie auf **www.hansebooks.com**

Teutsche
Staatskanzlei.

Jahrgang 1799.

III. Band.

Von

D. Johann August Reuß,

herzogl. wirtembergischem
Regierungsrath.

Ulm.

Auf Kosten der Stettinischen Handlung.
1800.

Inhalt.

I.) Kurpfälzische Religionsdeklaration, (9. Mai
1799.)   S. 1 — 42

II.) Reichsberathschlagungen über den russischen Truppenmarsch.   S. 43

   1) Reichsfürstenrathsprotokoll über die
Berichte der Reichsfriedensdeputation wegen des russischen Truppenmarsches; nebst
sieben Fortsezungen derselben. vom 1. März
bis 12. April 1799.   S. 70

   2) Kurfürstl. Protokoll vom 18. Febr. 4.
15. und 18. März, auch 1. und 2. April
1799. den russischen Truppenmarsch betr.
            S. 143

       3) Al-

)(2

Inhalt.

3) Alleruntertänigstes Reichsgutachten an
Ihro röm. kaiserl. Majestät vom 12. April
1799. die Note der bevollmächtigten
Minister der französischen Republik vom
2. Jäner d. J. wegen eines etwaigen
Marsches russisch-kaiserl. Truppen durch
das Reich betr. S. 164

4) Direktorialvortrag bei der außerordentlichen Rathsversammlung vom 10. Jäner
1799. S. 170.

5) Freundschaftliche und vertrauliche Kommunikation des französischen Geschäfts-
führers Bacher zu Regensburg, wodurch
er dem kurmainzischen- und einigen andern Gesandten ein Schreiben des Ministers
der auswärtigen Angelegenheiten Talleyrand, im Auszug mittheilt. S. 172

6) Promemoria des reichsstädtischen Di-
rektorialis Syndikus Bößners, über eine
ihm von dem österreichischen Direktorial-
Gesandten geschehene Erklärung, über die
Eröffnung des Protokolls, den russischen
Truppenmarsch betr. S. 173

7)

Inhalt.

7) Bemerkungen über einige Abstimmungen des Fürstenkollegiums, vom 1. März 1799.   S. 176

8) Bemerkungen über das salzburgische Votum, in Betreff des Marsches der Russen.   S. 177

III.) Verzeichnis einiger Fälle, über die Eröfnung der Berathschlagung im Reichsfürstenrath, und die Abhängigkeit derselben von dem Daseyn der Instruktionen des gröbern= oder doch des vorzüglicheren Theils der reichsständischen Höfe.   S. 179

IV.) Inhalt des russisch=kaiserl. Zirkularrescripts an die russischen Minister im Reich, über die Theilnehmung des Kaisers an dem Wohl und der Erhaltung des teutschen Reichs; nach der Mittheilung des russisch=kaiserl. Ministers von Bukassowich, am oberrheinischen Kreis, an den Direktorialminister von Hertling. (März 1799.)   S. 183

Inhalt.

V.) Forderung des Juden Zacharias Isak Wertheimer, an die Reichsoperations-kasse. S. 185

VI.) Wiberlosungsstreit zwischen dem fürstl. Hause Hohenlohe und dem Hochstifte Wirzburg, die Dörfer Königshofen im Gau, Rettersheim, Rinderfeld, Wermprechtshausen, Oberndorf, Streichenthal und Neuenbronn betr. S. 194.

VII.) Innere Gährungen in der Reichsstadt Reutlingen. Neueste Wendung der Sache. S. 252.

1) An kaiserliche Majestät allerunterthänigste Anzeige, Vorstellung und allergehorsamste Anheimstellung ꝛc. S. 291.

2) Reichshofrathskonklusum vom 2. Jul. 1799. S. 329.

3) Reichshofrathskonklusum vom 30. Sept. 1799. S. 334.

4)

Inhalt.

4) Reichshofrathskonklusum vom 23. Dec. 1799, die interimistische Entfernung des Bürgermeisters Fezer von allen Raths- und Aemterstellen betr.   S. 336

Vermischte Gegenstände.   S. 337

1) Verwahrungen des Hochstifts Trident wegen der Verhältnisse gegen der Grafschaft Tyrol.   S. 337

2) Obsignationsstreit des Hochstifts Augsburg mit dem Fürsten von Taxis in dem Ort Ballmertshofen.   S. 339

3) Eingriff des Wiener Stadtmagistrats in die reichshofräthliche Gerichtsbarkeit in einer Gantsache.   S. 341

4) Wirzburg gegen das Kloster Brombach.   S. 342

5)

Inhalt.

5) Debitwesen des Hauses Sachsen = Co=
burg = Saalfeld,   S. 344

Erster Abschnitt.

Kurpfälzische Religionsdeklaration vom 9. Mai 1799.

Der nun regierende Kurfürst von Pfalzbaiern konnte den Antritt seiner Regierung auf keine edlere Art verherrlichen, als indem er den Religionsbeschwerden, die so lange die innere Ruhe seiner Staaten und das Vertrauen der Unterthanen gegen ihren Regenten gestört hatten, und noch in den lezten Jahren seines Regierungsvorfahrers aufs neue betrieben wurden, a) ein Ende machte

---

a) Die Religionsdeklaration erschien während des Abdrucks der dem 39. Band meiner Staatsk. eingerükten Nachrichten von diesen Religionsbeschwerden. Hätte ich die Erörterung dieser Streitigkeiten mit damal so nahe gedacht, als sie wirklich war, so würde ich Anstand genommen haben, das Andenken der auf dem Wege der Beschwerden und der reichsgerichtlichen Klage vorgefallenen ältern Verhandlungen zu erneuern. Historischen Nuzen behalten inzwischen dieselbe immer, und es ist auch interessant, die Gesinnungen und Grundsäze des Hofes, welche z. E. in der zu Wien über

machte. Dieses geschah mittelst der Religionsdeklaration vom 9. Mai 1799. durch welche nun der ganze
Umfang der bisherigen Religionsstreitigkeiten als
beendiget anzusehen ist, da sie von dem kurpfälzischen Kirchenrath und der reformirten Kirche der
untern Pfalz, oder vielmehr dem dießseits des
Rheins gelegenen Theil derselben wirklich angenommen worden ist.

Der Grund dazu wurde durch die Unterhandlungen gelegt, welche während des Reichsfriedens-
kongresses zu Rastadt, unter Vermittlung der
preußischen Gesandtschaft, angestellt worden waren.
Der Herzog von Zweibrüken hielt sich damals an
dem Hofe seines Herrn Schwiegervaters, des
Marggrafen von Baaden, in Karlsruhe auf.

Die Geschäftsmänner waren v o n S e i t e
des K i r c h e n r a t h s der Hof- und Legationsrath
H ö f e l i n von Stuttgart und der kurpfälzische
Administrationsrath und Fiskal B e t t i n g e r aus
Heidelberg, welcher jenem auf sein Ersuchen eine
Zeitlang zugegeben wurde und sich so lange in
Rastadt aufhielt, bis alle Artikel des Vertrags
entworfen waren. b)

Der

―――――――――――

übergebenen Note geäussert wurden, mit den Grundsäzen und Gesinnungen, wie sie nun aus der Religionsdeklaration hervorleuchten, zu vergleichen.

b) Auch hielten sich die kurpfälzischen Kirchenräthe
M i e g und W u n d einige Zeit in Rastadt auf, wie

aus

Der Hofrath Höfelin wurde zunächst in Hinsicht auf das bevorgestandene Schiksal des linken Rheinufers und des an demselben gelegenen beträchtlichen Theils der untern Pfalz in der Absicht nach Rastadt abgeordnet, um das Interesse der reformirten Kirche und des Kirchenguts dabei zu besorgen.

Für diesen ersten Zweck seiner Sendung ließ sich nun wohl, nach der ganzen Lage aller Verhältnisse und Umstände auf dem Kongresse, wenig oder nichts wirken. Um so bequemer aber konnte die Nähe des Aufenthalts des präsumtiven Pfalzbairischen Kurnachfolgers an dem Orte des Kongresses dazu benuzt werden, um den schon früher angesponnenen, aber, wie es scheint, wider abgerissenen Faden vorläufiger Unterhandlungen über Beilegung jener Religionsbeschwerden, auf den Fall seiner Nachfolge in den Pfälzischen Staaten, aufs neue anzuknüpfen. Es geschah solches unter Vermittlung der Preußischen Gesandtschaft, unter deren Schuz sich auch der Hofrath Höfelin, in jener Eigenschaft, zu Rastadt aufhielt.

A 2

Von

---

aus dem Kongreßhandbuch zu ersehen ist. Jener begleitete den Hofrath Höfelin im Anfang des Dec. 1797. nach Rastadt, reiste aber nach einigen Wochen wieder nach Haus. Dieser hielt sich nur ganz kurz in Rastadt auf und begab sich nach Karlsruh, um dort dem herzoglichen Minister die Desiderien des Kirchenraths vorzutragen.

Von Seite des Herzogs von Zweibrü-
ken hatte sich diesem Geschäfte vorzüglich der gewesene
Zweibrükische Geheime Rath, Baron von Mont-
jellaz gewidmet, welcher nun als Minister der auswärtigen Angelegenheiten in München angestellt ist.

Die Unterhandlungen schienen einen sehr günstigen Fortgang zu gewinnen. Es kam wirklich
die Punktation eines Vergleichs zu Stande, welcher, nach dem damaligen Plan, als Vertrag gefaßt, und dessen Bindigkeit und Dauer durch Ga-
rantie des preußischen Hofes versichert werden
sollte. c)

Am Ende scheiterte aber dieses wichtige seiner
Vollendung schon so nahe gebrachte Geschäft ——
und zwar nicht, wie man etwa vermuthen könnte,
auf Seite des Herzogs, sondern auf Seite des
Kirchenraths —— an einigen Punkten, in welche
dieser nicht nur nicht eingehen wollte, sondern
wegen deren er auch, wie es scheint, selbst gegen
seine Abgeordneten Mistrauen zu schöpfen anfieng.
Eine

---

c) Der Vertrag sollte nach seiner Vollendung und ein-
geholtem ganatischen Beitritt, bei dem preußischen Ministerio zu Berlin so lange hinterlegt werden, bis der
Fall des Regierungsantritts wirklich eingetroffen seyn
würde. Der König wollte solchen besonders garanti-
ren, und wann zu Rastadt der Friede zu Stand gekommen wäre, wollte die preußische Gesandtschaft, in
Gesellschaft der übrigen protestantischen Höfe, es dahin
einleiten, daß solcher in dem Friedensinstrument selbst
unter dem pfälzischen Artikel bestätigt werden sollte.

Einer der wichtigsten dieser Punkte, welcher dem Kirchenrath nicht anstehen wollte, war die Frage von der künftigen Administration des Kirchenguts und der landesherrlichen Oberaufsicht über dasselbe, indem es in jener Punktation darauf angelegt war, daß der evangelischen Kirche das ganze Kirchengut, mit Einschluße des bisher von der katholischen Kirche besessenen Antheils desselben, zur Administration überlassen, mithin der, der katholischen Kirche zugewandte Theil desselben der reformirten Kirche, unter der Bedingung, auch für die not dürftige Unterhaltung der katholischen Kirche davon Sorge zu tragen, zurükgegeben, d) hingegen dem Kurfürsten als Landesherrn eine gewiſſe Oberaufsicht über die Verwaltung desselben vorbehalten werden sollte. Ueber das nähere Detail der Gründe für und wider kann ich keine genauere Aufschlüſſe geben.

U 3

Kurz

---

d) Statt deſſen iſt nun der gegenwärtige Besiz-stand in Ansehung der Kirchengüter die Basis der gegenseitigen Verhältniſſe, indem die Religionsdekla-ration §pho 6. lit. c. den allgemeinen Grundsaz auf-stellt:

daß die bisher jedem Religionstheil privative zuge-standene Güther, Capitalien und übrigen Gefälle zu eines jeden Religionstheils privativem Bedürfniß bestimmt bleiben sollen, und jeder derselben verbun-den sei, seine passiva aus dem ihm daher privative zustehenden Eigenthum abzutragen.

Kurz, das Geschäft, so wie es damit entworfen war, gerieth ins Stecken. Inzwischen sind
doch die damaligen Verhandlungen die wahre Grund-
lage des nun durch die Religionsdeklaration und
deren Annahme entstandenen neuen Grundgesezes
über die Verhältnisse der reformirten Kirche, sowohl gegen die landesherrliche Gewalt, als gegen
die katholische Kirche der untern Pfalz.

Kaum hatte der neue Kurfürst, nach dem
Tode Karl Theodors, die Regierung angetretten, als er sich, nach seiner großmüthigen ed-
len Denkungsart, jener Versicherungen erinnerte,
die er wegen Hebung der beinahe verjährten Religionsbeschwerden der reformirten Kirche als prä-
sumtiver Kurnachfolger von sich gegeben hatte.
Das abgebrochene Geschäft wurde unverweilt wieder vor die Hand genommen und zu dem Ende
der Administrationsrath Bettinger, der schon
in Rastadt und Karlsruhe, nebst Höfelin, an
der Sache arbeitete, nach München berufen.
Hier kam nun — freilich nicht mehr in der Form
eines Vertrags, sondern in der Gestalt einer
von dem Agnaten des Pfälzischen Hauses mit ge-
nehmigten landesherrlichen Resolution—
diejenige Religionsdeklaration zu Stande, welche,
ihrem ganzen Inhalt nach, diesem Abschnitt beigefügt ist. Sie wurde von dem reformirten
Kirchenrath mit feierlichem Danke angenommen,
und mittelst eines deswegen angeordneten Got-
tes-

tesdienstes, e) in allen reformirten Kirchen abgelesen, auch unverweilt zum Druk befördert. f)
Der Inhalt dieser Religionsurkunde wird nun, so
weit es die gegenwärtigen Zeitumstände erlauben,
unverweilt in Ausübung gebracht; auch ist schon
vor einigen Monaten die im §. 6. lit. d. zugesagte vermischte landesherrliche Kommission ernannt worden, um die daselbst erwähnte Gegenstände zu untersuchen und sie in Gemäßheit jener
Bestimmungen zu erörtern oder doch zu ihrer Erörterung vorzubereiten. g)

A 4 Wie

---

e) Die von dem Kirchenrath Kalbel bei diesem so
erfreulichen und feierlichen Anlasse gehaltene Rede, die
auch von dem Kurfürsten sehr gut aufgenommen
wurde, ist unter dem Titel:

Dankrede nach der öffentlichen Verkündigung der Kurpfälzischen Religionsbeclaration vom 9. Mai 1799.
über Psalm 126, 5. 6. von G. D. Kalbel, Kur-
pfälzischem Kirchenrath und erstem Prediger der deutschen reformirten Gemeinde in Mannheim 1799.
24. S. in 4

durch den Druk bekannt gemacht worden.

f) Ich besitze zweierlei Ausgaben; die eine in 4to auf
24. S, die andere in 8vo auf 36. S. Beide führen
nur den einfachen Titel: Kurpfälzische Religionsdeklaration vom 9. Mai 1799.

g) Es ist nur zu wünschen, daß dasjenige, was auf
kommissarische Verhandlungen ausgesetzt worden ist,
nicht das Schiksal jener Gegenstände treffen möge,
welche auf dem westphälischen Friedenskongresse ad fu-
tura Comitia verwiesen wurden.

Wie sich das Corpus Evangelicorum dabei benehmen werde, das ehmal sich wegen dieser Religionsirrungen so thätig verwendete, ist noch zu erwarten. Vielleicht kommt aber diese Sache bei demselben gar nicht förmlich in Erwägung. Wenigstens hat der Kurfürst seine Religionsdeklaration unverweilt auch den angesehensten evangelischen Höfen bekannt gemacht, und dem Vernehmen nach ist dieselbe auch von diesen mit Beifall aufgenommen worden.

Endlich habe ich noch zu bemerken, daß zugleich mit der gegenwärtigen Religionsdeklaration ein sogenannter Nebenreceß erschien, der auf den Fall hauptsächlich gerichtet ist, wenn die linke Rheinseite wieder an Teutschland zurükkommen sollte. Ehe dieser Fall, dessen Existenz noch immer mit Zweifeln umwunden ist, wirklich eintritt, darf solcher weder in dem Lande bekannt gemacht, noch weniger gedrukt werden; Nach diesem Nebenrecesse, von dessen Inhalt ich noch nicht näher unterrichtet bin, solle bei Rukkehr der linken Rheinseite, der katholische Theil nicht alles dasjenige behalten, was derselbe bisher durch die Ryßwikische Friedensklausul usurpirt hatte, und also auch auf diesen Fall die reformirte Kirche keine Noth leiden. Da sich dieß mit dem im 6ten Spho lit. C. der neuen Religionsdeklaration aufgestellten a l l g e m e i n e n Grundsaz nicht vereinigen läßt, so müßte der Nebenreceß Abweichungen von jener allgemeinen Regel enthalten.

Kur

Kurpfälzische Religionsdeklaration vom 9ten Mai 1799

Von Gottes Gnaden Wir Maximilian Joseph, Pfalzgraf bei Rhein, in Ober= und Nieder=
baiern Herzog, des heil. röm. Reichs Erztruch=
seß und Churfürst, wie auch Herzog zu Gü=
lich, Cleve und Berg, Landgraf zu Leuchten=
berg, Fürst zu Mörs, Marquis zu Bergenop=
zoom, Graf zu Veldenz, Sponheim, der Mark,
Ravensberg und Rappoltstein, Herr
zu Ravenstein und Hohenack rc. rc.

Veranlassung und Zweck.

Thun kund und fügen hiemit öffentlich zu wis=
sen: Nachdem Uns durch das Ableben des wei=
land durchlauchtigsten Fürsten und Herrn, Herrn
Karl Theodor, Pfalzgrafen bei Rhein und Chur=
fürsten, die Erbfolge in die sämmtliche pfalzbaieri=
sche Chur= und Erblande anerfallen ist; so haben
Wir alsbald in gnädigste Erwägung gezogen,
wie jene, nun seit einem vollen Jahrhundert in
Unsrer Pfalzgrafschaft am Rhein zwischen Unsern
reformirten und katholischen Unterhanen entstan=
dene, und bis anher fortgedauerte Religionsir=
rungen und Streitigkeiten auf einmal gehoben=

A-5   und

und dergestalt in den Weg der Ordnung gebracht werden könnten, daß Unsre Unterthanen beider Religionen in Ruhe und Frieden miteinander leben, und ihr Religions- und Kirchenzustand auf eine billige und dauerhafte Art bestehen möge.

Bei Erwägung der dabei eintrettenden Umstände haben Wir gefunden: daß zwar Unsere in Gott ruhende Herren Vorfahrer Pfalzgrafen und Churfürsten der reformirten Religion das Religions- und Kirchenwesen durch eigene Landesgesetze geordnet und bestimmt haben, bei welchen Verordnungen Wir auch im Wesentlichen es stets hin zu belassen gedenken.

Wir haben ferner aus den bisher gepflogenen Verhandlungen ersehen, daß Unsre reformirte Unterthanen in der Pfalzgrafschaft am Rhein sich vorzüglich auf den Besizstand des durch den westphälischen Friedensschluß für die Churpfalz bestimmten Normaljahrs 1618. gestüzt, und Kraft dessen unter der vorigen Regierung in ihren bei kaiserlicher Majestät angebrachten Beschwerden die Wiederherstellung nach dieser Norm allerunterthänigst nachgesucht haben.

Weil aber ein grosser Theil Unserer Unterthanen in der Rheinpfalz sich seit dem Anfall dieser Länder an die nun erloschene pfalzneuburgische Linie zur katholischen Religion bekennet, denen Wir Unsere landesväterliche Sorgfalt eben so wenig entziehen können; so verbindet Uns Un-

II

Unsere unveränderliche Neigung zur Gerechtigkeit
und Billigkeit, auch für deren kirchlichen und po-
litischen Zustand um so mehr zu sorgen, als diese
sich nun ein volles Jahrhundert gleichfalls nach
Gesezen und Verträgen Unserer Herren Churvor-
fahrer in dem Mitbesiz des erstern befinden, auch
des heiligen römischen Reichs Churfürsten und
Stände beider Konfessionen durch öffentliche, auf
dem Reichstag vorgekommene Handlungen solche
Abfälle gegen jenes Normaljahr bereits freiwillig
nachgegeben haben, welche nach den staatsrechtli-
chen Verhältnissen Unsern katholischen Unterthanen
in der Rheinpfalz ihre politische Existenz in voller
Maase befestigen.

Wir haben anbei in gnädigste Erwägung gezogen:

a) daß jene unter Unseren Herren Churvor-
fahrern der reformirten Religion erlassene kirchliche
Landesgeseze dem Geiste jener Zeiten zwar ganz
konform gewesen, dagegen aber in ausserwesentli-
chen, oder mit dem Innern der Religion in keiner unmittelbaren Verbindung stehenden, sondern
blos die äussere Direktion des Kirchenwesens betreffenden Dingen auf die durch die Zeit veränderte öffentliche Meinung und den heutigen Geschäftsgang nicht mehr durchaus passend seyen,
und indem Wir

b) dem Leitfaden der Geschichte gefolget sind,
haben Wir wahrgenommen: daß die Quelle aller
Irrun-

Irrungen und Mißverständnisse, welche seit so langen Zeiten andauern, hauptsächlich darin liege:
daß nach und nach Unsere reformirte Unterthanen,
ob sie gleich den größten und begütertsten Theil
der Einwohner in der Rheinpfalz ausmachen,
von den meisten Landeskollegien und Stellen entfernt und ausgeschlossen, auch mancherlei gegen
jene ursprüngliche kirchliche Landesgeseze verfügt
worden sei, wodurch bei ihnen ein nicht ungegrün-
detes Mißtrauen erwachsen, und manche recht-
mäßige Beschwerde in dieser Hinsicht entstanden ist.

Indem Wir auf diese Art die Quelle aller
dieser Irrungen ausfindig gemacht haben, so wurde
Unser landesväterliches Gefühl alsbald rege, und
der gnädigste Entschluß von Uns gefaßt, solche Verfügungen zu treffen, wodurch eines Theils diese
Irrungen von nun an gänzlich gehoben, und ähnlichen in Zukunft vorgebogen werden möge, andern
Theils aber auch, Unsere Unterthanen der Rheinpfalz von Unsern landesväterlichen gnädigsten Gesinnungen zu überzeugen, wie sehr Wir Uns zum
unabweichlichen Gesez gemacht haben, Recht und
Billigkeit in allen Verhältnissen eintretten zu lassen.

Ohne Rücksicht also, was Unsere reformirte
Unterthanen der Rheinpfalz aus dem Normaljahr 1618. des westphälischen Friedens, und Unsere katholische Unterthanen daselbst aus ihrem
Mitbesitzstand, vorderen Gesezen oder Verträgen
in Anspruch nehmen mögen, haben Wir nach un-
befangener Gerechtigkeit, um den durch Zeit und
Um-

Umstände eben so verwickelt, als in ihren Folgen
landesverderblich gewordenen Streitigkeiten gänzlich ein Ende zu machen, den freiwilligen gnädigsten Entschluß gefaßt, folgendes für Uns und Unsere Nachkommen Herren Churfürsten und Pfalzgrafen bei Rhein als ein unveränderliches prag-
mattsches Landesgesez festzustellen und zu bestimmen, auch dessen Ausführung alsbald ins Werk
sezen zu lassen.

Wir erklären, befehlen und verordnen demnach, daß

§. 1.

Gewissensfreiheit und Toleranz, sowohl in Beziehung auf
die Regierung des Landes, als auf die darin sich
findende verschiedene Religionsverwandte.

a) sämmtliche Unsere reformirte Unterthanen
der Rheinpfalz eine vollkommene Religions- und
Gewissensfreiheit nach allen Theilen geniesen, und
ihnen weder in Lehr- und Glaubenssachen, noch in
freier Ausübung ihres Gottesdienstes, zu irgend einer Zeit einigerlei Hinderniß oder Verbot in den
Weg gelegt, oder sie sonst auf irgend eine Art in
ihrem Gewissen beschwert oder gekränkt werden sollen, welches Wir auch auf Unser Churfürstliches
Militär dergestalt ausdehnen, daß solchem in
vorkommenden Kriegsläufen, oder, wo sie in katholischen Landen in einer Anzahl von wenigstens
hundert Mann in Garnison liegen, jedesmal reformirte Feldprediger beigegeben werden sollen.

Und da Uns

b) vor

b) vorgestellt worden, daß man bisher in den
Städten und auf dem Lande die protestantischen
Unterthanen auf verschiedene Art beschweret, den=
selben an den katholischen Feiertagen bei Ausübung
ihres Gewerbs verschiedentlich Zwang angelegt und
sie im Uebertretungsfalle mit Strafen belegt habe:
so wollen Wir dieses von nun an gänzlich abge=
stellt und aufgehoben wissen, und ertheilen Unsern
reformirten Unterthanen hiedurch in Ausübung ih=
res Gewerbs und Handthierung an solchen Tagen
eine unbeschränkte Freiheit nach den Grundsäzen
ihrer Religion; wobei Wir Uns jedoch zu ihnen
versehen, daß sie dadurch keine Störung des ka=
tholischen Gottesdienstes verursachen, und die jeder
versammelten Gemeinde bei Ausübung ihrer reli=
giösen Handlungen und Gebräuche schuldige Ach=
tung allzeit bezeigen werden.

Zu diesem Ende soll auch das Geläute in reformir=
ten Kirchen, bei Begräbnissen oder andern Gelegen=
heiten, an denjenigen Orten, wo die Katholischen
ihre eigene Kirche haben, von letztern nicht mehr
begehrt werden, sondern die Glocken ein Eigenthum
desjenigen Religionstheils zum ausschließenden Ge=
brauch seyn und bleiben, dem die Kirche zugehört;
wo hingegen in gemeinschaftlichen Kirchen es bei der
bisherigen Uebung belassen wird. Wir wolen auch,

c) daß künftig die vermischten Heurathen
ganz frei von jedermann ungehindert nach dem
bloßen Willen der kontrahirenden Theile für sich
bestehen sollen, und jedem dieser Neuverlobten
ohne

ohne Unterschied, ob sie sich bei dem Parocho
Sponsi oder Sponsæ trauen lassen wollen, wenn
sie die Proklamationsgebühr bezahlt, die Dimißo-
riales unentgeltlich ertheilt, und in Absicht der
künftigen Erziehung ihrer Kinder ihnen die unbeschränkte Freiheit gelassen werden soll, hierüber
mit Beirath der Eltern oder Vormünder das Nöthige in ordnungsmäßigen Ehepakten zu bestimmen; wollen sie keine Heurathsberedungen eingehen, so sollen die Söhne in der Religion des Vaters, und die Töchter in der Religion der Mutter
erzogen werden, auch sollen solchen Kindern keine
andere Vormünder als von gleicher Religion be-
stellet werden, und wenn sie die annos discretio-
nis, welche Wir auf das zurückgelegte achtzehnte
Jahr bestimmen, erreicht haben, soll von ihrer
freien Wahl abhangen, zu einer oder der andern
Religion überzutretten.

Was

d) die Verheirathung Unserer protestantischen
Unterthanen unter sich betrift, wobei beide Theile
gleicher, oder wenigstens protestantischer Religion
sind, so können solche auch in Zukunft ohne Beobachtung der sogenannten geschlossenen Zeiten durch
Kopulation vollzogen werden, wie Wie dann auch
Unserm Kirchenrath das Jus dispensandi a pro-
clamatione ausschließend einräumen.

Da Uns ferner

e) angezeigt worden, daß bisher darin eine
Ungleichheit geherrschet, indem Unsere protestantische

tische Unterthanen bei verschiedenen kirchlichen Gegenständen, und darunter namentlich bei Dispensa-
tionen im nahen Grad der Verwandtschaft, Beobachtung geschlossener Zeiten, Hauskopulationen,
Kindtaufen, Trauung ohne Kanzelausruf zu Ent-
richtung der Landes-Fundi-Gebühren angezogen,
dagegen Unsere katholische Unterthanen davon befreiet geblieben seyen, wie nicht minder, daß das
an den Thoren erhoben werdende Sperr- oder Ein-
und Auslaßgeld bisher einzig und allein zum Beßten der katholischen Hospitäler verwendet worden
sey, so wollen Wir diese Ungleichheit hiemit gänzlich abgestellt und Unsere protestantische Unterthanen den Katholiken in Ansehung der Landes-Fundi-
Gebühren, wie auch der Theilnahme an den be-
merkten Sperrgeldern für ihre Spitäler völlig
gleichgehalten wissen.

Es soll auch

f) in Städten und auf dem Lande aus gemeinen Mitteln nichts, was zu eines oder des andern Religionstheils Gottesdienst erforderlich, an-
geschafft, noch gemeine Pläze zu Aufführung nö-
thiger Gebäude für Kirchen, Pfarr- und Schulhäuser, ohne Entgeld genommen werden.

Gleichwie Wir nun die Religions- und Gewissensfreiheit Unserer reformirten Unterthanen dadurch
für die Zukunft nach allen Theilen sicher gestellt,
und ihnen hierinn einen dauerhaften gesezlichen
Zustand verschafft haben, welchen Wir in allem,
was Religions- und Gewissensfreiheit nach den hier

oben

oben beſtimmten Theilen betrift, auch auf Unſere lutheriſche Unterthanen erſtreckt wiſſen wollen; ſo ſind Wir

§. 2.

zu deſſen vollkommneren Beſtättigung zwar ſchon im allgemeinen entſchloſſen, bei zukünftiger Beſezung der Staatsämter in Unſerer Rheinpfalz jederzeit nur auf den Würdigſten, ohne Unterſchied der im deutſchen Reiche eingeführten drei chriſtlichen Religionen, den landesväterlichen Bedacht zu nehmen; damit aber ein jeder noch ſo entfernte Schein von Willkühr von Unſerer Staatsverwaltung verbannt, und das Vertrauen Unſerer reformirten Unterthanen deſto feſter gegründet werde; ſo wollen Wir

a) bei dem Miniſterialdepartement der geiſtlichen Angelegenheiten einen geheimen Referendär der reformirten Religion anſtellen, durch welchen alle kirchliche Gegenſtände dieſer Konfeſſion, die nach der beſtehenden geſezlichen Verfaſſung an Uns gelangen müſſen, oder ihrer Natur nach an Uns, als den Landesfürſten, gehören, bei dieſem geheimen Departement in Vortrag gebracht werden ſollen.

Neben dieſem werden

b) Unſere ſämmtliche kur= und rheinpfälziſche Dikaſterien, die nicht ohnehin ſchon ausſchlieſſend für Reformirte zu Beſorgung ihrer kirchlichen und Verwaltungsgeſchäfte angeordnet ſind,

Staatsk. 1799. III.　　　　B　　　　von

von Räthen sowohl, als Sekretarien und übrigen Subalternbedienten jederzeit zum wenigsten zum dritten Theil des ganzen eines jeden Collegii von Reformirten besezt, welches Verhältniß auch bei einzelnen Stellen so viel möglich beobachtet werden soll, wenn taugliche protestantische Subjekten sich dazu vorfinden. Und weil

c) das protestantische Ehegericht vormals ein Theil des kurpfälzischen Hofgerichts gewesen, und blos unter dem Vorwand der Verschiedenheit in Religionsgrundsäzen davon getrennt worden, so soll die vorige Verfassung wieder hergestellt, und das Ehegericht, dessen Mitglieder ihre Besoldungen künftighin nicht mehr von dem Kirchengut, sondern aus Unserer Generalkasse, wie Unsere übrigen Hofgerichtsräthe, erhalten, mit dem Hofgerichte dergestalt vereiniget werden, daß die Ehesachen durch die protestantischen Hofgerichtsräthe, welche sich darüber in einer besondern Abtheilung versammeln, untersucht und abgethan, die gegen solches Erkenntniß eingelegten Appellationen aber nicht mehr an die kurpfälzische Regierung, sondern unmittelbar an die höhere Justizstelle ergehen, dort aber in zwoter Instanz gleichfalls allein durch protestantische Räthe in einer besondern Deputation abgeurtheilt werden.

d) Was die obern und untern Justizstellen in den Haupt= und Landstädten, die Ober= und Unterlandbeamte, so, wie alle übrige oben nicht ge=

genannte Stellen in der Rheinpfalz betrift, so ist
Unsere landesväterliche Willensmeinung, daß auch
diese zum dritten Theil, wie sie in Erledigung
kommen, und sich tauchliche Subjekte reformirter
Religion dazu vorfinden, mit solchen successive besezt werden sollen.

e) Advokaten und Prokuratoren der höheren
Dikasterien in Städten und bei den Oberämtern
auf dem Lande sollen gleichfalls zum dritten
Theil reformirter Religion seyn, und bis das vest-
gesezte Verhältniß nicht gleich ist, vorzüglich auf
tüchtige Kandidaten dieser Religion Rücksicht genommen werden.

Hingegen soll bei allen Stadträthen und
Dorfgerichten

f) die bisherige Verfassung (jedoch mit Ausnahme der Hauptstädte, wo es bei dem Herkommen, nach welchem die Hälfte aus Katholiken,
und die andere Hälfte aus protestantischen Raths-
gliedern besteht, ferner verbleibt) dergestalt abgeändert werden, daß künftig dieselben mit ein
Drittel Katholiken, ein Drittel reformirten und ein
Drittel Lutherischen Konfessionsverwandten besezt,
und aus allen höhern und niedern Gerichtsstuben,
die einem oder dem andern Religionstheil auffallende
Zeichen amovirt, und nie wieder aufgestellt werden
sollen. Wo aber in einem Orte die Unterthanen ganz,
oder zum größten Theil einer Religion zugethan
find, so verstehet es sich von selbst, daß man bei

B 2

An-

Anstellung des Gerichts darauf Rücksicht nehmen müsse.

Alles dieses werden Wir dergestalt vollziehen lassen, daß so lange das bestimmte Verhältniß in Unsern Kollegien und bei den übrigen Stellen nicht gänzlich hergestellt ist, Wir bei jedesmal sich ergebenden Vakaturen abwechselnd mit den Katholiken auf ein jedes tüchtiges protestantisches Subjekt vorzüglichen Bedacht nehmen werden.

Da Wir hiedurch vestgestellt haben, wie Wir für Unsere reformirte Unterthanen in politischer Hinsicht mittels Theilnahme an der innern Staatsverwaltung gesorgt wissen wollen, so verbindet Uns

§. 3.
Reformirte Kirchenverfassung.

Gleiche landesväterliche Pflicht, derselben Kirchenverfassung eben so wohl Unsere vorzügliche Sorgfalt zu widmen.

Was daher insbesondere diese, auch die Rechte und Vorzüge des Churpfälzischen reformirten Kirchenraths betrifft, so bestättigen Wir die von weiland Churfürst Friedrich dem Dritten von der Pfalz im Jahre 1564. in dem Lande promulgirte Churpfälzische Kirchenrathsordnung, und wollen, daß diese im Wesentlichen in ihrer geseßlichen Kraft durchaus erhalten werde. In Gemäßheit derselben sollen daher

a) die reformirte Kirchen und Schulen des Landes von dem Churpfälzischen reformirten Kirchenrath

chenrath mit tüchtigen Predigern und Lehrern, so
viel möglich aus Landeseingebohrnen besezet, und
Uns von demselben bei jedesmaliger Vakatur nach
bisherigem Herkommen zwei tüchtige Subjekte zur
landesherrlichen Wahl und Bestättigung vorgeschlagen werden, es wäre denn, daß dergleichen va-
kante Stellen durch Translokation eines vorhin
schon bediensteten und von Uns konsirmirten In-
spektors oder Pfarrers geschehe, in welchem Fall
es keiner weitern Wahl und Bestättigung von
Uns bedarf, nur soll kein ausländisches Subjekt
ohne Unser Vorwissen und Bewilligung zu einer
solchen Stelle berufen, der von Uns bestättigte
Kandidat aber hiernächst nach Maaßgabe der Kirchenrathsordnung durch einen kirchenräthlichen Commissarius Unsern Amtleuten präsentirt, bei Trans-
lation aber dieses unterlassen werden. Würde aber

b) der Fall eintreten, daß ein Prediger oder
sonstiger Kirchendiener sich aus grobem Aergerniß
in Lehren, Leben und Wandel, oder ex speciali
delikto, seines Amts verlustig macht, so bestimmt
die erwähnte Kirchenrathsordnung Capite 7, genau
die Fälle, in welchen Unser Kirchenrath für sich
und ohne Unsere höchste Bestättigung vorbersamst
einzuholen, seine Amtsverrichtungen zu üben, im
Gegensaz aber auch diejenigen, welche derselbe
vorgängig Unserer höchsten Genehmigung zu un-
terlegen hat. Wir versehen Uns daher zu demselben, daß die dort ertheilten Vorschriften und
gezogene Gränzlinien auf das genaueste werden

B 3

beob-

beobachtet und als Richtschnur in vorkommenden Ereignissen eingehalten werden.

c) Auf Lehre, Leben und Wandel seiner Kirchen- und Schuldiener hat demnach der Churpfälzische Kirchenrath nach Anleitung der Kirchenraths-Inspektions- und Presbyterial-Ordnungen die pflichtmäßige Aufmerksamkeit zu wenden, die Mängel an Kirchen und Schulen abzustellen, und damit die Ordnung hierin desto schleuniger und gewisser beobachtet werde, so sollen vor allen Dingen die in der Kirchenrathsordnung angeordnete Synodi particulares mit aller Freiheit wieder hergestellt, solche durchaus nach dieser Verordnung und erforderlicher Nothdurft alle Jahre in jeder Klasse gehalten und dabei nach Maßgabe des Cap. 8. §. 1, der Kirchenrathsordnung zu Werk gegangen werden. Was auch

d) die Synodos universales, oder die Berufung sämmtlicher reformirter Inspektoren zu den Kirchenrath in wichtigen — den äussern und innern Bau der Kirche bezweckenden Angelegenheiten betrifft, welche so oft es die Noth erfodert, statt haben sollen: so soll dabei ebenmäßig nach Vorschrift erwähnter Kirchenrathsordnung verfahren, und die Anzeige davon durch diesen unmittelbar an Uns gebracht werden. um solche in Gegenwart eines von Uns dazu abzuordnenden landesherrlichen Commissarius reformirter Religion in der Ordnung abzuhalten; wobei Wir jedoch die desfalls führende Protokolle nebst den nöthigen

Vor-

Vorträgen und Gutachten durch den Kirchenrath
zur unmittelbaren Einsicht erwarten, um hierüber
nach Befund der Umstände Unsere höchste Genehmigung zu ertheilen, und durch Unsern Kirchenrath die Verfügung in das Land ergehen zu lassen.

Was aber

e) die Conventus classicos betrifft, die nur
als ein Mittel zum Zweck anzusehen sind, so bestättigen Wir zwar die deßfalls promulgirte sogenannte Konventsordnung, wollen aber, daß dergleichen Versammlungen durch die einschlagende
Inspektion Unserm Beamten, in dessen Bezirk diese
Conventus gehalten werden, jedesmal angezeigt
werden sollen.

Gleichwie Wir

f) dadurch Lehre und Ordnung in den reformirten Kirchen und Schulen der Churpfalz nach
dem Sinne und Geist des Evangeliums durchaus
beobachten und handhaben zu lassen, die landesväterliche Absicht hegen; so versehen Wir Uns zugleich zu den Predigern und Lehrern derselben, daß
sie mit Unsern übrigen Unterthanen anderer Konfessionen in vollkommener Eintracht leben, alles
Aergerniß vermeiden, besonders aber sich aller
Lästerungen und anzüglichen Kontroverspredigten
gegen andere Religionen enthalten, wie Wir denn
auch den katholischen und lutherischen Geistlichen
und Schullehrern des Landes bei Unserer höchsten
Ungnade dieses gleichfalls hiemit ernstlich verbie-
ten,

ten, und einen solchen Unfug auch an diesen nachdrücklich zu bestrafen wissen werden.

In Gemäßheit der oben von Uns bestättigten
Kirchenrathsordnung verordnen Wir ferner:

§. 4.

Daß Unserm reformirten Kirchenrath das reformirte Kirchenregiment und die geistliche Gerichtsbarkeit in dem dort bestimmten Maaße zu
üben anvertraut seyn, und selbiger in seinen Verrichtungen unter unmittelbarer landesherrlichen
Aufsicht stehen soll, wonach

a) in Zukunft der reformirte Kirchenrath einen Theil der Churpfälzischen Landesdirektion,
und eine besondere Abtheilung derselben unter dem
Namen reformirter Kirchenrath ausmachen, und
so viel die weltliche Räthe und nöthige Kanzlei-
personale (ausschließlich des Registrators) betrifft,
aus allen reformirten Räthen jener Landesdirektion, welche zugleich auf die Kirchenrathsordnung
verpflichtet werden, nebst reformirtem Kanzleiper-
sonale bestehen soll, und ihre Besoldungen in dieser Eigenschaft bei Unserer Generalkasse zu beziehen haben.

Die theologischen Glieder dieses reformirten
Kirchenraths werden aber künftig aus drei an der
Anzahl unter den mittels Dekrets ihnen zuge-
theilt werdenden Prädikaten Churpfälzische Kirchenräthe bestehen, und beziehen ihre Besoldungen,

so,

so, wie auch der Registrator, von dem reformir=
ten Kirchengut bei der geistlichen Güterverwaltung.

Diese Unsere reformirte weltlichen und geist=
lichen Kirchenräthe haben den Rang nach der
Ordnung der Annahme mit allen übrigen Landes=
direktionsräthen, und in ihren Verrichtungen die
nämliche Macht und Prärogative.

b) Die jedesmalige Wiederbesezung der theo=
logischen Kirchenräthe geschieht durch den Vor=
schlag zweier Subjekte von Unserm reformirten
Kirchenrathe, worauf Wir nach Maaßgabe der
Kirchenrathsordnung Cap. 2, §. 3, das Geeignete
verfügen werden.

Wir erwarten jedoch, daß in Erledigungs=
fällen Unser Kirchenrath dahin Rücksicht nehmen
werde, ob unter den Professoribus theologiæ
zu Heidelberg, so, wie unter den Predigern der
Hauptstädte sich zu diesen Stellen würdige Män=
ner befinden, die alsdann vorzüglich Uns in Vor=
schlag zu bringen sind.

Wenn

c) Unser künftiger Landesdirektionspräsident,
oder einer der Direktoren derselben der reformirten
Religion zugethan ist, so soll dieser gleichfalls
das Präsidium führen, wären aber diese katholi=
scher oder lutherischer Religion, so hat der erste
und älteste Rath dabei den Vorsiz und die Di=
rektion nach Maaßgabe gedachter Kirchenraths=

B 5

ord=

ordnung. Die Versammlung des Kirchenraths geschieht

d) zu Verhandlung der ordinären Geschäffte
an einem gewissen zu bestimmenden, und in das
Land bekannt zu machenden Tag der Woche, an
welchem keine weltlichen Landesdirektionsgeschäfte
verhandelt werden, in einem besondern dazu bestimmten Orte.

Extraordinäre Geschäffte, welche Unser reformirter Kirchenrath mit der geistlichen Administration in Gemeinschaft nach Anleitung der Verwaltungsordnung vorzunehmen hat, können, so oft
es nöthig, verhandelt werden, wobei Wir Uns
jedoch versehen, daß dieses so viel möglich, ohne
Abbruch der weltlichen Landesdirektionsgeschäffte
bewirkt werde: die Expeditionen, welche der erste
reformirte Sekretär auszufertigen hat, laufen
durch den reformirten Theil der Landesdirektions-
kanzlei, der sich diesen Arbeiten nach dem Turno
zu unterziehen hat; und damit aller Conflikt ver-
mieden werde, so verordnen wir, daß derjenige
Theil des Kanzlei-Personalis, an welchem der
Turnus stehet, in so lange mit weltlichen Landes-
direktions-Kanzleigegenständen verschont bleiben
soll, bis jene des reformirten Kirchenraths abgefertigt seyn werden.

e) Alle bisher an den reformirten Kirchenrath von den Inspektoren, Pfarrern, Schullehrern, oder Landesstellen gesendete Berichte, oder
an-

andere Exhibenda werden, wie an Unsere Chur-
fürstliche Landesdirektion eingerichtet, nur daß in
rubro dieser Angelegenheiten die Worte beizufügen sind:

Zum Churpfälzischen Landesdirektions - reformirten Kirchenrath.

Auf gleiche Art laufen

f) die Expeditionen und übrigen Fertigungen
unter eben der Form, wie die von Unserer chur-
fürstlichen Landesdirektion; und was von dem
Kirchenrath hierin geschieht, wird als eine wirkliche Verordnung der Landesdirektion angesehen,
welche die Ober - und Unterbeamte des Landes
mit eben der Achtung zu vollziehen haben, wie sie
solches bei allen Verfügungen der Landesdirektion
ohnehin zu thun schuldig sind.

g) Das Archiv Unsers reformirten Kirchenraths bleibt wie bisher von dem übrigen abge-
sondert, und stehet unter der Aufsicht eines reformirten Subjekts, welches dazu als Registrator
besonders verpflichtet wird, und auch zugleich die
laufenden Sachen in Ordnung zu halten, und zu
registriren hat. Wenn sich aber

h) ein Pfarrer, Schullehrer oder eine andere
Person gegen eine Verfügung Unsers reformirten
Kirchenraths, die entweder seine Person, oder seine Amtsverrichtungen betrift, mit Recht zu beklagen hätte, so stehet es dem Beschwerten frei,
innerhalb 10. Tagen von dem Tage der ihm ver-

Un-

ůnbeten Verfügung sich unmittelbar an Uns den
Landesfürsten zu wenden, wo Wir sofort nach
Befund der Umstände eine Kommission auf andere
reformirte Justizräthe, welche weder Mitglieder
des Kirchenraths, noch sonst bei der Sache be-
theiligt sind, erkennen, und diesen die Untersuch-
und Entscheidung der Sache ex Commissione
speciali übergeben werden, um solche längstens
innerhalb vier Wochen von dem Tage der em-
pfangenen Akten gerechnet, remoto omni ulte-
riore recursu zu entscheiden. Wenn

i) neue Pfarreien oder Schulen in dem Land
nothwendig werden, so soll Unser reformirter Kirchenrath hierüber an Uns unmittelbar berichten,
und Unsere Bewilligung abwarten, welches er
gleichfalls bei Kombinir- oder Separirung der Pfarreien zu beobachten hat.

k) Alle neue Geseze, so wie die Erneuerung
älterer, ausser Uebung gekommener Geseze und
Verordnungen, welche in kirchlichen Sachen in
das ganze Land zu erlassen sind, sollen von Unserm Kirchenrath vorderfamst an Uns gebracht,
und ohne Unsere Bestättigung auf keine Weise
promulgirt werden.

§. 5.
Kirchengut und dessen Bestimmung.

Gleichwie nun nach deutlicher Bestimmung
alles bisherigen ein vorzüglicher Theil Unser fer-
neren landesväterlichen Vorsorge dahin gerichtet
ist, daß alle reformirte Kirchen und Schulen
sammt

sammt ihren Predigern und Lehrern in ihrem bisherigen Stand und Wesen, und bei dem unge-
schmälerten Genuß ihrer Kompetenzien, so wie ihnen solcher gesezmäßig gebührt, erhalten werden,
und Wir dabei in dem gegenwärtigen Drang der
Zeiten, und den noch ungewissen Aussichten eines
erträglichen allgemeinen Reichsfriedens hauptsächlich in Erwägung gezogen haben, wie in demjenigen Antheil der Rheinpfalz, welcher Uns durch
den Friedensschluß annoch verbleiben wird, das
von weiland Churfürst Friedrich dem Dritten für
die reformirte Kirche ausschliessend gestiftete, und
in der churpfälzischen Verwaltungsordnung vom
Jahre 1576. angeordnete Kirchengut nach diesem
Zweck verwendet werde; so fodert Uns auch eben
dieselbe Pflicht auf, dasjenige nicht zu beseitigen,
was die dermalige Lage der katholischen Unterthanen in diesem Land erfodern dürfte, welcher Zustand der Dinge auch vor- und in dem Normal-
jahre 1618, und noch länger nach demselben gewesen sei, und was auch Unsere reformirte Unterthanen bis zum Abgang der reformirten Regenten ruhig besessen und genossen haben mögen.
In dieser Rücksicht finden Wir Uns gnädigst bewogen, einen solchen Mittelweg zu treffen, durch
welchen in Ansehung des Eigenthums und Genus-
ses des Kirchenguts zwischen beiden Religions-
theilen, eine unverrückt dauernde Grenzlinie gezogen wird, welche dem Geist und Verordnung jener
ältern Gesezen so viel möglich entspricht.

Wir

Wir verordnen daher, daß

a) zu Vermeidung aller künftigen Eingriffen und Zwistigkeiten, das jedem Religionstheil zustehende Eigenthum der Kirchen, Pfarr = und Schulgebäuden, für jezt und in Zukunft unabweichlich bestimmt werde, und wollen hiemit: daß dabei der dermalige Besizstand allein zum Grund gelegt, folglich jeder Religionstheil die bermuc! besizende Kirchen = Pfarr = und Schulgebäude nach solchem behalten, das Simultaneum, wo es dermalen nicht geübt wird, in keiner Kirche auf irgend eine Art mehr eingeführt, auch an denjenigen Orten, wo dasselbe noch hergebracht ist, in der Art nur geübt werden soll, daß keiner von beiden Gottesdiensten gestört noch gehindert werde. Wo jedoch der Besizstand streitig ist, und ein = oder der andere Religionstheil Kirchen = Pfarr = oder Schulhäuser in Besiz haben sollte, die nach der Kirchentheilung und dem darinn festgesezten Jahr 1685. einem andern Religionstheil gehören, so werden diese davon ausgeschieden, die Sache durch eine vermischte Kommission untersucht, und nach Befund der Richtigkeit demjenigen Religionstheil wieder eingeräumt werden, dem solche nach jener Theilung gebührt.

Durch eben diese anzuordnende Kommission soll

b) die Uns von den Kollegien der reformirten Kirche geschehene Anzeige, daß ihren Pfarreien
und

und Schulen gegen das schorrische Reglement und festgestellten Besizstand vom Jahre 1685. manches geschmälert, und katholischen Pfarreien uud Schulen zugewendet worden seyn soll, untersucht, und nach Befund den Reformirten das rechtlich gebührende rückgestellt werden, wobei auch besonders auf den sogenannten Bergsträßerrezeß Rücksicht genommeu werden soll.

§. 6.

Da Wir den beiden reformirten Kirchenkollegien in die freie Wahl gestellt haben, ob sie den ganzen Complexum des bisherigen gemeinschaftlichen und privative katholischen Kirchenguts übernehmen, und daraus die Bedürfnisse sowohl der reformirten als katholischen Kirchen und Schulen des Landes bestreiten wollten, auf welchen Fall Wir das Ermangelnde aus Unsern Mitteln beizuschießen Uns erkläret haben; oder aber, ob Sie eine Abtheilung der gemeinschaftlichen Gefällen nach Maßgabe der Deklaration vom Jahr 1705. zu 2. und 5/7tel Theil vorziehen wollten, und dieselbe leztern Vorschlag gewählt haben; so verordnen Wir

a) daß alle und jede Kirchengüter, Zehnden, Gülten, Kapitalien, Renten und Gefälle des Landes, sie bestehen worinn sie wollen, und ohne Unterschied, welchem Religionstheil sie zuständig, als eine solche Kirchenmasse betrachtet werden soll, dessen Substanz zu keinen andern als kirchlichen Be-

Bedürfnissen oder andern milden Stiftungen nach
Maaßgabe der Verwaltungsordnung Churfürsten
Friedrich des Dritten verwendet, und von Uns
und Unsern Regierungsnachfolgern unter keinem
Vorwand davon getrennt werden soll. Wir be-
fehlen daher ferner

b) daß durch eine alsbald anzuordnende vermischte Kommission die Substanz des bisher gemeinschaftlich verwalteten Kirchenguts nach oben
bemerktem Verhältniß zu 2 und 5/7tel Theile abgetheilt, jedem Theile über die ihm zukommende
Ratam die vorhandene Akten und Urkunden aus-
geliefert, und die Verwaltung der, zu Unserer
willkührlichen Disposition verbleibenden 2/3tel
Theile einer von Uns zu bestimmenden Behörde,
jene aber der 5/7tel Theile einem ferner bestehenden, von Uns aber noch näher einzurichtenden
reformirten Verwaltungskollego übergeben werden
soll. Was aber

c) die bisher jedem Religionstheil privative
zugestandene Güter, Kapitalien und übrigen Gefälle betrift, so bleiben diese zu jedes Religionstheils privativem Bedürfniß bestimmt, und jeder
derselben ist verbunden, seine Passiva aus dem
ihm daher privative zustehenden Eigenthum abzutragen. Wir wollen ferner, daß

d) diejenigen Ansprüche, welche Unsere reformirte geistliche Administration auf das am Necker
gelegene Stift Neuburg mit seinen Appertinenz-
stücken, wie auch auf 5/7tel Theile derjenigen
Gü-

Güter, Zehenden und Gefällen, welche das Kar-
melterkloster zu Weinheim bisher besessen und genossen hat, aufstellet, alsbald durch eine von Uns
anzuordnende vermischte Kommission untersucht,
so viel thunlich, zwischen den interessirten Theilen gütlich verglichen, bei nicht erfolgter Verein-
barung aber ein ausführlicher kommissarischer gut-
ächtlicher Bericht mit Vorlegung aller Gründen
und Gegengründen an Uns erstattet werden soll;
wonach Wir nach Unsern bekannten Gesinnungen
nicht entstehen werden, das wei e Rechtliche vorzukehren. Was

e) die übrige avulsa des Kirchenguts betrift,
welche Auswärtige dermal im Besitz haben, so
werden Wir zu Recuperirung derselben Unsern
kräftigsten landesfürstlichen Beistand seiner Zeit
mit eintretten lassen.

Sollte auch der Fall seyn, daß Wir zum
Vortheil Unsrer Landen etwas an Gütern oder
Einkünften an Auswärtige vertauschen, oder sonst
verändern würden, wobei etwas von geistlichen
Gütern oder Gefällen mit enthalten wäre, so
wollen Wir jedesmal hierüber Unsere geistliche Administration um Bericht und Gutachten vernehmen,
und dabei dergestalt zu Werke gehen, daß der
Religionszustand überall in statu quo belassen,
Unsrer geistlichen Administration aber ein vollstän-
diges Aequivalent für das etwa in dem Tausch
begriffene geistliche Gut zu Theil werde.

Staatsk. 1799. III.   C   §. 7.

§. 7.
Kirchengutsverwaltung.

Das reformirte bleibende Verwaltungskollegium soll aus einem Direktor, erforderlichen Anzahl Räthen und übrigen nothwendigen Subalternbedienten reformirter Religion bestehen, worüber Wir ein Schema von Unserer geistlichen
Administration einziehen und die Funktionen des
anzuordnenden sämmtlichen Personals durch eine
nähere Verordnung bestimmen werden. Es sollen
auch

a) alle zu dieser geistlichen Güterverwaltung
gehörige Rezeptoren und übrige Unterbeamten
künftig durchaus der reformirten Religion zugethan seyn, und wo mit der Zeit ein katholischer
Rezeptor oder Unterbeamter dieser Art entweder
mit Tod abgehet, oder von Uns anderwärts angestellt wird, soll die Stelle mit einem reformirten Subjekt besetzt werden, sofern die Rezeptur,
welcher der Abgehende vorgestanden, bei der Abtheilung der Substanz entweder ganz mit ihren
Appertinenzien, oder doch zum größten Theil den
Reformirten zufallen wird. Wir heben daher
auch die bei einigen katholischen Rezeptoren bisher
bestandene Adjunktionen gänzlich auf, und wollen
solche auf keinen Fall weiter gestatten.

b) Bei eintretenden Erledigungsfällen bei Unserer geistlichen Güterverwaltung, oder deren un-
tergeordneten Dienern erwarten Wir stets den
Vorschlag, wie die offen gewordene Stelle wieder

zu befezen fey, und werden, fo viel thunlich, darauf Rückficht nehmen,

c) Unfer Verwaltungskollegium foll in alle diejenigen Rechte und Gerechtigkeiten vollkommen wieder eingefezt feyn, die demfelben in der Verwaltungsordnung Kurfürften Friedrich des Dritten ertheilt
worden find, und daher nicht allein in realibus
& perfonalibus die Jura Fifci cameralis zu
genießen haben, fondern Wir wollen auch den
Mitgliedern der geiftlichen Adminiftration den Genuß aller Rechte und Freiheiten, und darunter
namentlich die Poft-Zoll-Brücken-und Weggelds-
freiheit, in wie weit erftere rezeßmäßig ift, eben
auf die nämliche Maaß, wie dem andern Perfo-
nali Unferer rheinpfälzifchen Landeskollegien, eingeräumt haben; fo, wie Wir gleichergeftalt den
Rezeptoren, wie auch fämmtlichen Kirchen- und
Schuldienern ihre hergebrachten Immunitäten,
Rechte und Freiheiten aufs neue beftättigen. Wir
haben

d) Uns oben gnädigft vorbehalten, den künftigen innern Gefchäftsgang bei Unferer geiftlichen
Adminiftration durch eine eigene Verordnung zu
beftimmen, und wollen daher vorläufig nur diefes
als unumftößliche Regel veftftellen, daß diefelbe
die jährliche Haupt-oder Kaffenrechnung ftetshin
unter Beiwohnung einer aus Unferer Landesdirektion fpecialiter anzuordnenden reformirten Kom-
miffion abzulegen, auch Uns auf Erfordern die ab-
gehörte Jahresrechnung famt Beilagen, um

C 2   etwa

etwa einschleichende Mißbräuche abzustellen, vorzulegen habe. Uebrigens

e) versehen Wir Uns zu derselben, daß sie
in ihren Ausgaben die möglichste Sparsamkeit beobachten, und die Verwaltung nach dem Sinn
und Geist der Stifftung sich angelegen seyn lassen
werde, und obgleich die einzige Bestimmung des
Kirchenguts die Unterhaltung der Kirchen und
Schulen, nnd anderer diesen gleichkommenden milden Stiftungen bezweckt, so wollen Wir dennoch,
daß die Besoldungen und Pensionen, wie solche gegenwärtig bestehen, bis auf Unsere weitere Verordnung fortgereicht werden sollen.

§. 8.
Universität.

Da Wir die hohe Schule zu Heidelberg als
eines der nützlichsten Landesinstitute in Unserer
Rheinpfalz betrachten, und deren künftige Einrich-
tung, so bald die nöthigen Fonds dazu vermittelt
seyn werden, Uns besonders in der Absicht angelegen ist, damit sämmtliche in dem Lande Studi-
rende von jedem Religionstheile daselbst den nöthigen Unterricht erhalten können, so erklären Wir
hiedurch, daß

a) die in Zukunft erledigte Lehrstühle der
juridischen, medizinischen und philosophischen Fakul-
täten ohne Unterschied der Religion mit reformirten, katholischen und lutherischer Konfession Lehrern besezt, und dabei niemal auf die Religion,
son-

, ſondern allein auf die Tüchtigkeit der Subjekte geſehen werde. Was hingegen

b) den Bibliothekarium, Syndicum, und alle übrigen von der Univerſität abhangenden Stellen betrifft, die nur auf einer Perſon beruhen, ſo ſollen dieſe allein unter den beiden Religionsverwandten der Katholiken und Reformirten jedesmal alterniren. Dagegen ſoll

c) die theologiſche Fakultät nach dem ältern geſezlichen Zuſtande immer mit drei Profeſſoren der reformirten Konfeſſion unter einem zureichenden Gehalt beſezt, und nach Befund der Umſtände die reformirten Profeſſores Philoſophiä in das Ordinariat der theologiſchen Fakultät fortrücken, wo Wir dann zugeben, daß die philoſophiſche Profeſſur mit dem Seniorat des Collegii ſapientiæ, in wie fern der jeweilige Senior dazu hinlänglich befähiget, verbunden werde. Auf gleiche Art ſoll

d) die Stelle eines Lehrers des proteſtantiſchen Kirchenrechts jedesmal mit einem reformirten Subjekt beſezt werden. In wieferne Wir auch

e) eine Oberkuratel dieſer hohen Schule künftig belaſſen werden, ſo wird ſolche ſtets aus einem reformirten Mitgliede zugleich beſtehen,

f) Bei Wiederbeſezung der in Erledigung kommenden privativ reformirten Profeſſuren der theologiſchen Fakultät werden Wir vorderſamſt die Vorſchläge Unſers reformirten Kirchenraths hören und wenn bei dem vorgeſchlagenen Subjekt ſonſt

C 3 kein

kein Bedenken vorwaltet, den Vorschlag bestättigen.
Was hingegen

g) die An = und Gegenforderungen der Uni=
versität und der geistlichen Administration unter
sich betrift, so soll deren Gebolt durch eine ge=
mischte landesfürstliche Kommission untersucht, und
nach Befund der Umstände von Uns entschieden
werden.

§. 9.
Hospitäler und andere fromme Stiftungen.

Es erfodern nicht minder die Hospitäler, Sie=
chenhäuser und andere fromme Stiftungen im
Lande Unsere landesfürstliche Aufmerksamkeit, und
gleichwie es hiebei auf die Verschiedenheit ihrer
Verhältnisse ankommt, so machen Wir dabei vor=
bersamst den wohlbedächtlichen Unterschied zwischen
denen, welche zur Zeit des Absterbens Unserer
Herren Churvorfahren der Pfalz = Simmerischen
Linie bereits vorhanden, und der ausschließenden
Aufsicht der Reformirten anvertraut, in jüngern
Zeiten aber derselben entzogen, die Gemeinschaft
darin eingeführt, und solche einer unmittelbaren
Kommission untergeordnet; und zwischen denen,
welche sowohl von dem reformirten, als katholi=
schen Religionstheil bisher aus eigenen Mitteln ge=
stiftet, und von jedem ausschließend verwaltet
und genossen worden sind, und wollen sonach

a) daß erstere, welche schon vor Eintritt ka=
tholischer Regenten in der Pfalz bestanden haben,

nach

nach Maßgabe ihrer Fundationen von allen drei christlichen Religionen ohne Unterschied genoſſen, und selbige zu gleichen Theilen darin aufgenommen,

b) die von jedem Religionstheile aber seither allein geſtifteten Hoſpitäler auch dieſen allein und ausſchlieſſend gelaſſen werden ſollen. Was hingegen

c) die Aufſicht und Verwaltung dieſer Hoſpitäler und piorum Corporum betrift, ſo ſoll vorderſamſt die bisher beſtandene unmittelbare Hoſpitalkommiſſion gänzlich aufhören, und diejenigen, welche alle drei gemeinschaftlich genießen, auch einer gemeinschaftlichen Verwaltnng unter Aufsicht einer vermiſchten Kommiſſion aus derjenigen Stelle, welcher die Landesdirektion wird anvertraut werden, übergeben werden. Diejenigen aber, welche

d) für einen Religionstheil privative erbauet, oder geſtiftet worden ſind, bleiben der ausſchlieſſenden Verwaltung deſſelben untergeordnet, jedoch vorbehaltlich Unſerer oberſten landesherrlichen Aufsicht.

Würde auch

e) ein Bürger oder ein anderer Landeseinwohner ſein ganzes Vermögen, oder einen Theil davon, den Armen ohne Benennung der Religion hinterlaſſen, ſo wird ſolches zu gleichen Theilen den drei Religionen zuerkannt.

Veſthaltung und Verbindlichkeit dieſer Deklaration für alle Nachfolger.

Gleichwie Wir nun mit durchgängiger Feſthaltung dieſer Unſerer landesherrlichen Deklaration,

C 4

in

in forma legis perpetuæ für Uns und Unsere
Nachkommen an der Regierung Unsere reformirte
Unterthanen der Rheinpfalz gegen künftige Eingriffe und Besorgnisse in Rücksicht ihres Religious-
und Kirchenzustandes vollkommen zu sichern den
unabweichlichen Vorsaz haben, so erklären Wir,
daß alle vorderen Verträge, Geseze und Verordnungen, in soweit sie der gegenwärtigen Deklaration zuwider sind, als unkräftig angesehen und
aufgehoben seyn sollen; um in dieser pragmati-
schen Verordnung alle mögliche Dauer und Fe-
stigkeit zu verschaffen, und dazu Unsere künftige
Regierungsnachfolger kräftig zu verbinden; so werden Wir die Accessionsurkunde Unsers vielgeliebten
Herrn Schwagers Wilhelm, Herzogs in Baiern
Liebden, als Unsers nächsten Agnaten des Chur-
pfalzbaierischen Hauses, für sich und Dero Suc-
cession erholen, und dieser Unserer Deklaration beifügen. Urkundlich Unserer eigenhändigen Unterschrift und Beifügung Unsers geheimen Insiegels.
Gegeben in Unserer Residenzstadt München am
neunten Mai im ein tausend sieben hundert neun
und neunzigsten Jahre,

    Maximilian Joseph, Churfürst.

        (L. S.)
      Vidit Graf Morawitzki.

  Ad Mandatum Serenissimi Domini
    Electoris proprium.

                Nemmer.

                Bei-

Beitritt

des Herrn Herzogs Wilhelm von Baiern zur chur-
fürstlichen ueuen Religionsdeklaration für
die rheinpfälzischen Staaten.

Wir Wilhelm von Gottes Gnaden Pfalzgraf bei Rhein, Herzog in Baiern ꝛc. ꝛc.

Bekennen hiemit für Uns und Unsere Erben:
Nachdem der durchlauchtigste Fürst und Herr
Maximilian Joseph, Pfalzgraf bei Rhein,
in Ober- und Niederbaiern Herzog, des heil. röm.
Reichs Erztruchseß und Churfürst, wie auch Herzog zu Gülich, Kleve und Berg, Landgraf zu
Leuchtenberg, Fürst zu Mörs, Marquis zu Ber-
genopzoom, Graf zu Veldenz, Sponheim, der
Mark, Ravensberg und Rappoltstein, Herr zu
Ravenstein und Hohenack ꝛc. ꝛc. Unsers freund-
lich vielgeliebt- und hochgeehrten Herrn Vetters
und Schwagers Gnaden und Liebden unter dem
9ten des jüngst abgewichenen Monats zu gänzli-
cher Behebung der in Hoch Jhro rheinpfälzischen
Staaten schon seit beinahe hundert Jahren obge-
walteten zahlreichen Religionsbeschwerden eine neue
Religionsdeklaration und erschöpfendes pragmati-
sches Gesez ertheilet, und zu noch mehrerer Beruhigung der rheinpfälzischen reformirten Unterthanen auch Uns zu Mitannahme besagter Religionsdeklaration und zum agnatischen Beitritt

C 5   hiezu

hiezu freundschaftlich eingeladen haben: als wollen Wir dieser auf Gerechtigkeit und Billigkeit gegründeten neuen Deklaration und deren Anhange vom nämlichen Tage hiemit auf das rechtbeständigste beitretten.

Urkundlich Unserer eigenhändigen Unterschrift und beigedruckten fürstlichen Insiegels. Gegeben München den 3ten Junius 1799.

(L. S.)

Wilhelm, Herzog in Baiern.

Zweiter Abschnitt.

Reichsberathschlagungen über den russischen Truppenmarsch.

§. 1.

Verhandlungen auf dem Fridenskongreß wegen des rußischen Truppenmarsches.

Der Russische Truppenmarsch — das Signal zum Abbruch der Friedensunterhandlungen zu Rastadt — war der lezte Gegenstand officieller Beschäftigung auf diesem Kongresse, vor dem Widerausbruch der Feindseligkeiten.

Was daselbst theils zwischen der kaiserlichen Plenipotenz und der Reichsdeputation unter sich, theils zwischen diesen und der französischen Gesandtschaft, über diesen Gegenstand verhandelt worden sey, das ist in dem Abschnitte über die Verhandlungen des Kongresses in der lezten Epoche seines Daseyns a) umständlich bemerkt worden.

Die Reichsberathschlagungen hingegen lagen gewissermasen ausser dem Kreise der Kongreßgeschichte. Dieser löste sich auf, ohne daß irgend

_____

a) In des 1. B. 1. Abschn.

irgend ein Resultat von jenen Berathschlagungen
oder auch nur eine offizielle Notiz davon der
Reichsfriedensdeputation zukam. Zu Vervollstän-
digung des Urkundenbuchs über diese für Teutschland so denkwürdige Begebenheit, muß ich daher
nun auch die Reichstäglichen Aktenstücke
nachtragen. Ich seze denselben nur einige Bemerkungen über den Gang der Sache auf dem Reichstage voraus.

§. 2.

Sensation auf dem Reichstage — vorläufige
Verhandlungen auf demselben.

Auch auf der Reichsversammlung machte die
Erklärung der französischen Minister wegen des
russischen Truppenmarsches eine nicht geringe
Sensation; um so mehr, als zu gleicher Zeit sogar keine günstige Nachrichten aus Unteritalien
einliefen. b) Schon die vorläufige Nachricht davon
ver-

---

b) Am 6. Jänner stellte z. B. der französische Geschäftsträger Bacher dem kais. Prinzipalkommissarius sowohl, als dem kurmainzischen Direktorialgesandten,
den Auszug eines offiziellen Schreibens aus dem
Hauptquartier zu Mailand v. 24. Dec. über den
neuen französischen Sieg bei Monte-Rotondo, und die
Gefangennehmung von 15,000. Neapolitanern v. 13.
Dec. 1798. in einem Abdruk zu.

Auch in der Folge waren die Nachrichten aus Italien bekanntlich eben so wenig beruhigend.

veranlaßte die Gesandtschaften in der ersten
Rathsversammlung dieses Jahres, am 7ten Jän=
ner, zu der Entschliessung, eine ausserordentliche
Berathschlagung darüber anzustellen, sobald jene
Note der Reichsversammlung förmlich mitgetheilt
seyn würde.

Diß geschah am 8ten Jänner d. J. Der De=
putationsbericht wurde noch an demselben Tage
zur Diktatur gebracht, und auf den 10. Jänner
wurde zu einer ausserordentlichen Rathsversamm=
lung deswegen angesagt. Was in derselben vor=
läufig darüber beschlossen worden sey, ist in
dem Abschnitte über die Kongreßverhandlungen
bereits bemerkt worden. c)

Die Hauptberathschlagung aber veran=
laßte noch lebhafte Debatten. Eingedenk der ge=
fährlichen Lage des teutschen Vaterlandes wollten
mehrere Gesandten dieselbe beschleunigt und den ge=
wöhnlichen 6wöchigen Termin bei diesem so wichti=
gen und dringenden Gegenstande abgekürzt wissen.
Kurmainz machte wirklich schon bei der ausser=
ordentlichen Zusammenkunft am 10. Jänner den
Antrag, die Sache in 3. Wochen vorzunehmen.
Es hat aber dieser Vorschlag bei der Voraussicht,
daß die Instruktionen nicht sobald eingehen wür=
den, nicht Beifall gefunden.

§. 3.

c) §. 6. im I. B. S. 13. Bell. IX, ebendas. S. 104.

§. 3.

Zweite französische Note wegen dieses Gegenstandes. Debatten wegen der Verlaßnehmung.

Die zweite französische Note vom 31. Jänner, wodurch der Fortgang der Friedensunterhandlungen förmlich sistirt worden war, gab der Sache einen neuen Stoß. Aber auch bei der dadurch veranlaßten aufferordentlichen Rathsversammlung am 8. Febr. d) zeigte sich noch ein grosser Abgang an Instruktionen. In dem kurfürstlichen Collegio z.B. war auffer Kur.Mainz noch kein Gesandter damit versehen.

Dem Hannbverischen Gesandten war sogar von seinem Ministerio zu erkennen. gegeben worden, daß es mit der Berathschlagung über diesen Gegenstand keine Eile habe, und man billig erst die Gesinnungen des kaiserlichen Hofes abwarten müsse.

Von Kurmainz wurde zwar nun der Antrag gemacht:

ob bei dem vorliegenden Drang der Umstände, der noch neuerlich durch die französische Note vom 31. Jänner vermehrt worden sey, nicht beliebt werden wolle, den in der Prädeliberation

---

d) Es fiel nämlich dieselbe noch in die Faßnachtwoche, in welcher gewöhnlich Ferien sind.

ration vom 10. Jänner schon einigermaſſen
prädizirten Fall der Antichpirung der ſonſt gewöhnlichen 6wöchigen Friſt zu Eröffnung des
Protokolls eintretten zu laſſen, und nunmehr
künftigen Montag den 11. dieſes, ſolches in
den drei Reichskollegien zu eröfnen.

Die meiſten aber wollten in dieſen Antrag
nicht eingehen, und behaupteten vielmehr mit
Oeſterreich und Kurbraunſchweig, daß gerade die
Wichtigkeit dieſes Gegenſtandes keine Abkürzung
der herkömmlichen Verlaßnehmungszeit erlaube.
Einige ſchienen wohl gar zu wünſchen, daß der
Termin von 6. Wochen zu Eröfnung des Protokolls erſt von jezt an gerechnet werden möchte.
Nachdem aber Mainz, Würtemberg und Darm-
ſtadt, mit Gründen dieſe Meinung beſtritten, und
ſich auf die Wahlkapitulation Art. XIII. §. 8.
bezogen, nach welcher in Fällen, da Gefahr auf
dem Verzug haftet, die gewöhnliche Verlaßzeit
nicht nothwendig ſey: ſo trat zwar Kurbraunſchweig
mit einer förmlichen Proteſtation gegen die frühere
Berathſchlagung auf; es konnte jedoch, da die übrigen Geſandtſchaften nichts weiter äuſſerten, nicht
hindern, daß die Eröfnung des Protokolls von
Kurmainz nur um 8. Tage weiter hinausgeſezt,
und nebſt wiederholtem Geſuch, die noch fehlen-
den Inſtruktionen einzuholen, auf den 18. Februar beſtimmt wurde.

§. 4.

§. 4.

Insinuationen des französischen Geschäfteführers Bachers. Schreiben des Ministers Talleyrand.

Vielleicht hatten auch die Insinuationen des französischen Geschäfteführes einigen Einfluß auf diesen Beschluß. Wenigstens ist so viel gewiß, daß sich das französische Direktorium bemühte, auch von Paris aus dieser Angelegenheit auf dem Reichstag eine = seinen Wünschen entsprechende Richtung zu geben, und an eben dem 8. Febr. auf welchen ausserordentlich zu Rath angesagt worden war, wurde kurz zuvor, ehe man sich versammelte, von dem französischen Charge'd'ffaires Burger Bacher dem kurmainzischen und einigen andern Gesandten e) unter der Aufschrift: Communication amicale & confidentielle ein Auszug eines von dem Minister der auswärtigen Angelegenheiten Talleyrand, an ihn erlassenen Schreibens mitgetheilt, und auf diesem Weeg sodann weiter im Umlauf gebracht, nach welchem aus den Berichten des Geschäfteführers Bacher selbst das Gouvernement die Hoffnung geschöpft hatte:

„daß die Reichsversammlung! disfalls eine = der guten Meinung jener Erklärung gemäse Entschliessung fassen werde"

und

---

e) Insbesondere der Pfalzbairischen, Wittembergischen und Hessenkasselischen.

und zugleich geäusert wurde:

> „Die Reichsverſammlung werde ohne Zwei-
> fel dadurch, daß ſie Truppen von Frankreichs
> Feinden einen freien Durchzug durch ein Land,
> das durch den Waffenſtillſtand und
> durch die in Raſtadt angefangenen
> Unterhandlungen neutraliſirt ſey,
> geſtattet, ſich nicht ausſezen wollen, ei-
> nen neuen Ausbruch des Kriegs-
> feuers und deſſen Schauplaz in
> Teutſchland zu ſehen.

Am Schluſſe wird dem Bürger Bacher zu
erkennen gegeben:

> „Er werde gar leicht das gehäſſige Beneh-
> men des ruſſiſchen Kabinets begreiflich ma-
> chen können, welches erſt in dem Augenblik
> ſeine Truppen vorrüken laſſe, da der Friede
> nahe zu ſeyn ſcheine, und das Beſte Teutſch-
> lands erfordere, ohne Umwege zu dieſem Ziel
> zu gehen.‟

Was aber vielleicht noch mehr als dieſe Inſinuationen auf mehrere Stände gewirkt haben
mag, ſind die raſchen Vorſchritte der franzöſiſchen
Armee in Italien, und die abermaligen Umſtürzun-
gen, welche ihnen auf dem Fuße nachfolgten. Das
Schikſal Piemonts, die Umformung der kleinen
Republik Luka und die Proklamirung des Kö-
nigreichs Neapel zur Parthenopeiſchen Republik konnten freilich, in Hinſicht auf die Beſorgniſſe für

D   Teutſch-

Teutschlands Ruhe und die Erhaltung seiner Verfassung, in dem Fall eines abermaligen Reichs-
krieges, selbst bei reifer und bedächtlicher Abwä-
gung der öffentlichen Verhältnisse und der zu ergreifenden Maasregeln, wenigstens sehr ge-
wichtvolle Zweifelsgründe darbieten.

§. 5.

Partielle Eröfnung des Protokolls am 18. Febr. nur im kurfürstl. Kollegio.

.. Was aber auch der französische Geschäftsträger für Mühe angewendet haben mag, mehrere
Gesandte nach den Wünschen seines Gouvernements zu stimmen, und so geneigt damal manche
Höfe waren, denselben entgegen zu gehen, so
kam doch die Eröfnung des Protokolls am
18. Febr. wirklich nicht in allen Reichskollegien zu
Stand. Eine so ausgezeichnete Beförderung dieses Gegenstandes — zu einer Zeit, wo vielleicht in den Kabineten der grosen Höfe die Sache
noch nicht ganz reif war — konnte den Absichten
des Wiener Hofes nicht angemessen seyn. Sie
fand lebhaften Widerspruch.

Insbesondere suchten es die kurbraunschweigische und mehrere geistlich-fürstliche Gesandschaf-
ten, unter Beziehung auf den Abgang dieser Instruktionen, dahin einzuleiten, daß der Vortrag
der Sache noch länger im Anstand gelassen werden möchte. Sie erreichten auch in Ansehung des
Für-

Fürstenraths und des reichsstädtischen Kollegiums
ihren Zweck. Bei dem kurfürstlichen Kollegium
schien noch ein Grund weiter vorhanden zu seyn,
warum der Eröfnung des Protokolls noch einiger
Aufschub hätte gegeben werden können. Denn der
kurköllnische Gesandte war damal in Familienan-
gelegenheiten noch abwesend; der Kürfürst von
der Pfalz war am 16. Febr. mit Tod abgegan-
gen, und sein Gesandter konnte also noch nicht
bei Rath erscheinen; der kursächsische Gesandte war
wegen der in der Subdelegation seines Hofs auf
dem Rastadter Kongreß vorgegangenen Verände-
rung, am 17. Febr. nach Rastadt abgereißt, und auch
der böheimische Gesandtschaftsposten war so, wie
der Kurbrandenburgische nicht durch eigene Gesandten besezt. Es waren also wirklich nur drei
kurfürstliche Gesandte gegenwärtig, welche freilich,
die pfälzische Stimme ausgenommen, durch Sub-
stitutionen auch zu den übrigen Stimmen legitimirt waren. Der kurmainzische Gesandte hatte
aber eine zu bestimmte Instruction auf die
Beförderung der Sache. f) Er lies sich durch
keine Vorstellung abwendig machen, der oben erwähnten Verabredung gemäs, am 18. Febr. das
Protokoll im kurfürstlichen Kollegio zu
eröfnen. Doch wurden auch hier nur zwei

D 2   Stim-

___

f) Man vergleiche hiemit die Stimme des kurmainzischen Direktorialgesandten auf dem Rastadter Friedenskongresse.

Stimmen, die kurmainzische und die kurbrandenburgische, abgelegt; Kurtrier, Kurköln, und Kursachsen behielten sich das Protokoll offen; Böhmen aber, welchem auch der kurbraunschweigische
Gesandte beitrat, protestirte gegen die Eröfnung
des Protokolls in einer so wichtigen Angelegenheit
vor dem völligen Ablaufe der gesezlichen sechswö-
chigen Frist zur Instruktionseinholung; wogegen
aber der kurmainzische Gesandte, als gegen einen
Eingriff in die Direktorialrechte seines Hofs eine
lebhafte Gegenverwahrung ablegte.

So wurde also am 18. Febr. nur in dem
kurfürstlichen Kollegium das Protokoll eröfnet. Die
Fortsezung dieser Berathschlagung aber, so wie
die Eröfnung des Protokolls in den beiden übrigen
Kollegien, gerieth aufs Neue ins Stecken.

§. 6.
Eröfnung desselben, auch im Reichsfürstenrath und dem Reichsstädtischen Kollegio, und Fortsezung der Berathschlagung.

Am 21. Febr. machte nämlich der kurböhmische Interimsgesandte Freiherr v. Lynker, bei der
Abendgesellschaft des Herrn Prinzipalkommissarius,
in Gemäsheit eines ihm aus Wien zugekommenen
Rescripts, mehreren Gesandten die Vorstellung:
wie bedenklich und gefährlich es für das ganze
teutsche Reich, so wie für die einzelnen Stände
desselben, seyn würde, wenn man in einer so

wich-

wichtigen Sache, wie der Marsch der ruſſiſchen
Truppen ſey, ohne Rükſicht auf mächtigere Stän=
de, beſonders den kaiſerlichen Hof; zu Werk ge=
hen wollte. Es ſey daher am unverfänglichſten,
vor der Hand das Benehmen der mächtigen
reichsſtändiſchen Höfe noch abzuwarten, und als=
dann erſt, wenn dieſe ſich über den vorliegenden
Gegenſtand geäuſert haben würden, die Stimmen
zu Protokoll zu geben. In der That kam es auch
wirklich bei der Rathsverſammlung vom 22. Febr.
weder zu Fortſezung des Protokolls im kurfürſtli=
chen, noch zu Eröfnung deſſelben in den beiden
übrigen Kollegien, ohngeachtet die Geſandten von
Worms, Heſſendarmſtadt, Wirtemberg, Baden und
den Wetteraniſchen Grafen, den Wunſch geäuſert
hatten, daß das Protokoll eröfnet werden möchte.

Vielmehr ſtellte der Erzherzoglich öſterreichiſche
Geſandte, auch bei dieſer Gelegenheit vor, daß noch
gegenwärtig die mehreſten Inſtruktionen abgien=
gen, und daß auch ehehin ſchon Fälle vorgekom=
men ſeien, wo man entweder aus Mangel an In=
ſtruktionen, oder wegen veränderter Umſtände, von
dem vorher genommenen Verlaß abgewichen ſei;
g) wodurch dann der kurmainziſche Geſandte zu
Verwahrung der Reichsdirektorialrechte, und der
öſterreichiſche Geſandte zu einer Gegenverwahrung

D 3   in

---

g) Man ſehe hierüber den nächſtfolgenden Abſchnitt.

in Ansehung der Reichsfürstenraths-Direktorialbefugniffe veranlaßt wurden. Doch wurde schon am folgenden Tage von dem Herrn Konkommissarius in der Gesellschaft bei dem Hessenkasselischen Gesanten, wiewohl unter Wiederholung der bisher behaupteten Grundsäze, geäusert, daß nunmehr die österreichische Instruktion eingegangen sei, und zu erkennen gegeben, daß am 1. März der Fortsezung der Berathschlagung nichts im Weg stehen würde.

An erwähntem Tage nahm auch wirklich die Reichsberathschlagung über diesen Gegenstand ihren Fortgang, und die Protokolle in dem Reichsfürstenrath und im Reichsstädtischen Collegio wurden eröfnet.

Die Berathschlagung dauerte bis auf den 12. April, an welchem Tage das Reichsgutachten beschlossen wurde.

§. 7.
Gesichtspunkte bei den Abstimmungen über diesen Gegenstand.

Ueber die einzelnen Stimmen will ich dem Urtheil meiner Leser nicht vorgreifen. Der Gegenstand war von äuserster Wichtigkeit. Krieg oder Frieden für Teutschland schien — wenigstens der Form nach — von dem Resultat dieser Berathschlagungen abzuhangen. Aber eben diß war in jenem Zeitpunkte der Gegenstand, welcher von den einzelnen reichsständischen Höfen aus so ganz ver-

verſchiedenen Geſichtspunkten betrachtet wurde.
Das Geſez der Selbſterhaltung gab hier
vorzüglich den Ton an. Während daß ein Theil
der Reichsſtände von der Vollendung des
Friedensgeſchäfts ſich beträchtliche Vortheile und
Erweiterung ihrer Gebiete, auf Koſten der andern,
verſprechen konnte, im entgegen geſezten Fall aber
alle dieſe Hoffnungen, wo nicht vereitelt, doch mit
Zweifel und Ungewißheit umwölkt ſah und von
dem Wiederausbruch der Feindſeligkeiten nicht
nur für ihre Lande unüberſehbares Elend, ſondern
auch ſelbſt für die Fortdauer ihrer politi-
ſchen Exiſtenz nicht geringe Gefahr befürchten
mußte; konnte ein ungleich gröſerer Theil
der tentſchen Reichsſtände, deren politi-
ſcher Exiſtenz ſchon vorläufig auf dem Kongreß zu
Raſtadt der Stab gebrochen war, nur in der
Auflöſung dieſes Kongreſſes und in
dem Wiederausbruch des Kriegs den
Grund neuer Hofnungen und eine helle-
re Ausſicht in die Zukunft finden. Eine
dritte Klaſſe von Ständen, beſonders jene, die
ſich, ohne Reichsſanction, unter dem Schuz
einiger groſen teutſchen Höfe, von aller Theilnehmung an dem Reichskriege gegen die franzöſiſche Republik los machten, ſtanden gewiſſermaſen
zwiſchen jenen Partien in der Mitte.

Nach dieſen ſo verſchiedenen Standpunkten
und dem davon abhangenden Intereſſe der einzelnen Stände laſſen ſich wohl die mehreſten Stimmen

men in dieser Sache klassifiziren, und die besondere Nuancen, welche noch bei manchen wahrzu-
nehmen sind, mögen sich größtentheils aus dem
größern oder geringern Grade von Anhänglichkeit
an den kaiserl. Hof erklären lassen.

§. 8.
Verschiedenheit der wirklich abgelegten
Stimmen.

So geschah es dann, daß ein Theil der reichsständischen Stimmen wirklich auf eine den Wünschen des französischen Gouvernements ganz entsprechende Art sich äußerte, und das Reichsoberhaupt ersuchen wollte, die angedrohte Gefahr der
Unterbrechung des Friedensgeschäfts durch Beseitigung des Anlasses abzuwenden, und jedes Hinderniß des Friedens, wodurch Teutschland neuen
Gefahren ausgesezt werden würde, zu entfernen h); andere hingegen, welche im wesentlichen
aus gleichem Gesichtspunkte mit der Oesterreichischen Stimme ausgiengen, sich vielmehr in
starken Ausdrüken über das französische Benehmen
herausließen, und die gewaltsamen Verlezungen
des

h) Man vergleiche die Stimmen von Hessendarmstadt,
Baden, Wirtemberg, Salm, Fürstenberg, wetteraui-
schen, fränkischen und westphälischen Grafen, Baiern,
Zweibrüken, Schwarzburg ꝛc. Auch Hessenkassel
nebst Hersfeld wird mit Grunde dieser Klasse bei-
gezählt werden können.

des Waffenstillstandes, die grosen Zurüstungen und
Bündnisse, den Umsturz des Gleichgewichts unter
den italienischen Staaten, die Bedrükungen der
Länder am rechten Rheinufer, das Schiksal der
Festung Ehrenbreitstein und, in dem Fortgang der
Berathschlagung, auch die neuen kriegerischen Vorgänge als Prämissen voraussezten, worauf ihre Anträge gegründet wurden. Diese nahmen also nicht
nur den russischen Truppenmarsch als bekannt an,
sondern erklärten sich auch bestimmt für die Nothwendigkeit dieser Maasregel, als eines Mittels der
Selbsterhaltung. Und wer wollte sich wundern,
wenn die Aeuserungen der meisten geistlichen Fürsten auf diesen Ton gestimmt waren? i) Diesen
sind auch wohl alle diejenigen Stimmen beizuzäh-
len, welche ohne in ein näheres Detail einzugehen,
alles der Weisheit und Fürsorge kaiserlicher Majestät anheim stellten.

Andere schlugen einen Mittelweg ein. In
Ansehung des russischen Truppenmarsches an sich
fanden sie gerade darin, daß davon weder der
Reichsversammlung noch den vordern Kraisen eine
amtliche Notiz zugekommen war, ein schikliches
Auskunftsmittel, aus welchem sie in der Erklärung
auf die französische Note vom 2. Jänner ausge-

D 5   hen,

---

1) Salzburg führte hier in einer sehr nachdrüklichen
   Sprache den Reihen und die mehrsten Stimmen des
   geistlichen Fürstenbanks traten, wiewohl zum Theil
   unter Modifikationen und glimpflicher gefaßten Aeus-
   serungen bei.

hen, und den franzöfischen Gesandten solches erklären laffen wollten. Mehrere Stimmen, z. E.
Augsburg, Ellwangen, Eichstädt ꝛc. wollten sich sogar auf diese Erklärung beschränken, und selbst
Kurbrandenburg war nicht ungeneigt dazu. Andere aber wollten doch auch in die Sache selbst
eingehen, indem sie das Ansinnen der französischen
Minister als einen schicklichen Anlaß ansahen, der
noch immer fortdaurenden französischen Bedrükungen auf der rechten Rheinseite ernstliche Erwähnung zu thun. Sie trugen also darauf an, daß
man von dem französischen Gouvernement die
Aufhebung der Bedrükungen des rechten Rheinufers und die Zurükziehung
der Truppen verlangen solle. Wenn diß geschehe, so habe die Reichsversammlung um so mehr
Grund, der Weisheit des Reichsoberhaupts die
Ergreifung der zu Teutschlands endlicher Beruhigung dienenden Maasregeln, auch in Absicht auf
den russischen Truppenmarsch anheimzustellen. Darauf waren, vorausgesezt, daß man in die Hauptsache
selbst eingehen wollte, die kurbraudenburgischen Stimmen gerichtet, welchen nicht wenige — zum Theil
unter ein und andern Modifikationen — beitraten, und womit in den Hauptzügen auch die kur-
braunschweigischen und die sächsischen Abstimmungen, welche damit verglichen zu werden verdienen,
übereinkommen; nur daß sich die sächsischen
Stimmen durch eine lebhafter und stärker ausge-
drükte Neigung zum Frieden auszeichnen.

Wenn

Wenn man aber alle die verschiedenen Nebenbestimmungen mit in Erwägung zieht, so fielen
die Stimmen, besonders im Reichsfürstenrath so
verschieden aus, daß es gewiß, mit nicht geringen
Schwierigkeiten verbunden war, einen Schluß
nach Mehrheit daraus zu entwerfen.

Eine nähere Vergleichung der Stimmen gibt
übrigens nicht undeutlich zu erkennen, welche Höfe
zuvor über die Fassung derselben miteinander
vertrauliche Rüksprache genommen haben. So
kommen — derjenigen nicht zu gedenken, welche
blos andern Stimmen, z. E. der Oesterreichischen,
Salzburgischen 2c. beitraten — die Darmstädtischen
und Badenschen Stimen beinahe von Wort zu Wort
mit einander überein; welches auch von den herzoglich sächsischen Stimmen und der hennebergischen oder kursächsischen Stimme zu sagen ist.

§. 9.
Merkwürdige den Gang der Berathschlagung
durchkreuzende Begebenheiten.

Ueberdiß wurde der Gang dieser Reichsberathschlagung durch den Gang der Begebenheiten auf eine so sonderbare Art durchkreuzt, daß nicht nur manche später abgelegte
Stimmen und nachgetragene Aeuserungen daraus
zu erklären sind, sondern man auch am Ende im
Ernst und mit Grund fragen konnte: ob alle die
früher abgelegten Stimmen, der so wesentlich veränderten Umstände ungeachtet, ohne neue Instructions

structionseinholung noch gegenwärtig als die Ge=
sinnungen der Höfe zu betrachten seien, und ob
überhaupt noch ein Reichsgutachten über die fran=
zösische Note statt finde? Der Uebergang der
Franzosen über den Rhein, an eben dem Tage,
an welchem das Protokoll im Fürstenrath und im
Reichsstädtischen Collegio eröfnet wurde, die wirk=
liche Eröfnung der Feindseligkeiten, die wichtigen
Siege des Erzherzogs in O. Schwaben über den
General Jourdan, das feindselige Benehmen des
Generals Bernadotte in der Pfalz, die Besezung
Mannheims, die Aufforderung Philippburgs, die
in den auffallendsten Ausdruken verfaßte Prokla=
mation an alle Völker Teutschlands, und die üb=
rigen feindlichen Vorschritte dieses Generals auf
der einen Seite, und auf der andern die erneuerten
Versicherungen des russischen Hofs über seine
thätige Theilnahme an dem Wohl und der Erhaltung
des Reichs, welche während dem Lauf der Be=
rathschlagungen durch den Minister=Resident von
Struve' auf der Reichsversammlung erneuert wur=
den; k) die Entfernung des französischen Ge=
schäfts=

---

k) Der russische Ministerresident von Struve zu
Regensburg, erhielt nämlich gleich andern russischen
Ministern im Reich, das Zirkularrescript, worin
denselben aufgegeben wurde:

„Die von den französischen Agenten zu Rastadt und
den ihnen ergebenen teutschen Regierungen verbrei=
teten

schäfteführers, Burgers Bacher aus Regensburg, l)
und vorzüglich die Abberufung des kaiserl. Ministers von Rastadt m) sind lauter Begebenheiten, welche so verschiedenartig sie auch waren, doch
alle dahin zu sammen zu wirken schienen, daß
eine Beantwortuug jener Note wegen des russischen
Truppenmarsches, bei so sehr veränderten Umständen, wo nicht ganz hinwegfallen, doch wenigstens
auf neue Instruktionseinholung auszusezen sey.

In

---

teten falschen Gerüchte, als ob Se. russisch-Kaiserl.
Majest. nicht mehr den alten allgemein bekannten
Antheil an dem Wohl und der Erhaltung des teut-
schen Reichs nähmen, bei allen Gelegenheiten zu
widerlegen und zu versichern, daß Se. Russ. Kais.
Majest. immer gleich aufrichtigen und thätigen
Antheil an dem Wohlstande des Reichs nehmen
würde."

Der kurmainzische Direktorialgesandte nahm am
11. März Anlaß, von dieser gegen ihn und mehrere
Gesandtschaften erneuerten Versicherung auch in der
Rathsversammlung Eröfnung zu thun.

l) Diese wurde, in Gemäsheit eines am 10. März angekommenen Schreibens des Erzherzogs an den Konkommissarius, am 12. März vollzogen.

m) Durch den - deswegen nach Rastadt abgeschikten
Kurier, erhielt auch der Konkommissarius am 3. April
eine Abschrift des - von der kaiserl. Plenipotenz an
die Reichsfriedensdeputation zu erlassenden Kommiss-
sionsdekrets, und am 4. April wurde solche der Reichsversammlung förmlich bekannt gemacht.

In der That wäre es das Angemessenste gewesen, wenn schleunig über diese neue, unerwartete Wendung der Sache Berichte erstattet, Instruktionen eingezogen, und dann die Berathschlagungen erneuert worden wären, um zugleich der
Reichsfriedensdeputation die Gesinnung der Reichsversammlung mitzutheilen, wie sie sich nunmehr
nach erfolgter Abberufung des Grafen von Met-
ternich zu benehmen habe. Aber eine Operation
dieser Art liegt bei einer so schwer beweglichen
Maschine, auſſer den Gränzen der Möglichkeit.
Gerade bei Gegenständen von Wichtigkeit, wo
schnelle Entschliesungen nöthig wären, zeigt sich
das Fehlerhafte in der Organisation der Reichsverfassung am auffallendsten.

§. 10.

und daher rührende Schwierigkeiten bei der Schluſsfaſsung im kurfürstl. Kollegium.

Bei Entwerfung der Schlüsse in den einzelnen Reichskollegien und Abfassung eines Reichsgutachtens stellten sich auch wirklich die Schwierigkeiten, die von der dadurch veränderten Lage
der Umstände herrührten, sehr lebhaft dar. Der
Baron v. Lynker, als Interimsgesandter von Böhmen, suchte in der auſerordentlichen Raths-ver-
sammlung vom 27. März, in welcher anfänglich
die Berichtigung des kurfürstlichen Schluſses zur
Sprache kam, die Unstatthaftigkeit eines Reichs-
gut-

gutachtens darzuthun; und der kurköllnische Gesandte verlas am 30. März da der kurfürstliche Schluß wirklich berichtigt wurde, ein von seinem Hofe Tages zuvor aus Ellingen erhaltenes Re=
script vom 28. März, worin wirklich zu erkennen
gegeben wurde,

> daß der Punkt der Berathung über den rus-
> sischen Truppenmarsch durch die förmlich er-
> folgte Kriegserklärung an Oesterreich, und
> durch die Richtung; welche dieses Korps nach
> allen übereinstimmenden Nachrichten nehme,
> durchaus seinen Gegenstand verlohren habe.
> Eine – in allgemeinen Ausdrüken abgefaßte
> Vorstellung an Se. Kais. Majestät könne
> nun gar keinen Effekt mehr haben. Bei
> dem nun entstandenen Kriege sey auch
> noch mehr feindliche Behandlung des Reichs,
> als die dermalige sey, nicht mehr von dem
> Resultate des Reichstags, sondern vom glük-
> lichen oder unglüklichen Fortgange der Waf-
> fen abhängig. Se. Kurfürstl. Durchl. glaub-
> ten daher, daß man sich blos daran halten
> müsse, von dem befragten Gegenstande bei
> dem Abgang aller Requisition keine Notiz zu
> haben. Das französische Gouvernement habe
> durch den Ueberzug des schwäb. und ober-
> rheinischen Kreises mit seinen Armeen, durch
> die Aufforderung von Philippsburg, durch
> die in den Pfälzischen und in anderer Reichs-
> stände Ländern ausgeschriebenen und eingetrie-
> benen

benen Kontributionen, durch die für die Fe-
ſtung Ehrenbreitſtein neuerdings anverlangten
ungeheuren Requiſitionen, und durch die
jüngſte Proklamation des Generals Bernadotte, eine Reihe neuer Feindſeligkeiten aus-
geübt.

Da aber Pfalz, Sachſen, Brandenburg
und Braunſchweig den verleſenen Entwurf, welchen der Directorialgeſandte auch vorher unter die
übrigen kurfürſtlichen Geſandten hatte zirkuliren
laſſen, den abgelegten mehreren Stimmen gemäs
fanden: ſo wurde das Konkluſum, deſſen Inhalt
vorzüglich mit dem kurſächſiſchen Voto überein-
ſtimmt, auf diejenige Art genehmigt, wie es unten dieſem Abſchnitt beigefügt iſt.

§ 11.
und im Reichsfürſtenrath.

Im Reichsfürſtenrath, wo die Berichtigung
des Kollegialſchluſſes am 5. April erſtmals zur
Sprache kam, nahm die Sache ungefähr einen
gleichen Gang. Auch hier gab die öſterreichiſche
Geſandtſchaft zu erwägen, daß es nöthig ſeyn
dörfte, wegen eingetrettener, ganz unerwarteter
wichtiger Ereigniſſe ſich um weitere Weiſung gehörigen Orts zu bewerben; wobei insbeſondere auf
das Tags zuvor diktirte kaiſerliche Kommiſſionsdekret an die Reichsfriedensdeputation, wegen Abberufung der kaiſerlichen Plenipotenz von dem
Kon-

Kongreßort gezielt wurde. Hoch = und Teutsch=
meister legte hier ebenfalls denjenigen Nachtrag
ins Protokoll, der im kurfürstl. Kollegium von
Kurköln abgelesen worden war. Auch wurde hier=
auf von mehrern Gesandten erklärt, daß sie das
Kommissionsdecret einsenden, und erwarten woll=
ten, was für neue Weisungen ihnen in Hinsicht
auf die so sehr veränderten Umstände, da zumal die
Reichsdeputation in ihrer verfassungsmäßigen Zu=
sammensezung nun aufgelößt sey, ertheilt werden
würden; und Bamberg und Würzburg wollte sie
die Ergreifung zweckdienlicher Maasregeln lediglich
der Weisheit Kaiserl. Majestät anheimstellen.
In der Rathsversammlung vom 8. April besprach
man sich nochmal sehr lebhaft darüber, ob nicht,
nach den am 5ten zu Protokoll gegebenen Aeus=
serungen, dem Abschluß der — in Berathschlagung
stehenden Sache Anstand gegeben werden sollte, bis
die Instruktionen über jenes Kommissionsdekret ein=
gegangen seyn würden. Da aber die Mehrheit
doch nicht dazu geneigt war: so wurde die Fas=
sung eines Schlusses am 10. April in einer des=
wegen auf dem Rathhause angestellten Konferenz
der fürstlichen Gesandten durch Vorlegung und
Berichtigung eines Schematis votorum vorbe=
reitet, und endlich kam am 12. April der Reichs=
fürstenrathsschluß wirklich zu Stande.

§. 12.

Re- und Korrelation-Fassung des Reichsgut-achtens

Nun zeigte sich aber eine nicht geringe Ver-schiedenheit zwischen den Schlüssen der beiden höhern Kollegien; und da das kur-fürstliche nicht geneigt war, dem Wunsche des Reichsfürstenraths zu entsprechen, und dessen Schluß zum Grunde eines gemeinschaftlichen Con-clusi zu legen, so blieb am Ende — da zumal auch das Reichsstädtische Kollegium seinen am 4. April schon gefaßten Schluß von den Schlüs-sen der beiden höhern Kollegien abweichend fand, nichts anders übrig, als die sämtlichen Schlüsse der einzelnen Reichskollegien, mittelst eines Gut-achtens, dem Kaiser vorzulegen, wie aus dem unten beigefügten Reichsgutachten zu ersehen ist. n)

§. 13.

n) Die Geschichte der teutschen Reichsversammlungen kennt nur 5. Beispiele ähnlicher Art, da statt ei-nes einstimmigen Reichsgutachtens die verschiedenen Schlüsse der Reichskollegien dem Reichsoberhaupt vor-gelegt wurden.

1.) Ereignete sich solches im Jahr 1653, da die 3 Reichskollegien über die Frage von der Stimmen-mehrheit in Kollektensachen sich nicht vereinigen könn-ten, und daher sämtliche 3. Schlüsse, und überdiß auch noch die besondere Meinung des evangelischen Theils des Reichsfürstenraths, dem Kaiser vorgelegt wurden.

§. 13.

welchem kein Ratifikationsdekret nachfolgte.

Dabei blieb es aber auch. Es folgte weder ein Ratifikationsdekret, noch eine andere Aeuſſe= rung des kaiſerlichen Hofes nach. Noch weniger ließ ſich eine Gegenäuſerung der Reichsfriedens= deputation an die franzöſiſchen Miniſter gedenken, da die kaiſerliche Plenipotenz zuvor ſchon von dem Kongreß abgerufen worden war. Die franzöſi= ſche Note beantwortete ſich von ſelbſt, der Kon= greß lößte ſich auf, und das kaiſerliche Dekret we= gen des wieder eingetretenen Reichskriegsſtandes vom 12. Jul. 1799. konnte die Stelle einer Rück=

E 2   äuſ=

2.) Im Jahr 1670, über den Gegenſtand der Moderation und Berichtigung der Reichsmattikel. In dieſem Falle waren die Kurfürſten und die Städte gleicher Meinung, von welchen hingegen die Fürſten in ihrem Konkluſo abwichen.

3.) Im Jahr 1708. in der Erbmänner Sache; denn hier ſtanden die Kurfürſten auf der einen, die Fürſten und Reichsſtädte aber auf der andern Seite.

4.) Im Jahr 1726, da in der Kammergerichts= Moderationsſache die drei Reichskollegien verſchiede= ner Meinung waren, und

5) im Jahr 1772, wegen Fähigmachung der Ab= deckers=Kinder zu Handwerkern, in welchem Fall ſich zwar die beiden höhern Kollegien vereinigten, das Reichsſtädtiſche aber dem gemeinſamen Schluß der beiden höhern Kollegien nicht beitrat.

äuferung des kaiferlichen Hofes auf diefes Reichs=
gutachten vertretten.

§. 14.

Benehmen des franzöfifchen Gefchäftefü^rers Bacher während der Berathfchlagung.

Endlich muß ich noch einiger Erklärungen ge=
denken, welche von dem franzöfifchen Gefchäfte=
träger Bürger Bacher, während der Berathfchla=
gung über den ruffifchen Truppenmarfch in Um=
lauf gefezt wurden.

In der Salzburgifchen und in einigen
andern Stimmen wurde in etwas ftarken Ausdrü=
cken das Benehmen des franzöfifchen Gouverne=
ments während des Waffenftillftandes gefchildert,
und fich insbefondere auf die Friedenspräli=
minarien von Leoben bezogen. Diß veran=
laßte den franzöfifchen Gefchäfteträger, diejenigen
Bemerkungen über das Salzburgifche Votum in
Betref des Marfches der Ruffen in Umlauf zu
fezen, welche unten diefem Abfchnitt beige=
fügt find, um darinn die Reichsverfammlung
hauptfächlich aufmerkfam darauf zu machen, daß
man bei Beurtheilung der gegenfeitigen Verhält=
niffe in Anfehung des Waffenftillftandes nicht auf
die Friedenspräliminarien von Leoben zurükgehen
könne, weil folche durch den Definitivfriedens=
Traktat von Campo=Formio, und noch mehr durch
die zu Raftadt am 1. Dec. 1797. unterzeichnete
Konvention gänzlich abgeändert worden fei. Hier=
durch

durch wurde erſtmals etwas von dieſer geheimen
Konvention bekannt. Es wurde auch ſelbſt ein
Auszug daraus unter der Hand bekannt gemacht,
welcher freilich um ſo mehr Senſation erregte,
je weniger man zuvor von dem Inhalt dieſer Kon=
vention belehrt war. Wahrſcheinlich hat eben
dieſe Reichsberathſchlagung über den ruſſiſchen
Truppenmarſch, wegen der dabei zu Protokoll ge=
kommenen Aeuſerungen, die Bekanntmachung der
ganzen Konvention durch die franzöſiſche Geſandt=
ſchaft zu Raſtadt veranlaßt. o)

o) Die Konvention ſelbſt iſt unter den Beilagen des
   Abſchnitts von den lezten Verhandlungen des Reichs
   friedenskongreſſes zu Raſtadt Num. XLVII. im II. B.
   S. 23 abgedrukt. Eben daſelbſt habe ich auch in dem
   Auffaze darüber §. 21. (I. B. S. 40.) ſchon bemerkt, daß
   man kurz zuvor durch eine Stelle in dem von dem kaiſ.
   Geſandtſchaftspubliciſten von Blum verfaßten Coup
   d'Oeil ſur la negotiation de paix à Raſtadt, darauf
   aufmerkſam gemacht worden ſey; aus dem Kongreß=
   handbuch erſieht man aber in der III. Fortſezung
   S. 71. daß dieſe Schrift eben deswegen, auf Requi=
   rirung der kaiſ. Plenipotenz, an dem Kongreßorte
   verboten worden ſey.

Beilagen. *)

I.

Reichsfürstenrathsprotokoll über die Berichte der Reichsfriedensdeputation wegen des russischen Truppenmarsches; nebst sieben Fortsezungen desselben vom 1. März bis 12. April 1799.

Im Reichsfürstenrath Freitag den 1. Märt 1799. meldete am Direktorialtisch stando in Circulo

Oesterreich, præmissis Curialibus: Seit der lezten Deliberation des hohen Reichsfürstenraths ha-

---

*) Die Veranlassung dieser reichstäglichen Berathschlagung ist die Note der französischen Minister auf dem Reichsfriedenskongresse zu Rastadt vom 13 Nivose an. 7. oder 2. Jänner 1799. wegen des russ. Truppenmarsches (s. I. B. nr. I. S. 82.) welche durch den Bericht der Reichsfriedensdeputation vom 4. Jänner 1799. (ebend. num. V. S. 98.) an die Reichsversammlung eingesandt wurde, und die nachgefolgte, eben diesen Gegenstand betreffende Note der französischen Minister vom 12. Pluviose oder 31. Jan. 1799. (ebend. num. XVIII. S. 136.) die der Reichsversammluug durch den Bericht vom 1. Febr. (ebend. num. XXII. S. 145.) mitgetheilt wurde. Alle dahin gehörige Aktenstüke des Kongresses sind dem Abschnitte von den lezten Verhandlungen desselben im I. Band beigefügt.

haben bei dem hochlöblichen Reichsdirektorio nach-
folgende fürtrefliche Gesandtschaften sich legitimiret, und zwar im vorigen Jahr, am 10. Mai
wegen Hohenzollern, Herr Andreas Freiherr
von Steigentesch; am 14. Juni wegen des rhei-
nischen Prälatenkollegiums Herr Karl
Joseph Graf von Oerle; am 11ten Jul. wegen
Zweibrüken und Veldenz, Herr Philipp Nerius Graf von und zu Lerchenfeld, Substitutionsweise; am 16ten Oktober, wegen Teutschmeister, Straßburg, Münster und Stablo,
Herr Andreas Freiherr v. Steigentesch, gleichfalls
Substitutionsweise; ferner am 20sten November,
wegen Henneberg, dem bekannten Alternations-
rezeß gemäß, Herr Peter Friedrich Graf von Ho-
henthal.

Sodann in diesem Jahr am 15. Febr. wegen
Henneberg Substitutionsweise, Herr Heinrich
Ludwig von Ompteda.

Nach dieser vorläufigen Anzeige schreitet nunmehr Direktorium zur Hauptsache.

Der Gegenstand der Berathung, die Erklärung, welche von dem unter seinem allerhöchsten
Oberhaupt versammelten teutschen Reich von
Frankreich gefodert wird, ist durch die Berichte
der Reichsfriedensdeputation vom 4ten Jän. und
1sten Febr. dieses Jahrs, und derer Anlagen,
allgemein bekannt. Die Sache ist in mancher
Hinsicht von großer Wichtigkeit, und verdient
wohl erwogen zu werden. Unter der Vorausse-

C 4   zung,

zung, daß nunmehr die erwarteten Inſtruktionen
angekommen ſeyn werden, eröfnet Direktorium
hiermit das Reichsfürſtenrathsprotokoll, und will
vernehmen, wie ſich zu äuſſern gefällig ſeyn wolle.

Nach allerſeits genommenem Siz geſchahe der
Aufruf secundum ſtropham nonam, und votirten

Salzburg: Se. hochfürſtliche Gnaden Herr
Erzbiſchof zu Salzburg hielten es für ihre theuer-
ſte reichsſtändiſche Pflicht, den Inhalt der Note
der bevollmächtigten Miniſter der franzöſiſchen Republik vom 2ten Jänner des laufenden Jahrs mit
der Unbefangenheit und Aufmerkſamkeit zu erwägen, die deren auſſerordentliche Wichtigkeit er-
heiſchet.

Die in Raſtadt verſammelte Reichsfriedensdeputation hat ihre Neigung zur Herſtellung des
Friedens durch ſo viele Aufopferungen beurkun-
det, daß Niemand die Aufrichtigkeit ihrer friedlichen Abſicht bezweiflen kann: aber ungern be-
rührt man, daß ſelbſt während des Friedenskongreſſes die vorliegenden Reichslande fortwährend
mit allen möglichen Arten von Kriegspräſtationen
feindſelig behandelt wurden, ungeachtet vom Tage
an der im Monat April 1797. zu Leoben unterzeichneten Friedenspräliminarien alle Feindſeligkeiten zwiſchen dem teutſchen Reiche und der franzöſiſchen Republik aufhören ſollten: — ungern,
daß noch jüngſt die deutſche Schuzwehre und Fe-
ſtung Ehrenbreitſtein nach einer wider alles Völkerrecht unerbittlich fortgeſezten feindlichen Aus-

hun-

hungerungs / Blokade sich an die Republik erge=
ben mußte, und di nunmehr durch neu ausge=
schriebene Requisitionen mit allem nöthigen Vor=
rath auf ein Jahr versehen wird: — nicht unbe=
rührt können die mancherlei Eigenmächtigkeiten
bleiben, die sich während der Unterhandlungen in
Rastadt die neu kreirte Helvetische Republik in
Hinsicht auf die in dem geographischen Umfange
von Helvetien liegenden Reichslande und Reichs=
lehen, unter dem Schuze der sogenannten Mut=
terrepublik, gegen die Zuständigkeiten mehrerer
Reichsangehörigen, und die hoheitlichen und oberst=
lehenherrlichen Rechte des Kaisers und Reichs er=
laubt hat, deren Aufrechthaltung jederzeit als ein
wichtiger Gegenstand der kaiserlichen und reichs=
ständischen Sorgfalt betrachtet ward. Eben so be=
kannt sind die seit dem eröfneten Friedenskongreß
von Zeit zu Zeit in Italien erneuerten Feindselig=
keiten, die zugleich die größten Veränderungen in
dem bisherigen italienischen Staatsverhältniß zum
teutschen Reich nach sich zogen. Die neuerlich
proklamirte piemontesische Republik, deren ganzes
Gebiet aus Reichslanden bestehet, und die poli=
tische Umschaffung der bisherigen Republik Lucca
ist noch in jedermanns lebhaftesten Andenken.

Wenn man auch aus menschenfreundlicher
Liebe zum Frieden in der glüklichsten Gemüths=
stimmung ist, sich durch Zusicherung friedlicher Ge=
sinnungen zu beruhigen; so liegt es doch nicht in
der Natur solcher Art Handlungen, eine vollkom=

neue

mene Beruhigung einzuflößen, die nothwendig noch mehr durch die Betrachtung geführet wird, daß das französische Gouvernement während den Friedensunterhandlungen die strengsten Befehle zur Vermehrung der im Felde stehenden Armeen mit 200,000 streitbaren Mannschaft ergehen ließ, und die ohnedieß fürchterliche Macht der Republik während dieser Unterhandlungen noch durch zwei neue im Monat März und August 1798. mit der zisalpinischen und helvetischen Republik abgeschlossene Schuz = und Truzbündnisse verstärkte : sogar ist bereits die Aufforderung zur Hilfleistung von der französischen an die helvetische Regierung ergangen, und hierüber zwischen beiden Regierungen am 30ten November des vorigen Jahrs noch eine besondere Konvention errichtet worden.

Daß ein jeder Staat unter derlei Verhältnissen zu Sicherheits = Maaßnehmungen berechtiget sey, liegt klar in der natürlichen Grundpflicht der Selbsterhaltung.

Allerdings sind schon große Annäherungen zu Erzielung des so sehnlich und allgemein erwünschten Reichsfriedens geschehen; aber erst, wann der Friede von den Bevollmächtigten unterzeichnet, und von den kontrahirenden Mächten genehmiget ist, erst dann ist im völkerrechtlichen Sinn der abgedrungene Reichskrieg, dessen oberste Leitung das Reich Sr. kaiserlichen Majestät vertrauensvoll überließ, für geendigt anzusehen. Auch haben Allerhöchstdieselbe den Schuz, welchen Se. kaiserl. Maje=

Majestät dem Reiche zu leisten in ihrer Wahlkapitulation übernommen haben, unter mancherlei
sehr harten Schicksalen in solcher reichsväterlicher
Fülle geleistet, daß Allerhöchstdieselbe ihre ganze
Hausmacht samt einem besondern Auxiliarkorps
königlich-preußischer Truppen zur Vertheidigung
des feindselig angegriffenen Reichs verwendet haben, worüber insonderheit das am 7ten April
1794. der allgemeinen Reichsversammlung mitge-
theilte kaiserliche Zirkularrescript an die Reichskreise
vom 23ten März des nämlichen Jahrs das be-
währteste Zeugniß ablegt. Bei noch nicht her-
gestelltem Reichsfrieden und obigen Thatsachen
würde daher das deutsche Reich sich selbst für
künftige mögliche Fälle die Vertheidigungsmittel
zu seiner Sicherheit und Selbsterhaltung schwä-
chen, wenn es, ohne vorsichtige Erwägung sämt-
licher Umstände, zur Unzeit dem Beistand eines
mächtigen Hofes widerstreben wollte, um dessen
kräftige und großmüthige Theilnahme an der Erhaltung des teutschen Körpers vorhin selbst mehrere Reichskreise, nämlich der Kur- und Oberrhein-
sche, der Fränkische, Schwäbische und Baierische,
sehr angelegentlich und dringend gebeten haben.

Schlüßlich sind Se. hochfürstliche Gnaden der
Meinung, daß die Reichsfriedensdeputation in
Hinsicht auf die an die bevollmächtigten Minister
der französischen Republik zu ertheilende Antwort
im Wesentlichen in Gemäßheit dieser Betrachtungen anzuweisen sey, und Höchstdieselbe hegen im

vor-

voraus auf die Gesinnungen des franzöfischen Di-
rektoriums das billige und gerechte Zutrauen,
daß dasselbe die Stärke einer Darstellung nicht
verkennen werde, der Natur= und Völkerrecht, die
europäische Völkerpraxis, und zum Theil das Bei=
spiel des eigenen Benehmens franzöfischer Regie=
rung zur Seite stehen.

Baiern: Vacat.

Desterreich: Ist mit der erforderlichen In=
struktion noch nicht versehen.

Magdeburg: In Bezug auf das am
10ten Jan. d. J. von hiefiger Reichsversammlung
gefaßte Resolutum über die von der Reichsfriedens=
deputation zu Rastadt mittelst Berichts d. d. 4ten
& dict. 8ten ejusd. hieher gelangte Note der
franzöfischen Gesandtschaft vom 2ten Januar, den
Anmarsch russisch=kaiserlicher Truppen auf deutsches
Reichsgebiet betreffend, ist man diesseits angewie=
sen, im Namen Sr. Königl. Majest. von Preußen,
in Allerhöchstdero Reichsständischen Eigenschaft, zu
erkennen zu geben.

„Es könne vor der Hand und bis auf etwa=
nige weitere Veranlassungen wohl bei der an die
Reichsdeputation schon ergangenen Rückäusserung,
daß man von Seiten der Reichsversammlung we=
gen Durchzug russisch=kaiserlicher Truppen keine
Requisition oder Anzeige erhalten, mithin auch
keine legale Kenntniß habe, sein Bewenden behal=
ten; wolle man jedoch an die Deputation noch
etwas näheres gelangen laffen, um davon bei der

fran

französischen Gesandtschaft Gebrauch zu machen,
so wäre zu erkennen zu geben, daß die von lez=
terer geschehene Beziehung auf den Waffenstill=
stand von dem Reich gern acceptiret werde, daß
aber, wenn dieses in Gemäßheit des Waffenstill=
standes und der Neutralität zur Abwendung des
bisher von ihm völlig ignorirten russischen Trup=
penmarsches einwürken solle, man mit gerechter
Zuversicht die Erwartung hegen dörfe, daß auch
das französische Gouvernement in Gemäßheit eben
derselben Verhältnisse seine Truppen von der
Grenze des Reichs abziehen und aufhören werde,
dortige Länder mit so feindlicher Härte zu behan=
deln; und daß, wenn dieses geschiehet, die Reichs=
versammlung um so mehr Grund habe, im Ver=
folg des von ihr über die Sache bereits veran=
laßten Berichts an kaiserliche Majestät Allerhöchst
ihrer Weisheit die zu Teutschlands endlicher Be=
ruhigung dienenden Vorkehrungen, auch in Absicht
des Einmarsches gedachter Truppen, anheimzu=
stellen,"

Uebrigens will man auf den Fall, daß Se.
Königl. Majestät im Lauf gegenwärtiger Berathung,
über den angeregten Gegenstand noch etwas nach=
zutragen, Allerhöchst gutfinden sollten, sich das
weitere ausdrücklich vorbehalten haben.

Burgund: Uti Austria.
Pfalz=Lautern: Vacat.
Elsaß: Similiter.
Pfalz=Simmern: Vacat.

Hoch=

Hoch=und Teutschmeister: Nondum inſtructus.

Pfalz=Neuburg: Vacat.

Bamberg: Siehet der Inſtruktion entgegen.

Bremen: Behält ſich das Nöthige bevor.

Würzburg: Dieſſeitige treugehorſamſte Ge=ſandtſchaft iſt dahin ſich vernehmen zu laſſen an=gewieſen: Se. Hochfürſtliche Gnaden hätten nicht aufgehöret, den Frieden zu wünſchen, und alles beizutragen, was die ſchleunige Abſchlieſſung deſ=ſelben habe beförbern können. Mit groſſem Be=dauern hätten Sie daher aus der Note der fran=zöſiſchen Miniſter zu Raſtadt vom 2ten Jänner erſehen, daß der Marſch ruſſiſcher Kriegsvölker als ein Hinderniß eines Friedens angeſehen wer=den wolle, welchen man mit den theuerſten Opfern in einer nun funfzehn Monate andauernden ſtäten und gefälligen Nachgiebigkeit bereits erkauft zu haben geglaubt habe. Da aber dem Reiche von dem Marſche ruſſiſcher Kriegsvölker nichts Ver=läſſiges bekannt, und die Unbekanntſchaft der Reichs=verſammlung mit dieſem Ereigniſſe durch die Reichs=friedensbeputation zu Raſtadt der franzöſiſchen Ge=ſandtſchaft nicht verhalten worden ſey; ſo hätte man ſich ſchmeicheln ſollen, ſie werde hiemit den Antrag ihrer Note vom 2ten Jänner für entſchöpfet halten, und die ſchon ſo weit gediehene Friedens=verhandlungen fortſezen. Allein auch in dieſer Hof=nung ſey man getäuſcht worden, da die franzöſiſche Miniſter in ihrer weitern Note vom 31ten Jänner

einen

einen völligen Stillstand in den Unterhandlungen
bis zur Ertheilung einer kategorischen und genug-
thuenden Antwort ankündigten, folglich mit der
Erklärung, daß der Reichsversammlung über den
Marsch russischer Kriegsvölker nichts Verläßiges
bekannt sey, sich zu beruhigen nicht gedächten.
Vor der Hand mußten nun Se. Hochfürstl. Gnaden nicht, wie von der Einwilligung oder Nichteinwilligung in die Handlung einer fremden Macht,
von welcher nichts Verläßiges bekannt ist, und noch
weniger, wie von einem wirksamen Widerstande
gegen dieselbe die Rede seyn könne. Denn läge
etwa der eigentliche Sinn der Note vom 2ten
Jänner in der Erwartung des französischen Gouvernements, daß sich das teutsche Reich in Bezug
auf den erfolgen könnenden Marsch fremder
Kriegsvölker erklären solle; so seze derselbe zum
voraus, daß das französische Gouvernement sich
eben so des Ein- und Durchmarsches französischer
Kriegsvölker in und durch das teutsche Reich zu
enthalten gedenke, als es sich dermal dem höch-
stens nur möglichen, zur Zeit aber weder verlangten, weder sonst bekannten Ein- und Durch-
marsche andrer Kriegsvölker entgegen seze. Einer
so billigen und gerechten Voraussezung stehe gleichwohl im Wege, daß noch immer französische Truppen, deren Zurückziehung man mit einem Opfer
um das andere erkaufen zu können, und erkauft
zu haben sich geschmeichelt habe, auf dem diesseit-
tigen Rheinufer sich befänden, daß die unglücklichen

chen Einwohner der von denselben besezten Gegenden durch unerschwingliche Contributionen und
Requisitionen in einen nahe an Verzweiflung grän-
zenden Zustand versezet würden; daß endlich die
französischen Truppen die mittelst eines feierlichen
Vertrags stipulirte Ravitaillirung der Festung Ehrenbreitstein von zehn Tagen zu zehn Tagen stets
verhindert, und endlich während der Friedensver-
handlungen diesen festen Plaz sogar weggenommen
hätten.

In dieser Lage der Sache glaubten Se. Hochfürstl. Gnaden, es sey unter Voraussezung des
Gesagten an die Minister der französischen Republik zu Rastadt der Antrag durch die Reichsfriedensdeputation zu stellen, daß es denselben gefällig seyn wolle, die so oft und so nachdrücklich verlangte cathegorische Erklärung zu geben, daß die
französischen Truppen das rechte Rheinufer räumen, und weder sie, weder ihre Allirten den
Ein- und Durchmarsch in und durch das teutsche
Reichsgebiet in Zukunft verlangen oder nehmen
würden.

Je grösser die Opfer seyen, welche man seinem aufrichtigen und von der ganzen Welt anerkannten Wunsche nach Frieden gebracht habe, und
je nachdrücklicher das französische Gouvernement
sich für die Herstellung der Ruhe und des Friedens
nach so langen und harten Leiden der Menschheit
in allen seinen öffentlichen Handlungen und besonders durch seine Minister zu Rastadt bekennet
habe,

habe, je mehr dürfe man hoffen, daß die Reichsverſammlung der Räumung des dieſſeitigen Rheinufers, dem Ende des Druckes, unter dem ſo viele
Teutſche bieher geſeufzet hätten, und überhaupt
der vorbeſagten Erklärung nicht vergebens entgegen
ſehe. Alsdann könne die Reichsverſammlung der
Weisheit Sr. kaiſerlichen Majeſtät und Allerhöchſt
Ihrer entſchiedenen Neigung zum Frieden die zu
Teutſchlands endlicher Beruhigung dienenden Vorkehrungen auch in Bezug auf den Einmarſch fremder Kriegsvölker mit tröſtlicher Zuverſicht anheim-
ſtellen.

Ulteriora, ſi opus, reſervando.

Pfalz-Zweibrücken: vacat.

Worms: Trage votando auf eine allerun-
terthänigſte und allerehrerbietigſte Bitte im Namen
des geſammten Reichs an Ihre kaiſerl. Majeſtät
dahin an, daß Allerhöchſtdieſelbe geruhen möchten,
ſolche Maasregeln reichsväterlich zu ergreifen und
anzuwenden, wodurch der Ruheſtand des teutſchen
Vaterlandes geſichert und erhalten, daſſelbe von
den fremden Truppen befreit, der ſo ſehnlich gewünſchte Reichsfriede nicht entfernt, ſondern derſelbe, da es damit bereits ſo weit gediehen, befördert und beſchleunigt werde. Ulteriora, ſi opus,
reſervando.

Pfalz Veldenz: Vacat.

Eichſtädt: Behält ſich ſeine Abſtimmung
noch bevor.

Sachsen-Weimar: Behält sich das Protokoll offen.

Speyer: Non instructus.

Sachsen-Eisenach: Wie Sachsen-Weimar.

Straßburg: Behält sich das Protokoll offen.

Sachsen-Coburg: Behält sich auch das Protokoll offen.

Constanz: Non instructus.

Sachsen-Gotha: Behält sich das Nöthige bevor.

Augsburg: Behält sich vor, das Votum nachzutragen.

Sachsen-Altenburg: Wie Sachsen-Gotha.

Hildesheim: Behält sich das Protokoll offen.

Brandenburg-Onolzbach: Wie Magdeburg.

Paderborn: Behält sich das Protokoll offen.

Brandenburg-Culmbach: Wie Magdeburg.

Freysing: Non instructus.

Braunschweig-Wolffenbüttel: Non instructus.

Regensburg: Similiter non instructus.

Braunschweig-Zell: Wie Bremen.

Passau: Non instructus.

Braunb

Braunſchweig-Calenberg: Wie Bremen.

Trient: Nondum inſtructus.

Braunſchweig - Grubenhagen: Wie Bremen.

Brixen ex commiſſione per Trient: Wie Trient.

Halberſtadt: Wie Magdeburg.

Baſel: Non inſtructus.

Heſſen-Caſſel: Behält ſich das Protocoll offen.

Münſter: Behält ſich ebenfalls das Protocoll offen.

Heſſen-Darmſtadt: Hält in Anſehung des dermalen in Berathung geſezten Gegenſtandes dafür:

„Kaiſerliche Majeſtät hätten das Reich mehr-
„malen huldreicheſt verſichert, auf die Herſtellung
„ſeines allgemeinen Friedens den eifrigſten Bedacht
„zu nehmen, und Allerhöchſt Ihrer reichsväterlichen
„Vorſorge und Verwendung verdanke daſſelbe in
„tiefeſter Verehrung nicht nur den bis jezo beſte-
„henden Waffenſtillſtand, ſondern auch die getrof-
„fene heilſame Einleitung, daß die Friedensun-
„terhandlungen wirklich eröfnet und bereits zu
„ihrem nahen Abſchluß gebracht worden ſeyen.

„Wenn nun aber natürlich die Beſorgniß
„entſtehe, daß das Friedensgeſchäft ſich wieder
„zerſchlagen dürfte, indem das franzöſiſche Gou-
„vernement am 2ten und 31ſten Jäner d. J. eine

F 2   hin-

„ hin und wieder bereits angeführte Erklärung ge=
„ than habe, die zu gegenwärtiger-Berathung den
„ Anlaß gebe, so wären kaiserl. Majestät allerdevo=
„ test und angelegenst zu ersuchen, die angedrohte
„ Gefahr durch Beseitigung ihres Anlaßes reichs=
„ väterlich abzuwenden, damit das so weit gedie=
„ hene Friedenswerk seinen ununterbrochenen Fort=
„ gang gewinne, und das Reich zur sehnlichst ge=
„ wünschten Ruhe gelangen möge.

„ Kaiserliche Majestät seyen von eben diesen
„ Wünschen durchdrungen, und begründeten also
„ das ehrerbietigste Vertrauen, Allerhöchstdieselben
„ würden jeden Anstand zu entfernen trachten, der
„ ihrer Erfüllung behinderlich seye. Sub Reserva-
„ tione Reservandorum.

Oßnabrück: Wie Bremen.

Verden: Wie Bremen.

Lüttich: Nondum instructus.

Vorpommern: Behält sich das Protokoll
offen.

Lübeck: Sehe der gnädigsten Instruktion
entgegen, wolle sich also das Protokoll offen be=
halten.

Hinterpommern; Wie Magdeburg.

Chur: Nondum instructus.

Würtemberg: Seine Herzogliche Durch=
laucht zu Würtemberg sind noch zu lebhaft von
den schrecklichen Folgen und unabsehbaren Elende
des so unglücklich geführten Kriegs durchdrungen,
um nicht mit ganzer Ueberzeugung auf Kaiserlicher

Ma. =

Majeſtät reichsväterliche Geſinnungen zu bauen,
daß es Allerhöchſtdenenſelben gefällig ſeyn möchte,
durch die zweckmäßigſten Mittel den ſo ſehr ge-
wünſchten, und die Erhaltung des noch übrig blei-
benden Theils des Reichs allein möglich machenden Frieden, baldmöglichſt herbei zu führen, und
daher auch alle und jede Hinderniße, welche denſelben entweder ganz entfernen, oder auch nur
hinausrücken, und dadurch die größte Gefahr für
das geſammte Reich hervorbringen könnten, als
wozu der Einmarſch fremder Völker in die Reichslande Anlaß geben würde, allergnädigſt zu beſeiti-
gen.   Ult. riora, ſi opus, reſervando

Fulda: Non inſtructus.

Holſtein - Glückſtadt: Nondum inſtructus.

Kempten: Behält ſich das Protokoll offen.

Baaden Durlach: Von des Herrn Marggrafen zu Baden hochfürſtl. Durchlaucht iſt man
angewieſen, ſich über die in Berathſchlagung ge-
ſtellte Angelegenheit dahin votando vernehmen
zu laſſen:

Kaiſerl. Majeſtät hätten dem Reich mehrma-
len in den huldreichſten Ausdrücken die tröſtliche
Verſicherung ertheilt, auf die Herſtellung eines
allgemeinen Reichsfriedens den eifrigſten Bedacht
zu nehmen, und Allerhöchſt Ihrer reichsväterlichen
Vorſorge und Verwendung verdanke daſſelbe in
tiefſter Verehrung nicht nur den bis jezo beſtehenden
Waffenſtillſtand, ſondern auch die getroffene Ein-

lei-

leitung, daß die Friedensunterhandlungen wirklich eröfnet, und bereits zu ihrem nahen Abschluß befördert worden seyen.

Wenn nun aber neuerlich die Besorgniß entstanden seye, daß das Friedensgeschäfte sich wiederum zerschlagen dürfte, indem das französische Gouvernement den Waffenstillstand und die Rastadter-Friedensunterhandlungen in dem Fall für aufgehoben erkläre, wenn Russisch-Kaiserl. Truppen, mit Bewilligung des Reichs, oder auch ohne dessen wirksamen Widerspruch, das teutsche Reichsgebiet betreten würden, so möchten Kaiserl. Majestät allerdevoteſt und angelegentlichſt ersucht werden, die angedrohte Gefahr, durch Beseitigung ihres Anlaßes, reichsväterlich abzuwenden, damit das bereits so weit gediehene Friedenswerk seinen ununterbrochenen Fortgang gewinnen, und das so lange gedrängte Vaterland zur sehnlichſt gewünschten Ruhe gelangen möge.

Kaiserliche Majestät wäre von eben diesen Wünschen beseelt, und solche begründeten das ehrerbietigſte Vertrauen, daß Allerhöchſtdieselben je den Anſtand zu entfernen trachten würden, der ihrer Erfüllung behinderlich seyn könnte.

Ellwangen: Wie Augsburg.

Baaden-Baaden: Wie Baaden-Durlach.

Johannitermeiſter: Behält sich das Protokoll offen.

Baa-

Baaden-Hochberg: Wie Baaden-Durlach.

Berchtolsgaden: Wie Freyſing und
Regensburg.

Mecklenburg - Schwerin: Non inſtructus.

Probſtey Weiſenburg: Behält ſich das
Protoll offen.

Mecklenburg - Güſtrau: Wie Mecklenburg Schwerin.

Directorium: Da auch heute der Mangel
der Inſtruktionen noch zu verſpühren geweſen;
hielt es Directorium für räthlich, die Vollendung
des Aufrufs auf den nächſten Rathstag zu ver-
ſchieben.

Quibus diſceſſum.

Erſte Fortſezung des Protokolls.

Im Reichsfürſtenrath, Montag den 4ten März
1799, meldete am Directorial - Tiſch
ſtando in Circulo

Oeſterreich: præmiſſis Curialibus: Direktorium wird heute den angefangenen Aufruf
beendigen, gewärtiget aber zuvorderſt, ob nicht
den bereits aufgerufenen vortreflichen Geſandtſchaften, in Gemäßheit der immittels etwan erhaltenen Inſtruktionen, gefällig ſeyn wolle, ihre Abſtimmungen ins Protokoll zu legen?

F 4   Hoch-

Hoch = und Teutschmeister, suo loco
& ordine: Seine kurfürstliche Durchlaucht zu
Köln. als Hoch = und Teutschmeister, sind eben so
sehr überzeugt, daß Seine kaiserliche Majestät bei
der durch die letzte Note der französischen Minister zu Rastadt an den österreichischen subdelegir-
ten Grafen von Lehrbach in Betreff des russischen
Truppenmarsches gewordenen besonderen Veranlaß-
sung, diesem Gegenstande nach den zwischen Aller-
höchstdenselben und der französischen Regierung
bestehenden Verhältnissen eine Wendung geben
werden, welche dem Wohl, der Ruhe und Sicherheit des teutschen Reichs nach allen hiebei eintretenden möglichen Rücksichten angemessen ist, als
Sie es sind, daß, wenn die dermalen in den
österreichischen Staaten sich befindende russische
Truppen eine Bestimmung erhalten sollten, wodurch
sie über diese Gränze in die Reichslande vorrücken
würden, das Reich hierüber die Nachricht erhalten werde, welcher es in Bezug hierauf alsdann
entgegen sehen kann. Seine kurfürstliche Durchlaucht glauben daher um so mehr, erst bei dem
Eintreten dieses zur Berathung sich vorzüglich eig-
nenden Moments sich entscheidend erklären zu können, als bis dahin das Reich weder von dem
Truppenmarsche selbst, noch weniger von deren
Bestimmung eine offizielle Notiz hat, noch nehmen
kann. Indem sich also Höchstdieselbe das weitere
vorzubehalten veranlaßt sehen, können Sie doch
nicht umhin, schon vorläufig den sich Ihnen dar-

stellen-

ftellenden Gefichtspunkt zu bemerken, nach welchem, wenn die öffentliche Nachrichten in Rückficht des ruffifchen Truppenkorps zum Grunde gelegt, und die gegenwärtige Lage der politifchen
Angelegenheiten dabei in Erwägung gezogen wird,
Sie hierinnen nichts weniger als feindliche Abfich-
ten, fondern nur Defenfiv-Maasregeln wahrneh-
men können, welche unglücklicher Weife felbft bei
der beruhigendften Unterftellung, daß die franzöfifche Regierung ernftlich den Frieden wolle, durch
die neuefte feit den Friedenspräliminarien von Leoben fich gleichfam drängende Ereigniffe nur zu
fehr zur Nothwendigkeit geworden zu feyn fcheinen,
und woraus das franzöfifche Gouvernement um
fo weniger eine gegründete Beforgniß fchöpfen
kann, als daffelbe durch die mehr als groffe Auf-
opferung, welche die Reichsfriedensdeputation in
Folge der Unterhandlungen zu Raftadt dem Frieden gebracht hat, die ftärkften, unverkennbarften
Beweife einer aufrichtigen Neigung, diefen Zweck
zu erreichen, erhalten hat; und zwar in einem
Zeitpunkte, während welchem gedachtes Gouvernement durch die in mehrerer Hinficht gewaltfam
veränderte Staatsverhältniffe des teutfchen Reichs
in Italien, durch die Befezung der Feftung Ehren-
breitftein, deren Erhaltung dem Reiche bis zum
völligen Friedensfchluße durch die Heiligkeit der
darüber beftehenden Verträge gefichert war, durch
die mittels ununterbrochen fortgefezt werdenden
Kriegsbedrückungen in den auf der rechten Rhein-

F 5   feite

ſelte beſezten Reichslanden andaurende Feindſeligkeiten, deren Ende die Präliminarien zu Leoben
auf das unzweideutigſte beſtimmt hatten — Kurz
durch alle dieſe Thathandlungen Abſichten zu erkennen gegeben hat, die für das Reich gewiß nicht
anders, als höchſt beunruhigend ſeyn können, und
die mit den wörtlichen Zuſicherungen friedlicher
Geſinnungen kaum möglicher Weiſe zu vereinigen
ſind.

Ulteriora, ſi opus, reſervando.

Münſter, ſuo loco & ordine: Wie Hoch-
und Teutſchmeiſter.

Sachſen-Weimar, ſuo loco & ordine:
Bei der noch zur Zeit ermangelnden legalen Kenntniß eines in Frage ſeyenden Durchmarſches ruſ-
ſiſch-kaiſerlicher Truppen durch die Reichslande,
hege man zu Ihro Kaiſerl. Majeſtät das ehrerbietigſte Vertrauen, daß Allerhöchſtdieſelben in
dieſem einzelnen Fall, wie überhaupt die Wohlfart des teutſchen Reichs väterlich zu Herzen
nehmen, und nach Dero Weisheit die dienlichſten
Maasregeln ergreifen würden, wodurch der von
ſo vielen Fürſten und Ständen ſo ſehnlichſt gewünſchte Ruheſtand erhalten, und ein baldiger,
anſtändiger und dauerhafter Friede befördert werden möge; und da auch die am Reichsfriedenskongreß bevollmächtigten franzöſiſchen Miniſter in
ihrer Note vom 2ten Jänner ſich auf den mit
dem Reich beſtehenden Waffenſtillſtand bezogen
haben: ſo ſey an Ihro Kayſerliche Majeſtät zugleich

gleich das geziemende Ansuchen zu stellen, bei der
französischen Republik die wirksamsten Einleitungen
dahin zu machen, damit, eben diesem Waffenstillstande gemäß, die Reichslande diesseits des Rheins
von den bisher erlittenen feindlichen Bedrückungen endlich einmal befreiet werden möchten. Beides wäre demnach durch ein Reichsgutachten an
Ihro Kaiserliche Majestät zu bringen, und, daß
solches geschehen, der Reichsfriedensdeputation zu
eröffnen, damit diese in dem herkömmlichen Wege
den französischen Ministern hievon Nachricht ertheilen könne.

Sachsen-Eisenach, suo loco & ordine:
Wie Sachsen-Weimar.

Sachsen-Koburg, suo loco & ordine:
Vereinige sich mit der Sachsen-Weimarischen, und
allen übrigen zu einem baldigen Reichsfriedensabschluß beförderlichen Abstimmungen.

Prüm: Wie Augsburg.

Sachsen-Lauenburg: Wie Bremen.

Stablo: Behält sich das Protokoll offen.

Minden: Wie Magdeburg.

Corwey: Nondum instructus.

Savoyen: Vacat.

Leuchtenberg: Similiter.

Anhalt: Vereiniget sich mit dem Sachsen-
Weimarischen Voto.

Henneberg: Da man noch keinerlei Requisition um den Durchmarsch russisch-kaiserlicher
Truppen durch die Reichslande erhalten, mithin

von

von deren Abſicht nicht die mindeſte legale Noth
habe: ſo müße von Reichs wegen billig Ihrer
Kaiſerl. Majeſtät, daß Allerhöchſtdieſelben hierunter ſowohl, als überhaupt die Wohlfart des Reichs,
väterlich zu Herzen nehmen würden, zugetraut,
und Dero Weisheit anheim geſtellt werden, die
dienlichſten Maasregeln zu ergreifen, wodurch der
von ſo vielen Fürſten und Ständen ſo ſehnlichſt
erwünſchte Ruheſtand erhalten, und ein baldiger
anſtändiger und dauerhafter Friede befördert werden könnte. Da aber auch die franzöſiſchen Miniſter in ihrer Note vom 2ten Jänner ſich auf
den mit dem Reich ſubſiſtirenden Waffenſtillſtand
bezogen hätten; ſo ſeyen Ihro Kaiſerl. Majeſtät
zugleich geziemend zu erſuchen, die wirkſamſten
Einleitungen bei der franzöſiſchen Regierung dahin
zu machen, damit, eben dieſem Waffenſtillſtand
gemäs, die Reichslande dieſſeits des Rheins von
denen bisher annoch unausgeſezt erlittenen feindlichen Bedrückungen endlich einmal befreit werden
möchten. Dieſes wäre durch ein allerunterthänig-
ſtes Reichsgutachten an Ihro Kaiſerl. Majeſtät
zu bringen, und, daß ſolches geſchehen, mittelſt
gewöhnlichen Erlaſſes der Reichsdeputation zu eröfnen, damit dieſe in dem herkommlichen Wege
den franzöſiſchen Miniſtern davon Nachricht ertheilen könne.

Schwerin: Wie Mecklenburg Schwerin.
Camin: Wie Magdeburg.
Razeburg: Wie Mecklenburg-Schwerin.

Her-

Hersfeld: Wie Hessen-Cassel.

Romeny: Wie Oesterreich.

Mömpelgard: Wie Würtemberg.

Aremberg: Non instructus.

Hohenzollern: Behält sich das Protokoll offen.

Lobkowiz: Behält sich auch das Protokoll offen:

Salm: Diesseitige Gesandtschaft ist von ihrer Behörde zur gegenwärtigen Reichstäglichen Berathung, mit folgender Abstimmung wörtlich angewiesen worden:

Da dem Hochfürstl. Salm-Rheingräflichen Gesamthaus durch den unglücklichen Krieg, und zwar dem Herrn Fürsten von Salm-Kyrburg und denen Herren Rheingrafen alle Lande entzogen worden sind, dem Herrn Fürsten von Salm-Salm aber nur noch die kleine Herrschaft Anholt übrig geblieben ist; so müsse mit dem natürlichen Wunsch ihres Lebensunterhalts, welcher ihnen nun gänzlich mangelt, jener, das Ende des Krieges zu sehen, und eine auf dem Reichsverband gegründete Entschädigung zu erhalten, nothwendig verbunden seyn: Kaiserl. Majestät würden daher allerunterthänigst gebeten, die gegen einen Reichsfrieden besorglich eintretende neuere Anstände mit Reichsväterlicher Vorsorge zu heben, und die dringende Bedürfnisse dieses fürstlichen Hauses in Allerhöchster Milde zu beherzigen. Ulteriora, si opus, reservando.

Die

Dietrichstein: Behält sich das Protokoll offen.

Nassau Hadamar und Siegen: Vacat.

Nassau Dillenburg, Siegen und Diez: Vacat.

Auersberg: Behält sich das Protokoll offen.

Fürstenberg: Vereinigt sich, unter der vertrauensvollesten Zuversicht auf die Weisheit und Reichsväterliche Sorgfalt Sr. Kaiserl. Majestät, mit den Hochfürstlich Baadenschen Abstimmungen, und behält nöthigen Falls ulteriora bevor.

Ostfrießland: Wie Magdeburg.

Schwarzenberg: Non instructus.

Lichtenstein: Similiter.

Thurn und Taxis: Wird sich demnächst vernehmen lassen.

Schwarzburg: Behält sich das Votum noch bevor.

Schwäbische Prälaten: Siehet der Instruktion annoch entgegen.

Wetterauische Grafen: Namens dieser Gräflichen Einigung soll man der erhaltenen Instruktion zufolge unter treudevotester Anergebung in die fernere allerhöchste reichsväterliche Vorsorge jenen hohen Stimmäußerungen, welche auf die Beförderung des seinem Abschluß bereits so nahe gebrachten Reichsfriedensgeschäftes, und allerunterthänigst nachzusuchende Verhütung der von dem französischen Gouvernement als Hinderniß des Reichsfriedens angegebenen Ereigniß eines fremden

Trup-

Truppeneinmarsches gerichtet sind, in der Maaße, wie in der Marggräflich Baadischen vortreflichen Abstimmung durchgängig enthalten ist, beitretten. Uleriora, si opus, refervando.

Rheinische Prälaten: Unter gehörsamster Verdankung für die zu machen beliebte Anzeige der bißeitigen Legitimation, wie schwäbische Prälaten.

Schwäbische Grafen: Behält sich das Protokoll offen.

Fränkische Grafen: ⎰Wie Westmäli⎱
Westphällische Grafen: ⎱ sche Grafen·

Holstein-Oldenburg: falvo fuo loco & ordine: Wie Lübeck.

Directotium: Nach nunmehr beendigtem Aufruf erwartet Direktorium bereitwillig die Anzeige von der Ankunft der noch etmauglenden Instruktionen, um zu Eröfnung des Protokolls abermal zu schreiten.

Quibus discessum.

Zwelte Fortsetzung des Protokolls.
Im Reichsfürstenrath Montag den 11. März 1799. meldete am Direktorialtisch stando in Circulo

Oesterreich, præmissis Curialibus: Zuvörderist wäre anzuzeigen, daß bei dem hochlöbl. Kurmainzischen Reichsbirektorio sich legitimirt haben:
Den

Den 8ten dieses Monats wegen Sachsen = Koburg, Meinungen und Anhalt, Herr Philipp Maximilian von Günterrode, substitutionsweise.

Den 9ten wegen Regensburg, Herr Joseph Karl Ignaz Graf v. Lerchenfeld, substitutionsweise.

Den 10ten wegen Würtemberg und Mömpelgard, Herr Karl Ludwig Georg von Wöllwarth ad interim.

Den 11ten dieses wegen Baiern, Leuchtenberg, Pfalz = Lautern, Simmern, Neuburg und Velbenz, Herr Philipp Nerius Graf von Lerchenfeld.

Nach solcher Gestalt berichtigten Legitimation, glaubt Direktorium die neuesten Ereignisse mit Stillschweigen nicht übergehen zu dürfen; überläßt jedoch unvorgreiflich dem Ermessen der fürtreflichen Gesandtschaften, ob und in wie ferne diese, in so mancher Hinsicht merkwürdigen unvorhergesehenen, und gewiß ganz unerwartete Auftritte, auf die bereits in das Protokoll gelegten Abstimmungen, eben so wie auf die noch bevorstehenden Vota Einfluß haben können. Indessen will Direktorium denen zun votiren bereits gefaßten fürtreflichen Gesandtschaften die Gelegenheit hierzu, durch wiederholte Eröffnung des Protokolls, hiermit geben, und erwartet, wohin denselben sich vernehmen zu lassen, gefällig seye.

Baiern,

Baiern: cum ceteris votis, suo loco & ordine: Nachdem Ihre kurfürstliche Durchlaucht, Maximilian Joseph von Pfalzbaiern, die durch das höchstbedauerliche Ableben weiland des durchlauchtigsten Kurfürsten Karl Theodor glorwürdigsten Andenkens erledigte Kur = und Erztruchsessenamt, nebst der Regierung der sämtlichen kurpfalzbaierischen Reichslande, in Gemäßheit der vornehmsten Reichsgrundgeseze, Hausverträge und Friedensschlüße, nach Erbrechte anzetretten hätten, würden Höchstdieselbe, eingedenk der hohen Verdienste Ihrer durchlauchtigsten Vorfahrer, nie ermüden, ihre Kräfte mit denen Ihrer höchst = und hohen Reichsmitstände zu vereinigen, um den so sehnlich gewünschten Ruhestand, und die unzertrennlich davon abhängende Wohlfart des teutschen Vaterlandes befördern und erhalten zu helfen. Zu Erreichung dieses grossen Zweckes würden Höchstdieselbe mit freudiger Zustimmung alles mit angehen, was die glücklichste Eintracht zwischen dem allerhöchsten Oberhaupte und den Gliedern des Reichs, und dem höchstnöthigen engen Verband unter diesen, stäts mehr befestigen könne. Eben so wü..en Höchstsie, durch unwandelbares gesez = und verfassungsmäsiges Benehmen, ein wahrhaftes Vertrauen und eine beharrliche Zuneigung Ihrer hohen Mitstände zu gewinnen und zu erhalten trachten.

Indem diesseitige treugehorsamste Gesandschaft diese ruhmwürdigst bekannten reinsten Gesinnungen

ihres durchlauchtigsten höchsten Prinzipals bei
heutigem Anlaße auszulegen, oder vielmehr nur zu
wiederholen habe, schäze sie sich glücklich, von
Höchstdemselben an gegenwärtiger Stelle huldreicheft
bestätiget worden zu seyn, die ihr die hohe Ehre
zuwende, mit so weisen Staatsmännern zum gemeinsamen Reichsbesten sich forthin zu beschäftigen.
Um aber hierinn auf dem Wege ihrer Pflicht
desto sicherer fortschreiten zu können, erbittet sich
selbe die gültige Fortsezung des bisher mit verbind-
lichster Dankbarkeit erfahrenen Kollegialvertrauens
und verehrliche Freundschaft, die dieselbe mit un-
beschränktem Gegenvertrauen und hochachtungsvoller Ergebenheit zu erwiedern nie unterlaffen werde.

In materia proposita behalte man sich das
Protokoll offen.

Sachsen-Gotha, suo loco & ordine!
Es ist bekannt, daß noch keine Requisition um
den Durchmarsch russisch-kaiserlicher Truppen durch
die Reichslände eingekommen, mithin habe man
von deren Absicht nicht die mindeste legale Notiz.
Es wäre also von Reichs wegen billig, Ihrer
kaiserlichen Majestät zuzutrauen, daß Allerhöchstdieselben hierunter sowohl, als überhaupt, die
Wohlfart des Reichs väterlich zu Herzen nehmen
würden, und sey mithin Dero Weisheit anheim
zu stellen, die thätigsten Maasregeln zu ergreif-
fen, wodurch der-von so vielen Fürsten und Ständen so sehnlichst erwünschte Ruhestand erzielet —
und ein baldiger-seinem Abschluß so nahe gewese-
ner

ner Friede erhalten werden könne. Da aber auch
die franzöſiſchen Miniſter, in ihrer Note vom 2ten
Jänner ſich auf den mit dem Reich ſubſiſtirenden
Waffenſtillſtand bezogen hätten; ſo ſeyen Jhro
kaiſerliche Majeſtät zugleich geziemend zu erſuchen,
die würkſamſten Einleitungen bei der franzöſiſchen
Regierung dahin zu machen, damit eben dieſem
Waffenſtillſtand gemäß, die Reichslande dieſſeits
des Rheins von den bisher annoch unaufgeſezt
erlittenen feindlichen Bedrückungen endlich einmal
befreiet werden mögten. Man vereinigt ſich alſo
im Weſentlichen durchaus mit Heuneberg im
Reichsfürſtenrathsprotokoll vom 4ten März.

Sachſen-Altenburg, ſuo loco & ordine: Wie Sachſen-Gotha.

Speier: Treu gehorſamſte Geſandtſchaft
Er. hochfürſtlichen Gnaden zu Speier iſt angewieſen; ſich votando dahin zu erklären:

„Jhro kaiſerl. Majeſtät hätten durch Jhr
„ſtandhaftes Ausharren in dieſem von Allerhöchſt
„Jhnen, ſo zu ſagen, allein geführten Kriege
„ſolche unverkennbare Beweiſe Jhrer väterlichen
„Sorgfalt für die Erhaltung der Integrität des
„Reichs, und ſeiner Verfaſſung abgelegt, daß die
„Stände des Reichs im dankvolleſten Vertrauen
„von Allerhöchſtdenenſelben ſich verſprechen kön-
„nen, Allerhöchſtſie werden auch fernerhin ſolche
„weiſe Maßregeln zu treffen geruhen, welche das
„teutſche Vaterland vor weitern Gefahren zu ſchü-
„zen vermögten, in welcher troſtvollen Zuverſicht
G 2 „man

„man Allerhöchstdenenselben lediglich anheimgestellt
„laffen könne, in Rücksicht des befraglichen Durch-
„zugs ruffifch = kaiserlicher Truppen, dasjenige nach
„Ihrer weisesten Einsicht zu bestimmen, was die
„Lage der Umstände, und die davon abhängige
„Wohlfart des Reichs erheischen, und was auf
„die von den französischen Bevollmächtigten an die
„Reichsfriedensdeputation gegebene Note zu er-
„wiedern wäre. Ulteriora, si opus, reservando.

   Weißenburg, suo loco & ordine: Wie
Speier.

   Augsburg, suo loco & ordine: Seine
Kurfürstliche Durchlaucht von Trier, als Fürst und
Bischof von Augsburg, müssen vor allem auf den
Inhalt der Note der bevollmächtigten Minister
der französischen Republik vom 13ten Nivose --
2ten Jänner abhin, und derselben Veranlassung
mit aller Unbefangenheit bemerken, daß die Reichsfriedensdeputation in Rastadt die unzweideutigsten
Beweise ihrer fortgehenden friedlichen Gesinnungen
bei jeder Gelegenheit, durch Darbringung theuerster
Opfer, bisheran zu erkennen gegeben habe, daß
dahingegen aber, aller dieser Nachgiebigkeit ungeachtet, die vorliegenden Reichslande mit aller Härte
fortbehandelt, die Festung Ehrenbreitstein, wider
eigends abgeschlossene Verträge, in Besiz genommen
worden, und auf der rechten Rheinseite durchaus
feindliche Behandlungen aller Art bis zur Stunde
haben ertragen werden müssen, wider welche die
Reichsfriedensdeputation bis jezt fruchtlose Be-

schwer=

———

schwerden geführet habe, und die in einigen der abgelegten Abstimmungen umständlich angeführt worden sind.

Was nun den wesentlichen Inhalt vorgedachter französischen Note selbst anbetrifft, so müssen Seine kurfürstliche Durchlaucht mit gleicher Offenheit gestehen, daß bei der oben angeführten Lage der Sachen keineswegs gefordert werden könne, daß das Reich, durch Widerstrebung gegen den Beistand eines mächtigen Hofes, sich selbst für künftig mögliche Fälle die Vertheidigungsmittel zu seiner Sicherheit und Selbsterhaltung schwäche.

Nach diesen Betrachtungen wäre der Reichs friedensdeputation an Hand zu geben, den Antrag der französischen Minister mit der erneuerten Bemerkung zu beantworten, daß dem Reiche, wegen Einrückung russisch-kaiserlicher Truppen in die vordere Reichskreise, weder eine legale Nachricht, noch irgend einem Reichsstand eine Requisition zugekommen sey.

Ulteriora refervando,

Ellwangen, fuo loco & ordine: Wie Augsburg.

Prüm, fuo loco & ordine: Similiter wie Augsburg.

Hessenkassel, fuo loco & ordine: Des Herrn Landgrafen zu Hessenkassel hochfürstliche Durchlaucht tragen auch Ihrerseits auf eine an Ihro kaiserl. Majestät, von gesamten Reichswegen, zu richtende allerehrerbietigste Bitte an, daß Allerhöchst

G 3

Höchst Denenselben gefällig seyn möchte, solche
Maaßregeln reichsväterlich zu ergreifen und anzuwenden, wodurch die Ruhe Teutschlands gesichert
und erhalten, dasselbe von fremden Truppen befreit, und der schon so weit gediehene gewünschte
Reichsfriede vielmehr befördert und beschleuniget
werde. Vorbehältlich des weiteren.

Hersfeld, suo loco & ordine: Wie
Hessenkassel.

Eichstätt, suo loco & ordine: Tritt
dem anheut zum Protokoll abgegebenen hochfürstl.
Augsburgischen Voto vollkommen bei.

Kempten, suo loco & ordine: Imgleichen.

Basel, suo loco & ordine: Die von Sr.
hochfürstlichen Gnaden zu Basel stets bewährte
Treue und Anhänglichkeit an das allerhöchste
Reichsoberhaupt, auch die reichsständische Obli-
genheiten, machen es Höchstdenselben von neuem
zur Pflicht, den Wunsch und alleruntertänigste
Bitte unumwunden dahin erkennen zu geben, auf
daß Ihro kaiserl. Majestät allergnädigst geruhen
möchten, auch diesfalls Ihre reichsväterliche Fürsorge, zum Besten der einzelnen sowohl, als der
gesamten Reichsstände, eintreten zu lassen, sohin
das zweckdienliche nach Allerhöchstihro Gutbefinden
zu verordnen, und glaube man dahero, daß dem
in der französischen Note, in Betreff des Durchzugs der kaiserlich- russischen Truppen, gestellten
petito, aus den in einigen vorhergehenden votis,
und insbesondere in der fürstl. Salzburgischen Ab-
stim-

ſtimmung enthaltenen Gründen, nicht willfahret
werden möge. Ulteriora, ſi opus, reſervando.

Directorium: iſt in der Erwartung, daß bis
zum nächſten Rathstag mehrere noch mangelnde
Inſtruktionen einkommen werden, bereit, das Reichsfürſtenrathsprotokoll wiederholt zu eröffnen, um
den vortreflichen Geſandtſchaften den Anlaß zu
geben, von den erhaltenen Weiſungen Gebrauch
machen zu können.

Quibus disceſſum.

Nota. In die erſte Fortſezung des Reichsfürſten-
rathsprotokolls vom 4. d. M. wird pag.
15. zur Mitte hin, vor Hollſtein-Oldenburg,
hiemit nachgetragen: In Circulo.

Dritte Fortſezung des Protokolls.

Im Reichsfürſtenrath Freitag den 15. März
1799. meldete am Direktorialtiſch
ſtando in Circulo.

Oeſterreich, præmiſſis Curialibus: Da,
dem Vernehmen nach, verſchiedene Inſtruktionen
inmittels eingelangt ſind, ſo ermangelt Direktorium nicht, Gelegenheit zu geben, davon Gebrauch
machen zu können.

Bremen, cum cæteris votis, ſuo loco
& ordine: Das trütſche Reich hat von dem
Marſch der ruſſiſchen Truppen und ihrer Deſtina-
tion nicht die mindeſte legale Notiz, und gleicher-
geſtalt ſind ſelbigem die etwaigen Traktaten und

G 4   Con-

Conventionen zwischen Sr. röm. kaiserl. Majestät, als König von Ungarn und Böhmen, und
dem französischen Gouvernement, die dabei in Be-
tracht kommen mögen, völlig unbekannt. Noch
weniger ist, wegen des Marsches der russischen
Truppen, einige Requisition an dasselbe bis jetzt
gebracht worden. Dem zufolge befindet das teutsche Reich sich weder im Stande, noch einst in
dem Fall, dieserhalb etwas erklären zu können. —

Vielmehr muß dasselbe zu Sr. röm. kaiserl.
Majestät, als Reichsoberhaupt, verfassungsmäßig
das Vertrauen hegen, daß Allerhöchstdieselben darunter die Wohlfart des teutschen Reichs zu beherzigen nicht entstehen werden, und zu Allerhöchst
Ihro Weisheit die behufigen Maaßregeln verstel-
len, damit dem teutschen Reich der so sehnlich gewünschte Friede und Ruhestand endlich verschaffet, und vor allen Dingen dem von dem franzöfischen Gouvernement dermalen förmlich anerkannten Waffenstillstand, durch fordersamste Zurückziehung der Truppen von den teutschen Gränzen, und
Einstellung der drückenden Contributionen und Requisitionen, so wie von der Reichsdeputation zu
Rastadt bereits zu wiederholten malen in Antrag
gebracht worden, die Erfüllung gegeben werden
möge. Gleichwie hierauf mithin das Reichsgutachten an Se. röm. kaiserl. Majestät zu richten:
also wird solches der Reichsdeputation in Antwort
zu erkennen zu geben seyn, um davon die Eröffnung
an die französischen Minister gelangen zu lassen.

Dön-

Osnabrück, suo loco & ordine: Wie Bremen.

Oesterreich: In der Ordnung des Aufrufs: Ueber den Gegenstand der Berathung ist treugehorsamste Gesandtschaft angewiesen, im Namen Ihro kaiserl. königl. Majestät, in Allerhöchstderreichsständischen Eigenschaft zu erkennen zu geben:

Man könnte bei dem in Proposition gestellten Gegenstand billig das Befremden äussern, daß von einer fremden Macht, mit welcher der Reichsfriede noch nicht geschlossen sey, hiemit wo alles, wie es bei dem ganz unentschiedenen Reichsfriedensgeschäft natürlich wäre, auf beiden Seiten noch auf dem Kriegsfuß stünde, über mögliche Sicherheitsvorkehrungen im Reich Anfragen und Ansinnen im maaßgebenden Tone geschehen wollen, worüber sich nur einzulassen man nach den Umständen eben für so bedenklich als mit der Würde eines selbstständigen Reichs unvereinbarlich erachten sollte.

Mit Umgehung aller Betrachtungen, die sich unter diesem Gesichtspunkt von selbst darstellen, wolle man indessen nur bemerken, daß, während der funfzehn monatlichen Reichsfriedensunterhandlungen, die Reichsdeputation, in der Absicht um zu einem billigen, anständigen, allgemeinen Reichsfrieden zu gelangen, in allen Punkten die größte Nachgiebigkeit bezeiget, und mit ungeheuern Opfern den Frieden zu erwirken getrachtet habe; daß aber aller dieser angetragenen Aufopferungen

G 5

von Land und Leuten ungeachtet, bis zur Stunde
von Frankreich über die wichtigsten der in der
strengsten Billigkeit gegründeten Bedingungen, unter welchen die schönsten Reichsprovinzen abgetreten werden sollten, keine beruhigende Zusicherung
erfolgt sey, daß vielmehr, ohne Rücksicht auf die
feierlich zugesagte Einstellung aller Feindseligkeiten,
die Reichsprovinzen, auf dem rechten wie auf dem
linken Rheinufer, mit Kontributionen und Erpres-
sungen aller Art nicht nur feindlich behandelt worden, sondern die Reichsfestung Ehrenbreitstein, ungeachtet die Approvisionirung derselben durch die
deutlichste Conventionen festgesezt und ausbedingt
war, durch eine wirkliche feindliche Blokade so
eng und unerbittlich, daß sie aus Hunger sich ergeben mußte, eingeschlossen, und dermal von französischen Truppen in eigenmächtigen Vesiz genommen worden sey.   Daß ein solches an und vor
sich schon die Hofnungen zu einem mit der künftigen Sicherheit des Reichs vereinbarlichen Reichsfrieden niederschlagendes Benehmen, um so mehr
gegründete Besorgnisse wegen Erhaltung des Ru-
hestandes im Reich erregen müße, als auf der
andern Seite Frankreich, während der Reichsfriedensunterhandlungen, gewaltsame Staatsumwälzun-
gen in Rom, in der Schweiz, in Piemont ꝛc. ꝛc.
und eigenmächtige Einrichtungen gegen die Zu-
ständigkeit der Reichsangehörigen, und gegen die
hoheitlichen und oberstlehenherrlichen Rechte des
Kaisers und Reichs unternommen habe, überdies
aber

aber durch ein Kriegsaufgebot von 300 tausend
Mann im eigenen Land, durch erzwungene Offen-
siv- und Defensivallianzen in den neuerrichteten sogenannten Freistaaten, und durch gewaltsame
Truppenaushebungen in der Schweiz und andern
unter französischer Gewalt stehenden Provinzen,
seine Kriegsmacht dergestalt vermehrt habe, daß
hieraus wohl nichts weniger, als den allgemeinen
Wünschen der teutschen Reichsstände entsprechende
friedfertige Gesinnungen des französischen Gouvernements zu entnehmen seyn wollen. Bei dieser
offenkündigen Lage der Dinge müße man daher
wohlmeinend zu erwägen geben: ob wohl die Umstände und die Ansichten zu einem billigen, nur
einigermassen mit der Reichsverfassung und gemeinsamen Sicherheit verträglichen Reichsfrieden
so beschaffen seyen, und ob es dem Interesse, dem
wahren Besten des Reichs und der Klugheit angemessen seyn würde, die Vorsichtsmaaßnehmun-
gen auf mögliche Fälle so weit hinanzusezen, daß
man die Hülfe eines mächtigen, an dem Schicksale des teutschen Reichs wahren Antheil nehmen-
den Hofes, der vorlängst schon, unter weit weniger gefahrvollen Umständen, von fünf Reichskreisen
und vielen einzelnen Reichsständen um Unterstü-
zung angerufen worden sey, von der Hand weisen,
und auf die Aussicht eines mächtigen Schuzes,
zur Sicherstellung der teutschen Reichsgränzen und
Rettung des teutschen Reichs, gleichsam vorhinein
Verzicht leisten könne?

Uebri-

Uebrigens wird auf den Fall, daß Ihro kaiserl. sbuigl. Majestät aber den Deliberationsgegenstand noch etwas nachzutragen allerhöchst gut finden sollten, daß weiters sich ausdrücklich vorbehalten.

Burgund, placet votum Austriacum.

Nomeny, gleichmäßig.

Straßburg, suo loco & ordine: Tritt dem hochfürstlich Speierischen Voto durchaus bei.

Lüttich, an seiner gehörigen Stelle: Die Reichsfriedensdeputation hat nur zu viele Beweise von ihrer Begierde, im Namen des teutschen Reichs den Frieden mit Frankreich zu Stande zu bringen, während dem Lauf der Friedensunterhandlungen zu Rastadt gegeben. Diese friedfertigen Gesinnungen hätten doch wohl verdient, daß auch von Seiten Frankreichs, ähnliche Beweise einer ungeheuchelten Friedensliebe dargebracht worden wären. Zwar hat es die französische Gesandtschaft an Versicherungen und Betheurungen nicht ermangeln lassen; — Die Handlungen des französischen Gouvernements waren aber ganz anders beschaffen. Die Vertrag= und Völkerrechtswidrige Aushungerung der Besatzung in der Festung Ehrenbreitstein; die Hinwegnahme dieser wichtigen Reichsfestung; die veranstaltete Proviantirung derselben, die den benachbarten Rheingegenden unerschwinglich lästig fällt; — die bekannten Auftritte in Italien und der Schweiz; die Wegnahme des, in clientelarischem Verband mit

mit dem teutschen Reich stehenden Herzogthums Piemont, u. s. w. Alle diese Vergewaltigungen sind doch wohl keine Beweise einer aufrichtigen Friedensliebe. Kein billig Denkender kann es demnach dem teutschen Reich verargen, wenn dieses aus vorberührtem Betragen der französischen Republik, Verdacht und Besorgniß schöpft, und um mächtige Freunde sich umsieht, die den, durch mannigfaltige bekannte Ursachen erzeugten Mangel eigener Selbstständigkeit, zu ersezen vermögen. Durch Betrachtungen von dieser Art geleitet, haben daher schon früher, unter viel glüklichern Aussichten, und bessern Erwartungen, mehrere Reichskreise die russisch kaiserliche bona officia implorirt.

Sollte also den zur Hülfe, — wie allerdings zu vermuthen ist, — großmüthig herbeigeeilten siegreichen russischen Truppen, der Durchmarsch durch die teutsche Reichslande auch wirklich gestattet werden; so würde das teutsche Reich dadurch keineswegs feindselige Gesinnungen verrathen, vielmehr nur der Stimme der Selbsterhaltung, und der vorsichtigen Klugheit Gehör geben: Als Sorglosigkeit, und allzu gutmüthige Zuversicht würde es anzusehen seyn, wenn Teutschland an seine Vertheidigung gar nicht denken wollte, während dem Frankreich seine ohnehin fürchterliche Macht, die der Reichsfriedensdeputation die empfindlichsten und unermeßlichsten Aufopferungen bereits abgezwungen hat, — durch

Ans

Anwerbung neuer Truppen in der Schweiz, und
durch die Hinwegnahme des Sardinischen Militärs
verstärkt. — Anstatt seine Legionen vom rechten
Rheinufer abzuruffen, vermehrt vielmehr Frankreich sein Kriegsheer in unmäßiger Anzahl, und
überschwemmt durch sie einen großen Theil von
Schwaben, gleich einem reissenden Strom; fängt
aufs neue durch Aufforderung von Philippsburg,
und die Occupation von Mannheim, öffentliche
Feindseligkeiten an. Sollte aber Frankreich die
gerechte Besorgniße des teutschen Reichs durch
vorversamte Rükziehung seiner Armeen von der
rechten Rheinseite, und durch Fortsezung der
Friedensunterhandlungen entfernen, so wird gewiß
das teutsche Reich, auch ferner nicht nöthig haben,
um Vertheidiger sich umzusehen, und jede wohl-
gemeinte Hülfe willkommen und dankbar anzunehmen. In dem Sinn aller dieser vorstehenden,
von der Billigkeit gutgeheissenen Betrachtungen,
glauben Se. Hochfürstliche Gnaden, seye der
Reichsfriedensdeputation aufzutragen, das Ansinnen der französischen Gesandtschaft zu Rastadt
zu beantworten, und, zur Allerhöchsten Genehmigung und Entschliessung an Ihro kaiserliche Majestät, das allerunterthänigste Gutachten zu erstatten.

Das zu dieser Abstimmung etwa noch Nach-
zutragende behält man sich ausdrücklich bevor.

Costanz suo loco & ordine: Die Friedensunterhandlungen zu Rastadt haben bereits so
lange

lange Zeit fürgewährt, daß man die wesentlichste
Gegenstände für erschöpft ansehen zu können, und
die nächste Hoffnung zu einem endlichen Abschluß
vor sich zu sehen geglaubt hat.

Um so schmerzlicher muß es fallen, wann
nach diesen mit so vieler Zuversicht genährten
Hoffnungen — nach mit aller Gedult ertragenen
so mannigfaltigen Kriegsbedrängnissen, welche des
geschlossenen Waffenstillstandes ohngeachtet statt
hatten — und ohngeachtet der stäten Versicherung
einer aufrichtigen Friedensliebe von französischer
Seite, gleichwohl das Kriegsfeuer aufs neue ausbrechen — und wann die vordern Reichskreise sich
jenen Verherungen neuerlich ausgesezt sehen müssen, die man schon so viele Jahre hat erdulten
müssen.

Ihro kaiserl. Majestät hätten bishero mit übers
grosser reichsvätterlicher Sorgfalt, mit so vielen und
großen Aufopferungen für die Erhaltung des
Reichs im ganzen, so wie der einzeln Glieder, zu
sorgen geruhet, daß man mit allerdevotister Zuversicht Allerhöchstdieselbe, in Ansehung des in Berathung stehenden Gegenstandes, von Reichsweges
bittend angehen könne, nach Allerhöchstdero tiefer
Weisheit solche Mittel und Wege zu wählen,
wodurch der so sehnlich gewünschte Ruhestand sicher
gestellet werde.

Seine hochfürstliche Gnaden von Kostanz vereinigen also ihre Abstimmung mit denjenigen,
die Sr. römisch kaiserlichen Majestät jede fernere

Lei-

Leitung in devoteſtem Zutrauen überlaſſen, und
verhoffen, daß Allerhöchſtdieſelbe, bei dieſen kriti-
ſchen Umſtänden, vor die Erhaltung und Wohlfart
des deutſchen Reichs zu ſorgen reichsväterlich und
huldmildeſt geruhen werden.

Paſſau, ſuo loco & ordine: Ihro hochfürſtl. Gnaden zu Paſſau hegen immer aufrichtigſt
den Wunſch, daß zwiſchen dem deutſchen Reich
und der franzöſiſchen Republik, ein wahrer ehren-
voller und dauerhafter allgemeiner Friede durch
die zu Raſtadt eingeleitete, bereits durch andert-
halb Jahre beinahe andauernde Unterhandlungen,
glücklich zu Stande gebracht werden möge, und
Sie würden die heilſame Erfüllung dieſes auf das
allgemeine Wohl der Menſchheit abgeſehenen Wun-
ſches zu Ihrem innigſten Vergnügen und Beruhigung zuverſichtlich haben anhoffen können, wenn
nicht ſo viele gemeinkündige, von Seiten des franzöſiſchen Gouvernements, während den Friedensunterhandlungen zu Raſtadt, gegen die zu Leoben
im Jahr 1797. unterzeichnete Präliminarien un-
ternommene, bis nun immer fortgeſezte feindſelige
Thatſachen, die gegründeteſten Urſachen zur dießfall-
ſigen Bezweiflung gegeben hätten.

Bei dieſer Lage und Bewandſame, und da
eines Theils die Leitung des bisherigen Reichs-
kriegs gleich anfänglich Ihro römiſch - kaiſerl.
Majeſtät von Reichswegen, aus ſchuldig allerge-
horſamſtem Vertrauen, überlaſſen worden iſt, ande-
rerſeits auch Allerhöchſtdieſelbe bis nun dieſes
allen-

allerunterthänigstem Dank Erkanntlichkeit bewährten Reichsväterlichen Fürsorge vor das allgemeine
Beste des teutschen Reichs, und die möglich bal-
dige Herbeiführung eines guten und dauerhaften
allgemeinen Friedens fernerweit unbeschränkt anheim zu stellen, der Reichsfriedensdeputation aber
aufzutragen sey, den französischen Antrag wegen
des muthmaßlichen russischen Truppenmarsches
nach den vorangeführten Betrachtungen abzulehnen
Ulteriora, si opus, reservando.

Freysing, suo loco & ordine: Ihro
hochfürstliche Gnaden müssen vordersamst auf den
in Berathung stehenden Antrag der französischen
Minister vom 2ten des verwichenen Jänner bemerken, daß wegen des vermutheten Marsches
russisch-kaiserlicher Truppen in das Reich weder
der allgemeinen Reichsversammlung eine legale
Nachricht, noch einzelnen Ständen eine Requisition zugekommen sey — daß seit diesem Antrag
schon mehr als zwei-volle Monate verflossen seyen,
ohne daß man von einem weitern Vorrücken derselben in die Reichslande irgend welche Auskunft
erhalten hat, und daß man sich daher mit Beruhigung der Hoffnung überlassen könne, daß Ihro
kaiserliche Majestät diesem, an Allerhöchstdieselbe
unmittelbar von dem französischen Gouvernement
gebrachten Gegenstande, inzwischen eine angemessene Erledigung entweder schon gegeben hätten, oder
noch zu geben von selbst den reichsväterlichen Bedacht nehmen würden.

Der Reichsfriedensdeputation würden diese Bemerkungen zur weitern Eröffnung an die französischen Minister an die Hand zu geben, und durch dieselbe ferner bei diesem Anlaß vorzustellen seyn, daß das teutsche Reich alle mögliche und alle verlangte Opfer zur Erhaltung des Friedens gemacht habe — daß es noch immer von dem aufrichtigsten Wunsch beseelt sey, die friedlichen Verhältnisse mit der französischen Republik, je eher je lieber, hergestellt zu sehen — daß es aber mit innigstem Bedauren mehrere Handlungen in jüngerer Zeit, besonders auf dem rechten Rheinufer, erfahren und ertragen habe, wider welche die Reichsfriedensdeputation bis jetzt fruchtlose Vorstellungen gemacht hätte, und daß man auf das inständigste bitte, durch Zurückziehung der französischen Truppen von dem rechten Rheinufer, die versicherte gleichmäßige Friedensliebe zu bestättigen, welches das zweckmäßigste Mittel wäre, zu bewirken, daß von weiteren Vertheidigungsvorkehrungen, zur Sicherheit und Erhaltung des Reichs, und von dem Beistande eines mächtigen Hofes keine Frage seyn würde.

Regensburg, suo loco & ordine: Wie Freysing.

Berchtesgaden, suo loco & ordine: Wie Freysing und Regensburg.

Schwäbische Prälaten, suo loco & ordine: Vereinigen sich mit der vortreflichen Konstanzischen Abstimmung vollkommen.

Rhei-

Rheinische Prälaten, suo loco & ordine: Wie schwäbische Prälaten.

Corvey, suo loco & ordine: Tritt dem hochfürstlich Münsterischen Voto bei.

Auersberg, suo loco & ordine: Trette den in der vortreflich erzherzoglich österreichischen Abstimmung vorgelegten Betrachtungen vollkommen bei, und wünsche, daß die Reichsfriedensdeputation veranlaßt werden möge, dasselbe zum Grund der an die französische Gesandtschaft abzugebenden Beantwortung zu legen.

Trient: Suo loco & ordine: Die in mehreren vorhergehenden fürtreflichen Abstimmungen in Betref eines etwaigen Durchzugs russisch-kaiserlicher Truppen in das Reichsgebiet angeführte auf Thatsache gegründete Betrachtungen veranlassen gleichfalls Se. hochfürstliche Gnaden zu dem patriotischen Wunsch, daß man sich von Reichs wegen die mächtige Hülfe eines an dem Schicksal Teutschlands so vielen Theil nehmen wollenden bedeutenden Hofes aus klugen Vorsichtsregeln nicht selbst versagen solle, wenn auch nur hierdurch desto leichter ein mehr billiger, mit der bestehenden Reichsverfassung und allgemeiner künftigen Sicherheit vereinbarlicher Friede erreichet werden könnte.

Um so weniger aber kann gefordet werden, daß das teutsche Reich dem Beistand eines an Siege gewohnten so wichtigen Freundes ganz sorgenlos widerstrebe, zumalen nach offenbarer Lage der Dinge schon an den neuesten Vorgängen vom

H 2　　　　　er-

erſten laufenden Monots das Gepräge der abſei-
ten der franzöſiſchen Republik ſo vielfältig geprie-
ſenen thätigen Friedensliebe nicht entdecket werden
mag. Unter dieſer Vorausſezung hegen weiter
Se. hochfürſtliche Gnaden zu kaiſerl. Majeſtät
das unumwundene ehrerbietigſte Vertrauen, Allerhöchſtdieſelbe wollen nicht nur als Reichsoberhaupt
für das wahre Wohl geſamter Reichsſtände, ſondern auch in der Eigenſchaft eines gefürſteten Grafen von Tyrol als gnädigſter Schuz- und Schirmherr Ihres reichsunmittelbaren Hochſtifts, für
deſſen unverkürzte Erhaltung reichsväterlich be-
ſorgt zu ſeyn, huldreicheſt geruhen.

Stablo, ſuo loco & ordine: Wie Oeſterreich & conformes.

Hohenzollern, ſuo loco & ordine:
Heget das zuverſichtlichſte Vertrauen auf die von
Ihro kaiſerl. Majeſtät, bis hierhin bei allen Vorfallenheiten, dem Reiche bethätigte allergnädigſte
Sorgfalt, daß Allerhöchſtdieſelben in dieſer Sache
ſolche Einleitung zu treffen geruhen werden, wodurch das Reich nicht neuerlich in Krieg verwikelt,
ſondern vielmehr das, ſelbſt durch den Beiſtand
des allerhöchſten Reichsoberhaupts, ſchon ſo weit
gediehene Friedensgeſchäft vollends zu einem gedeih-
lichen Ende gebracht, ſofort die vorzüglich der Gefahr ausgeſezten vordern Reichskreiſe von der ihnen
ſonſt bevorſtehenden gänzlichen Zerrüttung noch ge-
rettet werden mögen. Ulterioria, ſi opus, reſervando.

Chur-

Chur, suo loco & ordine: Was bei gegenwärtiger Lage der Dinge in comitiis geschehen kann, ist nach dieſſeitigem Ermeſſen in dem fürtreflichen Antrag der fürſtlich Augsburgiſchen Abſtimmung enthalten, welchem man ſich dißorts unbedenklich anſchlieſet.

Se. hochfürſtliche Gnaden beharren übrigens auf dem unbeſchränkteſten Vertrauen in die reichsväterliche Sorgfalt und Weisheit kaiſerlicher Majeſtät, daß Allerhöchſtdieſelbe zur weiteren Beförderung des wahren Beſten unſers teutſchen Vaterlands die ſachdienlichſten Mittel und Wege, wie bishero, als wofür man nie genug dankbar ſeyn könne, einzuſchlagen huldreicheſt geruhen werden.

Fulda, suo loco & ordine: Da wegen des ruſſiſchen Truppenmarſches noch zur Zeit dem Reich weder legale Kenntniß, noch irgend einem Stand eine Requiſition zugekommen, auch von Seiner kaiſerlichen Majeſtät auf den von Reichs wegen erſtatteten allerunterthänigſten Bericht bis hieher no. keine Antwort erfolgt iſt; ſo möchte beides vorderſamſt noch abzuwarten ſeyn: Inzwiſchen ſchließe man ſich aber wegen nochweiliger Ablehnung des Antrags, und wegen der an die Reichsfriedensdeputation zu erlaſſenden Antwort der fürtreflichen Augsburgiſchen Abſtimmung an.

Oeſterreich, interloquendo: Habe wahrgenommen, daß in der vortreflichen Tridentinſchen Abſtimmung Dinge in Anregung gebracht

H 3 wor⸗

worden, die, wenn gleich nicht so böse gemeinet,
gleichwohl in künftiger Auslegung den Rechten des
durchlauchtigsten Erzhauses Oesterreich zu nahe
treten könnten; daher man hiergegen die durch
altes Herkommen, Verträge und Besizstand bestens
gegründete Jura Austriaca feierlich reservíren, und
alle in älteren Reichstageverhandlungen dieserwegen vorgetragene stattliche Gründe hier wiederholt
haben will.

Trient, interloquendo: Halte sich an die
eben so angepriesene ältere Verträge.

Lobkowiz, suo loco & ordine: Verein-
get sich mit der bereits zum Protokoll abgegebenen
hochfürstlich Salzburgischen Abstimmung.

Dietrichstein, suo loco & ordine: Imgleichen

Thurn und Taris, suo loco & ordine:
Die hochfürstlich Thurn und Tarische Gesandtschaft
ist gnädigst angewiesen, in der in Berathung stehenden Materie folgendes votando zu erkennen zu
geben.

„Daß man hierorts nie aufgehört habe, die
„Herstellung eines gesicherten und dauerhaften
„Friedens sehnlichst und aufrichtigst zu wünschen,
„zu dessen Erhaltung das teutsche Reich die theu-
„ersten Opfer gebracht habe; und da die Ver-
„handlungen zu Rastatt schon so lange Zeit für-
„gewähret hätten, so hege man die zuversichtliche
„Hofnung, die französische Republik werde, um
„dieses heilsame Geschäft zu einem glüklichen Ende

„zu bringen, und ihre so oft zugesicherte Friedens-
„liebe dem teutschen Reich zu bethätigen, den be-
„reits von mehrern verehrlichsten Mitständen ge-
„äusserten, aus den Bedingungen des Waffen-
„stillstandes und der Natur der bestehenden Un-
„terhandlungen fliessenden angelegentlichen Wün-
„schen, vorderfamst durch Rückziehung Ihrer Trup-
„pen von dem rechten Rheinufer, und durch Ein-
„stellung aller Kontributionen und Requisitionen
„ein billiges Gehör geben, und dadurch das Band
„des wechselseitigen Vertrauens um so enger
„knüpfen."

„In Ansehung des Durchmarsches russisch-
„kaiserlicher Truppen glaubt man, daß das fran-
„zösische Gouvernement sich durch die erneuerte
„Versicherung, daß weder der Reichsversamm-
„lung, noch einem einzelnen Reichsstand, wegen
„Einrückung gedachter Truppen, weder eine legale
„Nachricht, noch eine Requisition zugegangen sey,
„vollkommen beruhigen lassen werde. Welche
„Versicherung der Reichsfriedensdeputation aufzu-
„tragen wäre, den französischen Ministern zu er-
„neuern, und dabei die in einigen vorhergegange-
„nen vortreflichen Abstimmungen enthaltene Be-
„trachtungen darzulegen."

„Uebrigens stelle man bei der allgemein be-
„kannten Friedensliebe kaiserlicher Majestät es
„Allerhöchstdero Weisheit und väterlichen Fürsorge
„für das Wohl des teutschen Reichs ehrerbiethigst
„und vertrauenvollest anheim, alles vorzukehren

und

„und anzuordnen, was die glückliche Beendigung
„des Friedensgeschäftes befördern kann."

Directorium: Vorderſamſt, um ſeiner Di
rektorialobliegenheit Genüge zu leiſten, werde hier
bemerkt, daß, gegen das bisherige Herkommen
und gute Ordnung, ein von der in Propoſition ge-
ſtellten Materie ganz diverſer = hieher nicht gehöriger Gegenſtand in die hochfürſtl. Tridentiniſche
Abſtimmung aufgenommen worden, welches ohne
Conſequenz für die Zukunft hoffentlich ſeyn werde.
Uebrigens iſt Direktorium bereit, nach verfloſſenen
Oſterferien, oder, wenn auch vorher es verlangt
werden ſollte, das Protokoll abermal zu eröfnen.

Quibus diſceſſum.

Vierte Fortſezung des Protokolls.

Im Reichsfürſtenrath Montag den 18ten März
1799. meldete am Directorial = Tiſch
ſtando in Circulo

Oeſterreich, præmiſſiss Curialibus: Zuvor iſt anzuzeigen, daß am 15ten dieſes Monats
bei dem hochlöblichen kurfürſtl. Mainziſchen Reichs-
Direktorio ſich legitimiret hat, wegen Fulda
Herr Johann Sebaſtian Freiherr von Zillerberg
ſubſtitutionsweiſe.

Sodann eröfnet Direktorium nochmal das
Reichsfürſtenrathsprotokoll, um von den immittels angekommenen Inſtruktionen Gebrauch machen zu können.

Bayern,

Baiern, cum cæteris votis, suo loco &
ordine: Da noch keine förmliche Requisition an
das Reich, wegen des Einrückens kaiserl. russischer
Kriegsvölker auf teutschen Boden, an den Reichstag gelangt sey, wie es doch nach der deutlichen
Vorschrift der kaiserl. Wahlkapitulation gewiß geschehen seyn würde, auch niemanden in dem Reich
das geringste von einem solchen Vorhaben bekannt
sey: so scheine in dieser Rücksicht eine weitere eigentliche gesezliche Bestimmung über diesen Gegenstand noch zur Zeit zu voreilig zu seyn; jedoch
glaubten Ihre kurfürstl. Durchlaucht, daß kaiserl.
Majestät durch ein allerunterthänigstes Reichsgutachten zu ersuchen sey, solche Einleitung huldreichst
zu treffen, wodurch der so sehnlich allgemein gewünschte, durch so viele Opfer bisher theuer genug erkaufte, mit Wissen und jedesmaliger Mitwirkung der kaiserl. höchstansehnlichen Plenipotenz
schon so weit gediehene Reichsfriede baldmöglichst
erreicht, auch alle und jede Hindernisse gehoben
würden, welche denselben zur größten Gefahr des
gesamten teutschen Vaterlandes entweder ganz entfernen, oder nur weiter hinausrücken könnten.

Ulteriora, si opus, reservando.

Pfalz-Zweibrücken, suo loco & ordine:
Wie Baiern.

Bamberg, suo loco & ordine: Diesseitige
treugehorsamste Gesandtschaft ist, in materia proposita dahin sich vernehmen zu lassen, beauftra-
get:

H 5   Der

Der Reichsversammlung sey wegen des Marsches kaiserlich=russischer Truppen, oder derselben
eigentlichen Bestimmung irgend auf eine officielle
Weise bis jezt noch keine Nachricht zugegangen.
Die Reichsfriedensdeputation habe daher, in Gemäßheit des von den drei Reichskollegien gefaßten
Resoluti vom 10. Jänner dieses Jahrs, den französischen Ministern zu Rastadt die der Sache angemessenste Erklärung darüber ertheilt.

In der Erwägung, daß der befragliche Truppenmarsch, unter dem ebenbemerkten Umstande, von
der Einwilligung oder Nichteinwilligung des Reichs
unabhängig sey, hätte man allerdings vertrauen
können, daß das französische Gouvernement sich
mit dieser Gegenäusserung um so mehr begnügen
werde, als das teutsche Reich zur Herstellung des
Friedens an Nachgiebigkeit, so wie an Bringung
der größten Opfer sich erschöpft, und eben hiedurch seinen ernstlichen Willen zur gänzlichen Aus-
gleichung an Tag gegeben habe.

Je näher man nun dem Friedensabschlusse unter so mancherlei dem Reiche so fühlbaren Zwischen-
ereignissen gekommen sey, je mehr müsse man
bedauern, daß die französischen Bevollmächtigte zu
Rastadt den alldort gepflogenen Friedensunterhandlungen einem betrogenen Gegenstand, mittels ihrer
Note vom 2. Jänner dieses Jahrs, unterstellt, und
durch die weitere Note vom 31. Jänner dieses
Jahrs die Friedenshofnung noch weiter entfernt
hätten.

Bei

Bei dem obenbemerkten gänzlichen Abgange einer dem Reiche zugegangenen Nachricht, und der gewissen hiemit in Verbindung stehenden Bemerkung, daß unmöglich die Handlung einer fremden Macht auf Rechnung des Reichs gesezt werden könnte, und von demselben ein eben so dem Völkerrechte widerstrebender, als unwirksamer Widerstand nicht zu erwarten sey, werde dem teutschen Reiche auf eine andere, als schon geschehene Weise, sich zu erklären, wohl kaum möglich seyn.

Da Seine hochfürstliche Gnaden übrigens mit dem ganzen Reiche die Ueberzeugung theilten, daß Se. kaiserliche Majestät nie aufgehöret hätten, den ernstlichen Bedacht für die Wiederherstellung des so allgemein und so sehnlich gewünschten Reichsfriedens zu nehmen, zu dessen Erhaltung Allerhöchstdieselbe mit dem Aufwand Ihrer ganzen Hausmacht Jahre lang gekämpft hätten, und daß der reichsoberhauptliche Wunsch keine andere als diese wohlthätige Richtung habe, wollten Seine hochfürstliche Gnaden, vertrauensvoll auf den allerhöchsten Schuz, die zwekmäßigste Einschlagung derjenigen Mittel und Wege, die zur Erreichung dieses Zieles nur immer führen können, und die für Teutschlands Wohl diensame Maasregeln auch in Bezuge des Einmarsches fremder Kriegsvölker, der reichsoberhauptlichen Obsorge, so wie nicht minder ob die zu fodernde Räumung der Reichsgränzen, und Einstellung der so drückenden Requisitionen und Contributionen an das französische Gouver-

vernement mittels der Reichsfriedensdeputation, als
Rückäufferung auf die Noten vom 2. und 31. Jän=
ner dieses Jahrs, zu bringen sey, der allerhöchsten
Weisheit anheim geben, und glaubten so fort,
daß hierauf das an Se. kaiserliche Majestät zu
erstattende Reichsgutachten zu stellen sey.

Ulteriora, si opus, reservando.

Brixen, suo loco & ordine: Ihre hoch=
fürstliche Gnaden von dem lebhaftesten Vertrauen
beseelt, daß Ihro kaiserliche Majestät, nach Ihrer
im Laufe dieses ganzen Kriegs bewährten, von der
Reichsversammlung so oft verdankten Reichsväter=
lichen Fürsorge, auch izt, wegen des muthmaßlichen
russischen Truppenmarsches, das der Wohlfart des
Reichs angemessenste vorzukehren von selbst be=
dacht seyn würden, vereinigen Ihre Meinung mit
jener Ihrer hohen Reichsmitständen, welche dafür
halten, daß der französische Antrag aus den in
der fürtreflichen erzherzoglich österreichischen Ab=
stimmung angeführten Beweggründen abzulehnen,
und hiezu der Reichsfriedensdeputation der Auf=
trag zu ertheilen sey.

Ulteriora, si opus, reservando.

Lichtenstein, suo loco & ordine: Dies=
seitige Gesandtschaft ist angewiesen, zu den in
Beziehung auf den Marsch der russisch=kaiserlichen
Truppen eröfneten Abstimmungsprotokoll zu äus=
sern: daß Se. hochfürstliche Durchlaucht gleich
Sr. kaiserl. Majestät, als dem allerhöchsten Reichs=
oberhaupt, und den meisten höchst= und hohen Mit=
 stän=

ſtünden nichts ſehnlicher als die Erzielung eines
anſtändigen allgemeinen Friedens wünſchen, und
bei der nemlichen von der franzöſiſchen Seite hierzu
äuſſernden Neigung ſich nicht vorſtellen können,
daß die Anweſenheit dieſer noch in den k. k. in-
nerſten Erblanden befindlichen Truppen einer groſſen freundſchaftlich-geſinnten Macht bei dem wirklich erfolgenden allgemeinen Frieden irgend eine
Bedenklichkeit erregen könnte. Ueberzeugt von dieſer Friedensliebe Sr. kaiſerl. Majeſtät, aus welcher bereits ſo groſſe Opfer gemacht worden, beharren Se. Durchlaucht bei dem in mehreren votis geäuſſerten Wunſch, daß die Ausmittlung dieſes Gegenſtandes Sr. kaiſerl. Majeſtät weiteſten
Einſicht, Leitung und Fürſorge für das allgemeine
Beſte anheimgeſtellet, und die franzöſiſche Note
vom 2ten Jänner, nach Maasgabe ſo vieler ſich
aufdringender in der erzherzoglichen öſterreichiſchen
und mehreren Abſtimmungen angeführten Betrachtungen, beantwortet werden möge.

Direktorium: Iſt bereit in prima poſt
ferias, auch, auf Verlangen, nach den Oſterfei-
ertägen, das Protokoll abermal den noch zurückſte-
henden fürtreflichen Abſtimmungen zu eröffnen.)

Quibus diceſſum.

Fünfte

Fünfte Fortsezung des Protokolls.
Im Reichsfürstenrath Montag den 1ten April
1799. meldete am Direktorialtisch
stando in Circulo

Desterreich, præmissis Curialibus: Directorium zeigt zuvorderst an, daß bei dem hoch-
lbbl. kurmainzischen Reichsdirektorium sich legitimirt hat.

Am 20. d. M. zu den Marggräflich-
Baabischen Bptis Herr Karl Ludwig Freiherr
von Wöllwart, Interimsweise.

Sodann will Direktorium vernehmen, ob zu
den noch rückstehenden 16. vortreflichen Abstimmungen immittels die Instruktionen eingelauffen,
und daven Gebrauch zu machen gefällig seye?

Schwarzburg, suo loco & ordine:
Das fürstliche Haus Schwarzburg wünscht und
hoft, gleich seinen hohen und verehrungswürdigen
Mitständen, nichts so sehnlich, als Teutschlands
Ruhestand; es vereinigt sich daher mit allen übrigen zu einem baldigen Reichsfriedensabschluß beförderlichen Abstimmungen.

Johannitermeister, suo loco & or-
dine: Nachdem in Betref des kaiserl. rusischen
Truppenmarsches das Reich weder eine legale Notiz gehabt, noch minder einige Requisitoriales
diesfalls erlassen worden, am mindesten aber selbige solches intendiret haben, vielmehr eine bekannte Sache ist, daß gedachte Truppen durch

Oester-

Oesterreich nach Italien zu marschiren angewiesen
seyen, als findet man das in der französischen Note
de 2. Jan. a. c. gestellte petitum unzeitig und überflüssig. Uebrigens verläßt man sich auf die von
Sr. kaiserl. Majestät stetshin bezeugte reichsväterliche Sorgfalt, daß Allerhöchstdieselbe allergnädigst
geruhen werden, solche Maasregeln einzuschlagen,
wodurch dem teutschen Reich der so sehnlich gewünschte dauerhafte und sichere Friede, auch Ruhestand verschaffet, vor allen Dingen aber dem
von dem französischen Gouvernement, dermalen
förmlich anerkannten Waffenstillstand, durch vor-
dersamste Zurückziehung der Truppen von den
teutschen Reichsgränzen und Einstellung der drükenden Kontributionen und Requisitionen die Erfüllung gegeben werde.

Hildesheim, suo loco et ordine: per
Totum wie Magdeburg.

Paderborn, suo loco et ordine: Similiter.

Lübeck und Holstein-Oldenburg, sal-
vo suo loco et ordine: Se. bischöflich und herzogliche Durchlaucht schliessen sich in der vorliegenden Berathungsmaterie an diejenigen Ihrer
höchst und hohen Mitstände an, welche des Da-
fürhaltens sind, daß, da von dem Marsch der
russischen Truppen beim teutschen Reich nichts ge-
sezlich bekannt sey, dasselbe sich auch ausser Stande
befinde, darüber etwas zu bestimmen, und daß,
im Falle auch der Marsch jener Truppen sich be-
stätt-

ſtätigen ſollte, darinn keine den friedlichen Abſich⸗
ten widerſprechende Maaßregel zu finden ſeyn
würde.

Schwäbiſche Grafen, ſuo loco et or⸗
dine: Die Schwäbiſche Grafen Curie ſeye von
unverlöſchlichem Danke für die ruhmvollſte An⸗
ſtrengungen allerhöchſt⸗kaiſerlicher Majeſtät zu
Erhaltung eines anſtändigen und dauerhaften Frie⸗
dens für das Reich beſeelt, aber auch von dem
ſchmerzlichſten Gefühl durchdrungen, dieſe ſo wohl⸗
thätigen Bemühungen durch immer neue unerſätt⸗
liche Forderungen des franzöſiſchen Gouvernement,
durch ſeine, während der Friedensunterhandlungen,
fortgeſezte unerhörte Bedrückungen und Anmaſſun⸗
gen, unvermuthete ⸗ das Völkerrecht verlezende
Kriegsrüſtungen, ſeine ⸗ die feierlichſte Uebereins
kunft zerſtörende Handlungen vereitelt zu ſehen;
fürwahr würde Teutſchland in ſeiner dermaligen
eben ſo ſonderbaren als unglücklichen Lage die
traurigſten Ausſichten für ſich haben, wenn nicht
der mächtige Schuz kaiſerlicher Majeſtät daſſelbe
mit beſſerer Hoffnung belebte; Allerhöchſtihro
kräftigſten Verwendung man es ohnehin zu ver⸗
danken habe, daß Se. ruſſiſch⸗kaiſerl. Majeſtät
dem Reich nicht nur die tröſtlichſte Zuſicherungen
gemacht, ſondern auch dieſe bereits durch die wirk⸗
ſamſten Mittel werkthätig bewieſen haben.

Unerklärbar würde jedem der bisherige Gang der
Friedensunterhandlungen zu Raſtadt, und das Be⸗
nehmen der dortigen franzöſiſchen Geſandten ſeyn,

welche

welche bald drohende oder schreckende, bald wieder
andere= mit nahen, oder entfernteren Aussichten
täuschende Noten übergaben, wenn man nicht
darinn einzig und allein die Absicht zu suchen
hätte, durch allerhand Mittel und Wendungen,
eine Trennung zwischen dem Oberhaupt, und dem
Reiche zu bewirken. Das Siegel der Wahrheit
auf all dieses drückt die lezthin in Mannheim er=
schienene, bei jedem biederen Teutschen, und bei
jedem rechtschaffenen Mann den gerechtesten Ab=
scheu erregende, unter civilisirten Völkern viel=
leicht noch nie erhörte Proclamation des französi=
schen Generals Bernadotte, worinn die Glieder
des Reichs mit klaren Worten aufgefordert wer=
den, sich von ihrem Oberhaupte zu trennen, und
einer Motion anzuhängen, die selbst in ihrer
Proclamation ihren Plan, auch in Teutschland
die Verfassungen und Regierungen umzuwälzen,
nicht verbergen kann. Mehr als jemals ist es
daher in gegenwärtigem entscheidenden Zeitpunkt
der Wunsch, und das eifrigste Bestreben der
schwäbischen Grafen Curie, sich so, wie bisher,
auch ferner der weisen Leitung kaiserl. Majestät
ganz zu überlassen, und sich bei dem zu befürch=
tenden leidigen Ausbruch des Kriegs so, wie bei
kaum zu hoffenden Aussichten zum Frieden, Aller=
höchstihro mächtigsten Schuz und Vermittlung zu
empfehlen.

Directorium: Wird unter achtungsvoller
Erwartung der noch rückständigen ansehnlichen

Abstimmungen sich immittels in dem Protokoll
weiter ersehen, und reiflich erwägen, ob es nicht
mbglich sey, ohne eine weitere Umfrage zur Form
mirung des Conclusi zu schreiten. Es behält
sich übrigens bevor, bei nächstem Rathstag von
ein's und anderem die Anzeige zu machen.

Quibus discessum.

Sechste Fortsetzung des Protokolls.

Im Reichsfürstenrath, Freitag den 5ten April 1799. meldete am Direktorialtisch, stando in Circulo.

Oesterreich, præmissis Curialibus: Directorium zeigt an, daß nach dem immittels zu
Stand gebrachten Schema votorum, eben nicht
umungänglich erfoderlich zu seyn scheine, zu einer weiteren Umfrage vor der Hand zu schreiten.
Directorium wird daher mit dem Entwurf des
Conclusi sich unverweilt beschäftigen, und diesen
demnächst vorlegen.

Da übrigens neun verehrliche Abstimmungen
noch ermanglen, vielleicht auch einige fürtreffliche
Gesandtschaften Nachträge zu den abgelegten
Abstimmungen, in Folge der Direktorialanheim-
stellung vom 11. vorigen Monats, vorzubringen
haben dürften; und da ferner ausserdem, durch die
in dem gestern dictirten allergnädigst kaiserl. Kommissionsdekret entwickelten neueren Ereigniß, die
vorherige Lage der Sache, als sehr verändert sich
darø

darstellen mögte; so will Direktorium zu erwähnten rückstehenden Abstimmungen und Nachträgern
so, wie zu jeder andern angemessenen Erklärung,
durch nochmalige Eröfnung des Protokolls hiermit
Gelegenheit geben.

Braunschweig Wolffenbüttel, Mecklenburg-Schwerin, cum reliquis votis &
Razeburg, suo loco & ordine: Erklärt hiemit, daß es nicht instruirt sey, aber auch das
Conclusum nicht aufhalten wolle.

Hollstein Glückstädt, suo loco & ordine: Similiter.

Vorpommern, suo loco & ordine:
Eben so.

Oesterreich, vereint mit Burgund und Nos-
meny, hat bereits in dem abgelegten Voto die
in der Direktorialproposition erwähnten Betrachtungen großen Theils angestellt, wozu die selbst-
seligen und beispiellosen Handlungen der Franzosen
ohnehin von selbst hinführen, und die nunmehr in
dem kaiserl. Kommißionsdekret umständlich entwickelt worden sind. Dadurch veroffenbaret sich
sehr deutlich, wie verderblich die Täuschung seyn
würde, wenn man den eitlen friedlichen Zusiche-
rungen, und den glatten Worten der Franzosen
auch jezt noch Vertrauen schenken, und die unter
ganz andern Erwartungen ins Protokoll gelegten
Abstimmungen, mit den neuesten Begebenheiten,
und immittels ganz veränderten Verhältnissen in
Uebereinstimmung zu sezen, unterlassen wollte.

Man

Man giebt daher zu erwägen, ob es nicht räthlich seyn dürfte, wegen der seit der vorliegenden
Berathung eingetretenen mehreren ganz neuen,
ganz unerwarteten, und dabei ganz unverkennbar
wichtigen Ereignißen, um neuere Weisung gehörigen Orts sich unverweilt zu bewerben. Das Weitere behält man sich, erforderlichen Falls, bevor.

Salzburg: Ihro hochfürstl. Gnaden haben in Ihret, am 1. vorigen Monats zum Protokoll gegebenen noch früheren vorgeschriebenen Abstimmung, schon einen Theil jener Ursachen mit
pflichtmäßiger Freimüthigkeit angeführet, wovon
sich in der kurzen Zwischenzeit die traurige Wirkungen noch weiters entwickelt haben, und in dem
gestern dictirten allerhöchsten Commissionsdekret
ausführlich dargelegt worden sind.

Treugehorsamste Gesandtschaft wird nicht unterlassen, dasselbe unverweilt zur Kenntuß Ihro
hochfürstl. Gnaden zu bringen, und behält sich, in
Absicht auf den Gegenstand der dermaligen Berathung, die weitere Aeusserung darüber bevor.

Bamberg: Bei den, während der gegenwärtigen Berathung, so sehr veränderten Umständen, und in Beziehung auf das gestern zur Diktatur gebrachte allerhöchste kaiserliche Commissionsdekret, wollen Se. hochfürstl. Gnaden die Ergreif-
fung der zum Reiches Beßten zweckdienlichsten
Maasregeln der Weisheit Sr. kaiserlichen Majestät, und der reichsoberhauptlichen Vorsorge ehr-
furchts-

furchts = und vertrauensvoll anheim geben, und hierauf das zu erstattende Reichsgutachten stellen.

Würzburg: Unter Beziehung der unter dem 1. März d. Jahrs abgelegten Abstimmung, wie Bamberg.

Hoch = und Teutschmeister: Beharre auf seiner ad Protocollum abgegebenen Abstimmung jezt um so mehr, als Seine kurfürstliche Durchlaucht, als Hoch = und Teutschmeister, dafür hielten, daß die Berathung über den russischen Truppenmarsch in und durch das Reich, durch die französischer Seits förmlich erfolgte Kriegserklärung an Oesterreich, und noch mehr durch die Richtung, welche das Corps nach allen übereinstimmenden Nachrichten nimmt, durchaus und so seinen Gegenstand verloren, habe, daß eine in allgemeinen Ausdrücken abgefaßte Vorstellung an Se. kaiserliche Majestät nun auch ganz und gar keinen Effekt mehr haben könne, weil das Haus Oesterreich nicht nur angegriffen worden, sondern auch der Angriff auf seine Staaten, mittels des Ueberzugs des schwäbischen Kreises, durch das Reich geschehen, und dadurch die Sache in eine solche Lage gekommen ist, daß das Haus Oesterreich weder diese Hilfstruppen entfernen, noch weniger sich hindern lassen werde, sie nach den Umständen auf der Seite des Angriffs zu gebrauchen, auch, überhaupt, bei dem nun entstandenen Kriege, eine noch mehr feindliche Behandlung des Reichs, als die dermalige schon ist, nicht mehr von dem Resultate

der

der Berathung des Reichstags, sondern von dem
glücklichen oder unglücklichen Ausgang der Waffen
abhange, mithin in allen diesen Voraussezungen
und Betrachtungen Ihro kurfürstliche Durchlaucht
noch immer dafür halten, daß man sich einzig daran halten müsse, von dem befragten Gegenstande,
bei dem Abgange aller Requisitorialien, keine Notiz zu haben; Ihro kurfürstliche Durchlaucht wollten wenigstens, und könnten bei Ihrer so deutlichen, so bestimmten Erklärung ein für allemal auf
nichts weiter eingehen.

Als Zusaz zu den Ihrem lezten Vorbehalt in
Protocollo vom 4ten März angehängten vorläufigen Bemerkungen gehöre noch, daß das französische Gouvernement durch den Ueberzug des
schwäbischen und oberrheinischen Kreises mit seinen Armeen, durch die Aufforderung von Philippsburg, durch die in den pfälzischen und anderer Reichsstände Länder ausgeschriebene und ein-
getriebene Contributionen, durch die für die Festung Ehrenbreitstein neuerdings anverlangte ungeheure Requisitionen, und durch die jüngste Proclamation des Generals Bernadotte, eine Reihe
neuer Feindseligkeiten ausgeübet habe.

Münster: Wie Hoch- und Teutschmeister.

Augsburg: Da nicht zu mißkennen ist,
daß, während der gegenwärtigen Berathung, sich
alle Verhältnisse des in Deliberation stehenden
Gegenstandes geändert haben, indem die russisch-
kaiserlichen Truppen, von deren muthmaßlichem
Marsch

Marsch die Frage war, eine ganz veränderte Be=
stimmung erhalten haben, die Reichsfriedensde=
putation aber in ihrer verfassungsmäßigen Zusam=
mensezung nun aufgelöset ist, so rechnet sich es
treugehorsamste Gesandtschaft zur Pflicht, Ihrer
kurfürstl. Durchlaucht von Trier, als Fürst Bi=
schofen von Augsburg, das gestern diktirte aller=
höchste kaiserl. Kommissionsdekret unverzüglich
einzusenden, und Höchstdenenselben anheimzustel=
len, ob, und welche neue Instruktionen unter den
veränderten Umständen zu ertheilen Höchstdenensel=
ben gefällig sey.

Prüm: Wie Augsburg.

Paßau,

Ellwangen,

Berchtesgaden,

Fürstenberg,

Auersperg,

Lichtenstein,

Schwäbische und

Rheinische Prä=
laten,

} Wie Augsburg.

Costanz und Freising, ex Commissio=
ne per Regensburg: Wie Augsburg.

Regensburg: Wie Costanz und Augsburg.

J 4

Lübeck

Lübeck und Holstein - Oldenburg:
Wolle das gestrige höchstverehrliche Dictatum
ebenfalls ad referendum nehmen.

Corvey: Die dieſſeitige Reichstagsgeſandt-
ſchaft iſt auf gnädigſte Weiſung dem bereits abgelegten hochfürſtlich Münſteriſchen Voto per
totum beigetreten; in deſſen Gemäßheit ſchließt
ſie ſich auch dem heutigen Nachtrag an.

Baſel, Johannitermeiſter, Fuld
und ſchwäbiſche Grafen: Nebſt Beziehung
auf die bereits abgelegten Vota, wolle man über
das neuerliche allerhöchſte kaiſerliche Kommiſſionsdekret Inſtruktion einholen.

Eichſtädt: Das geſtern diktirte kaiſerlich-
allerhöchſte Kommiſſionsdekret benachrichtiget die
allgemeine Reichsverſammlung, daß die kaiſerliche
Plenipotenz den Ort des Reichsfriedenskongreſ-
ſes zu verlaſſen angewieſen ſey, und enthaltet
die Zuſammenſtellung aller der Vorgänge, welche
die Erfüllung der frommen Hoffnungen und Wün-
ſche ganz unmöglich machen, denen man ſich
noch bei der gegenwärtigen Reichsberathung überlaſſen hat. Es iſt alſo nicht mehr möglich, einer nicht mehr verfaſſungsmäßig zuſammengeſez-
ten Reichsfriedensdeputation weitere Aufträge und
Antworten zugehen zu laſſen: Treugehorſamſte
Geſandtſchaft wird nicht ſäumen, das verehrlich-
ſte, geſtern diktirte kaiſerliche allerhöchſte Kommiſſionsdekret unverweilt einzuberichten, und ſich
bei ſo ſehr veränderten Verhältniſſen, in Abſicht
auf

auf den dermaligen Berathungsgegen=
stand, weitere Instruktion zu erbitten.

Chur: Ihrer kaiserlichen Majestät gebühret
für Ihre reichsoberhauptliche Sorgfalt der lebhaf=
teste Dank, daß Allerhöchstdieselbe die neueren feind=
lichen Angriffe auf das teutsche Reich, von welchem
das diesseitige Hochstift bereits ein Opfer geworden
ist, und die ganze Reihe feindseliger wider dasselbe
fortgesezter Handlungen durch das gestern diktirte
allerhöchste Kommissionsdekret angezeigt, und von
der an Ihre kaiserliche Kommission in Rastadt er=
lassenen Weisung Nachricht gegeben haben. Da
dadurch der Gegenstand der gegenwärtigen Bera=
thung und derselben Verhältnisse ganz geändert
werden, so wird man nicht säumen, das aller=
höchste Kommissionsdekret unverweilt einzuberich=
ten, und haltet sich in materia proposita das
Weitere ausdrücklich bevor.

Trient: Wie Chur.

Speier: In dem Laufe der gegenwärtigen
Berathung hat sich der ganze Gegenstand geändert.
Es ist allgemein mit aller Gewißheit bekannt, daß
die kaiserl. russischen Truppen, von deren muth=
maßlich.in Einmarsch in das Reich bis izt die
Frage war, eine ganz veränderte Bestimmung er=
halten haben.

Das gestern diktirte kaiserliche allerhöchste
Kommissionsdekret haltet treugehorsamste Gesand=
schaft sich verpflichtet, unverweilt zur Kenntniß

Ihrer

Ihrer hochfürſtl. Gnaden zu bringen, und behal-
tet ſich deßfalls das Weitere bevor.

Probſtey-Weiſenburg: Wie Speier.

Straßburg: Wie Speier.

Kempten, Loblowiz und Dietrich-
ſtein: Wie Eichſtädt.

Thurn und Taxis: Will ebenmäßig, bei
den dermalen ganz veränderten Verhältnißen, das
geſtern diktirte kaiſerl. allerhöchſte Kommiſſionsdekret
vom 4ten dieſes ad referendum nehmen.

Directorium: Glaube, bei Ableſung der
heute zum Protokoll gelangten verehrlichen Abſtimmungen, wahrgenommen zu haben, daß darinn
manche Betrachtungen und zum Theil Erläuterun-
gen enthalten ſind, die auf das Schema Votorum, und die Ziehung des Concluſi Einfluß haben dürften, und muß ſich daher die nähere Einſicht des Protokolls vorbehalten.

Quibus diſceſſum.

Siebende Fortſezung des Protokolls.
Im Reichsfürſtenrath, Freitag den 12ten April
1799. meldete am Direktorialtiſch,
ſtando in Circulo.

Deſterreich: Præmiſſis Curialibus: Directorium vermag zwar nicht zu mißkennen, daß
der in mehreren verehrlichen Abſtimmungen am
5. d. Monats geäußerte Wunſch, durch die neue-
ſten

ften Begebenheiten gerechtfertiget sey. Da aber
an der andern Seite auf der Beendigung der ge=
genwärtigen Deliberation bestanden wird, so fin=
det das Direktorium sich bewogen, zur Ziehung
des Conclusi nunmehr zu schreiten, und ist be=
reit, den hierzu verfaßten, schon geprüften Ent=
wurf abzulesen.

Legebat Project. fürstl. Conclusi.

Status: Hätten bei dem verlesenen Project
Conclusi nichts zu erinnern, begnehmigten viel=
mehr dessen Inhalt.

Fürstliches Conclusum d. d. 12. April 1799.
per Oesterreich.

Als man in dem Reichsfürstenrath die Berichte
der Reichsfriedensdeputation vom 4ten Jänner und
1. Februar d. J., und die Noten der französischen
Gesandtschaft, welche diese Anfragsberichte veran=
laßt hatten, in reife Berathung gezogen, so ist
dasürgehalten, und geschlossen worden: daß

1.) bei der, auf dem bisherigen Friedenskon=
greß überflüßig bewiesenen Geneigtheit des teut=
schen Reichs, mit Frankreich in friedliche Verhält=
niße treten zu können, allerdings zu erwarten ge=
wesen sey, das französische Gouvernement werde,
in Gemäßheit des, von ihm selbst erwähnten Waf=
fenstillstands, seine Truppen von den Reichslanden
abziehen, mit feindlicher Härte Teutschland zu be=
handeln aufhören, und sorgfältig jeden neuen
Stoff zu gegründeter Besorgniß vermeiden. Daß

2)

2) so lange diese, mit den friedfertigen Betheurungen der französischen Gesandten in Rastadt
im Widerspruch stehende Begegnung nicht aufhöre,
das teutsche Reich den Vorwurf der Sorglosigkeit
verdienen würde, wenn es für die Abwendung des
ihm bis jezt noch unbekannten russisch-kaiserlichen
Truppenmarsches, schon im voraus einschreiten,
und die Aussicht auf einen mächtigen Schuz, uneingedenk künftig möglicher Fälle, sich selbst entziehen wollte. Daß jedoch.

3) das Reich, wenn nur seine Sicherheit und
Selbsterhaltung aufhört, gefährdet zu scheinen,
willig und bereit sey, der Weisheit kaiserl. Majestät, so wie der reichsväterlichen, dankbar zu ver-
ehrenden Sorgfalt alle und jede, zu des teutschen
Vaterlandes endlicher Beruhigung, und zur Erhaltung eines anständigen und dauerhaften Friedens dienende Vorkehrungen vertrauensvoll anheim
zu stellen. Daß demnach

4) alles vorerwähnte in dem zu erstattenden
Reichs-Gutachten Ihro kaiserl. Majestät zu reichs-
oberhauptlicher Genehmigung, allerunterthänigst
vorzulegen sey.

Directorium wolle dem hochlöbl. kurfürstl.
Directorio unverweilt eröffnen, daß im Fürstenrath
ein Schluß zu Stand gebracht worden, und man
daher bereit seye, zur gemeinsamen Re-und Corre-
sation zu schreiten.

Post discessum & reditum.

Directorium hat bei Aushändigung des schriftlichen

lichen Conclusi von dem hochlöbl. kurfürstlichen
Directorio den Schluß des hohen Kurfürstenraths
erhalten, und will solchen verlesen.

Legebat Conclusum Electorale vom
14. April 1799.

Die Note der zum Reichsfriedenskongresse ꝛc.
Status: Fänden einen wesentlichen Unterschied
zwischen dem so eben verlesenen verehrlichen kur
fürstlichen Concluso, und dem Schluß des Fürstenraths, wünschten daher, daß, da in der Kriegs-
und Friedensmaterie das kurfürstliche Conclusum,
zur Basis des gemeinsamen Schlußes das letzte-
mal genommen worden, dem fürstlichen Concluso
für diesmal dieser Vorzug, wiewohl ohne Conse-
quenz, gegönt werden möge.

Directorium werde den so eben geäuserten
Wunsch des hohen Collegii dem hochlöblichen kur
fürstlichen Directorio eröfnen, und die Antwort
darauf hinterbringen.

Post iteratum discessum & reditum.

Directorium habe zu vernehmen gehabt, wie
das kurfürstliche hohe Collegium bei seinem Concluso beharre, und wünsche, daß vielmehr dieses
pro Basi communis duorum mögte angenommen
werden.

Hierauf verfügten sich Status ins fürstliche
Nebenzimmer.

Post reiteratum discessum & reditum.

Directorium bemerke zu Protokoll, daß bei
der im fürstlichen Nebenzimmer gepflogenen Berat
hung

thung der hohe Fürstenrath auf den gefaßten
Schluß zu bestehen, und seinen Wunsch: daß das
fürstliche Conclusum pro Basi angenommen werden möge, nochmal zu erkennen zu geben, beschlossen habe.

Post denuo iteratum discessum & reditum.

Directorium : Der wiederholten Re - und
Correlation ungeachtet, ist zu einer Vereinigung
der beiden höheren Kollegien nicht zu gelangen gewesen; daher denn keine andere Auskunft übrig
bleibe, als die beide discrepante Conclusa, allerhöchst Ihro kaiserl. Majestät in dem zu erstattenden Reichsgutachten vorzulegen. Demnach ist zur
weiteren Re = und Correlation mit dem Reichsstädtischen Collegio gemeinsamlich geschritten, diesem, nebst dem hohen kurfürstlichen, auch das
fürstliche Conclusum mitgetheilt worden, worauf
das zu verlesende Reichsstädtische Conclusum dem
Directorio überreicht wurde.

Legebat Conclusum Collegü Civitatensis
d. d. 4. April 1799.

Nachdem man auch von Seite ꝛc.

Directorium: Zeigt ferner an, daß das
Reichsstädtische Directorium, nachdem demselben
von dem Vorhaben der beiden höheren Kollegien
Nachricht gegeben worden, nach genommener
Rücksprache hinterbracht habe, daß das Reichsstädtische Collegium die angezeigte Modalität, die
discrepante Meinungen kaiserl. Majestät vorzulegen,
um so mehr sich gefallen lasse, als auch der
Städte

Städterath einen wesentlichen Unterschied, in Hinsicht auf sein Conclusum, bei Durchlesung der
Schlüsse der höheren Kollegien, bemerkt habe.

Da nun solchergestalt alle drei Kollegien darinn übereinkommen, daß die diverse Conclusa
an Ihro kaiserl. Majestät zu bringen seyen, so
komme es schlüßlich noch darauf an, in welcher
Form dieses zu bewerkstelligen wäre.

Status: Ueberließen dieses den beeden höheren Direktorien.

Quibus discessum.

II.

Kurfürstliches Protokoll vom 18. Febr. 4. 15. und 18. März, auch 1. und 2. April 1799. den russischen Truppenmarsch betreffend. *)

1.

Lunæ die 18. Febr. 1799. In Collegio
Electorali.

Præf.
Kur-Mainz.
— Trier
— Köln p. K. Mainz.

Kur-

*) Weil sich öfters in dem kurfürstlichen Protokoll auf
das Protokoll des Reichsfürstenraths bezogen wird: so
habe ich — salvo loco & ordin — dieses vorangesetzt.

Kur-Böhmen p. K. Trier,
— Pfalz vacat.
— Sachsen
— Brandenburg] p. K. Braunschweig.
— Braunschweig.

Directorium, habe vorläufig anzuzeigen, daß er Freiherr von Steigentesch am 16. Okt. 1798 sich zur substitutionsweisen Verführung der kur-böhmischen Stimme — am 15. d. M. Febr. aber des Freiherrn von Ompteda Excellenz, sich zur kursächsischen Stimme ebenfalls sub-stitutionsweise legitimirt habe, und

Proponirte darauf: Was auf die Note des bevollmächtigten Ministers der französischen Republik vom 2. Jan. d. J. zu thun und zu beschliessen sey? wolle demnach erwarten, was den fürtrefflich-kurfürstl. Gesandtschaften hierüber zum Protokoll zu geben, gefällig seyn werde.

Kurtrier: Wolle sich seine Neuerung annoch bevor-uffo hiezu das Protokoll offen behalten.

Kurköln ex substitutione p. Kur-Mainz: Müsse sich ex defectu Instructionis ebenfalls das Protokoll offen behalten.

Kurböhmen p. Kurtrier: Habe bereits bei der jüngern Besprechung über die Ver-laßnehmung erklärt, daß man sich in einer so wichtigen Sache, wie das zur Berathung kommende Geschäft in so manchen Hinsichten sey,

ſey, die von Kurmainz vorgeſchlagene Abkürzung der herkömmlichen Friſt nicht gefallen
laſſen. Man könne daher vor der Hand an
dieſem die nöthige Benehmung der Reichsſtände unter ſich hindernden Vorgang keinen
Theil nehmen, und wolle das Weitere ſich
vorbehalten.

Directorium müße gegen die vorſtehende
Aeuſſerung, in Beziehung auf die leztere Deliberation vom 8. d. und auf die beſtimmte,
den kurmainziſchen Direktorialrechten das
Wortſprechende Reichsgeſeze ſich geziemend —
jedoch nachdrücklich, proteſtando verwahren.

Kurböhmen: Reproteſtando beziehe ſich
einsweilen auf ſeine vorige Aeuſſerung, und
behalte ſich die weitere Nothdurft bevor.

Kurpfalz vacat.

Kurſachſen ex ſubſtitutione p. Kurbraunſchweig: Behält ſich die Abſtimmung bevor.

Kurbrandenburg ex ſubſtitutione p.
Kurbraunſchweig: Im Bezug auf das
am 13. v. M. von hieſiger Reichsverſammlung
gefaßte Reſolutum über die — von der
Reichsfriedensdeputation zu Raſtadt, mittelſt
Berichts d. d. 4. & dict. 8 ej. hieher gelangte Note der franzöſiſchen Geſandtſchaft
vom 2. Jan. den Anmarſch ruſſiſch-kaiſerl.
Truppen auf teutſches Reichsgebiet betr. iſt man

Staatsk. 1799. III.　　　K　　　dieß

dieß Orts angewiesen, im Namen Sr: königl,
Majestät in Preußen, als Kurfürst von
Brandenburg, zu erkennen zu geben:

Es könne vor der Hand, und bis auf
etwanig weitere Veranlaffungen, wohl bei der
— an die Reichsdeputation schon ergangenen
Rückäufferung, daß man von Seiten der
Reichsverfammlung, wegen Durchzugs ruffifch-
kaiferl. Truppen, keine Requifition oder Anzeige erhalten, mithin auch keine legale Kenntniß habe, fein Bewenden behalten. Wolle
man jedoch an die Deputation noch etwas
nähers gelangen laffen, um davon bei der
franzöfifchen Gefandtfchaft Gebrauch zu machen, fo wäre zu erkennen zu geben, daß die
von lezterer gefchehenen Beziehung auf den
Waffenftillftand von dem Reiche gerne accep-
tirt werde, daß aber, wenn diefes in Gemäßheit des Waffenftillftandes und der Neutralität, zu Abwendung des bisher von ihm
völlig ignorirten ruffifchen Truppenmarfches
einwürken folle, man mit gerechter Zuverficht
die Erwartung hegen dürfe, daß auch das
franzöfifche Gouvernement, in Gemäßheit eben
derfelben Verhältniffe, feine Truppen von den
Gränzen des Reichs abziehen — und aufhö-
hören werde, dortige Länder mit fo feindlicher
Härte zu behandeln, und daß, wenn diefes
gefchiehet, die Reichsverfammlung um fo
mehr Grund habe, in Verfolg des von ihr

aber

über die Sache bereits veranlaßten Berichts
an kaiserl. Majestät, allerhöchst Ihrer Weis=
heit die zu Teutschlands endlicher Beruhigung
dienenden Vorkehrungen, auch in Absicht des
Einmarsches gedachter Truppen, anheim zu
stellen "

Uebrigens will man auf den Fall, daß Se.
königl. Majestät, im Lauf gegenwärtiger Be=
rathung über den angeregten Gegenstand, noch
etwas nachzutragen allerhöchst gut finden wol=
ten, sich das Weitere ausdrücklich vorbehal=
ten haben.

Kurbraunschweig: Siehet sich vorgängig
dem von der fürtreflich kurböhmischen Gesandt=
schaft so eben Geäuserten beizutreten genöthi=
get, und behält sich das Weitere bevor.

Directorium: Repedire auch gegen diese Aeus=
serung seine oben bereits ad Protocollum
gegebene Reservation.

Kurbraunschweig: Inhärire dem zu er=
kennen gegebenen.

Kurmainz: Trage auf eine ehrerbietigste
Bitte, im Namen des gesamten Reichs, an
Ihro kaiserl. Majestät dahin an, daß Aller=
höchstdieselben geruhen mögen, solche Maaß=
regeln reichsväterlich zu ergreifen und anzu=
wenden, wodurch der Ruhestand des teutschen
Vaterlandes gesichert und erhalten; dasselbe
von den fremden Truppen befreiet; der so
sehnlich erwünschte Reichsfriede nicht ent=

fernt,

fernt, ſondern derſelbe, da es bereis ſoweit
gediehen iſt, beförbert und beſchleuniget werde,
Ulteriora, ſi opus, reſervando.

Directorium: Da in dieſer Lage des Protokolls noch kein Konkluſum zu ziehen ſey,
ſo wolle daſſelbe zu den noch abgehenden
Abſtimmungen, nächſten Freitag, oder auch
noch früher, wenn einige ſich melden ſollten,
das Protokoll abermals eröffnen.

2.

Lunæ d. 4. Mart. 1799. in Collegio
electorali.

Præſ.

Kurmainz.
 — Trier.
 — Köln p. Kurmainz,
 — Böhmen p. Kurtrier.
 — Pfalz, vacat.
 — Sachſen ⎫
 — Brandenburg ⎬ p. Kurbraunſchweig.
 — Braunſchweig.

Directorium: wolle zu Ablegung der weiter eingegangenen Abſtimmungen hierauf das
Protokoll abermals eröfnen.

Kurköln ex ſubſtitutione p. Kurmainz, wie
Hoch = und Teutſchmeiſter im Reichsfürſtenrathsprotokoll de hodierno dato.

Kur-

Kursachsen ex substitutione p. Kurbraun=
schweig, wie Henneberg im Reichsfürstenraths=
protokoll vom heutigem dato.

Directorium: wolle die geziemende Erin=
nrung der noch abgängigen Instruktionen und
Abstimmungen bestens empfehlen, und zu
deren Ablegung nächsten Freitag als den 8.
d. l. M. auch auf Verlangen noch früher, das
Protokoll eröfnen.

———

3.
Veneris de 15. Mart. 1799. in Collegio.
electorali.

Præs.
Kurmainz.
— Trier.
— Köln p. Kurmainz.
— Böhmen p. Kurtrier.
— Pfalz.
— Sachsen ⎤
— Brandenburg ⎬ p. Kurbraunschweig.
— Braunschweig. ⎦

Directorium: Wolle vorläufig anzeigen,
daß sich des kurpfälzischen Hrn. Gesandten,
Graf von Lerchenfeld Excellenz, von wegen
Sr. jezt regierenden kurfürstl. Durchlaucht zu
Pfalz, den 11. d. bei dem Reichsdirektorio
herkömmlichermaßen legitimirt habe, und da
die am 4. des l. M. auf den 8ten angezeigte

K 3   Wies

: Wiedereröfnung des Protokolls bis jetzt, aus
: Abgang der Instruktionen, hat unterbleiben
müssen, so will Direktorium zu Ablegung der
vorbehaltenen Abstimmungen, nun heute das
Protokoll wieder eröfnen.

Kurtrier: Se. kurfürstl. Durchlaucht müssen
vor allen u. s. w. wie Augsburg im Reichsfürstenrathsprotokoll vom 11ten März.

Kurböhmen p. Kurtrier: Ueber den Gegenstand der Berathung 2c. Uebrigens wie
Oesterreich im Reichsfürstenrathsprotokoll vom
15. März 1799.

Kurpfalz: Nachdem Ihre kurfürstl. Durchlaucht Maximilian Joseph von Pfalzbaiern,
die durch das höchstbedauerliche Ableben weil.
des durchlauchtigsten Kurfürsten Karl Theodor
glorwürdigsten Andenkens erledigte Kur- und
Erztruchseßenamt, nebst der Regierung der
sämtlichen pfalzbaierischen Reichslande, in Gemäsheit der vornehmsten Reichsgrundgeseze,
Hausverträge und Friedensschlüsse, nach Erbrecht angetretten hätten, würden Höchstdieselbe, eingedenk der hohen Verdienste Ihrer
durchlauchtigsten Vorfahren, nie ermüden,
Ihre Kräfte mit denen Ihrer höchst- und hohen Mitstände zu vereinigen, um den so sehnlichst gewünschten Ruhestand, und die unzertrennlich davon abhangende Wohlfahrt des
teutschen Vaterlands befördern und erhalten
zu helfen. Zur Erreichung dieses grosen Zwekes,

les, würden Höchstdieselben mit freudiger Zu-
ſtimmung alles miteingehen, was die glücklichſte
Eintracht zwiſchen dem allerhöchſten Reichsoberhaupt und den Gliedern des Reichs, und
höchſtnöthigen Verband unter dieſen, ſtets
mehr beveſtigen könne. Eben ſo würden
Höchſtſie als Mitglied dieſes erhabenſten Kur-
kollegii vorzüglich auf die Behauptung der
kundbaren Vorrechte und Präminenzien deſſelben in vereinmäſiger Mitſorge bedacht ſeyn,
und durch unwandelbares und verfaſſungsmä-
ſiges Benehmen ein wahrhaftes Vertrauen,
und eine beharrliche Zuneigung Ihrer hohen
Mitkurfürſten zu gewinnen und zu erhalten
trachten. Indem dieſſeitig treugehorſamſte
Geſandtſchaft dieſe ruhmwürdigſt bekannten
reinſten Geſinnungen Ihres durchlauchtigſten
höchſten Prinzipalen bei heutigem Anlaſſe auszulegen — oder vielmehr nur zu wiederhölen
habe, ſchäze Sie ſich glücklich, von Höchſtderſel-
ben an gegenwärtiger Stelle huldreicheſt beſtä-
tiget worden zu ſeyn, die ihr die hohe Ehre
zuwende, mit ſo weiſen Staatsmännern zum
gemeinſamen Reichsbeſten ſich forthin zu be-
ſchäftigen, um aber hierinnen auf dem Wege
ihrer Pflicht deſto ſicherer fortſchreiten zu können, erbittet ſich ſelbe die gütige Fortſezung
des bishero, mit verbindlichſter Dankbarkeit,
erfahrenen Kollegialvertrauens und verehrliche
Freundſchaft, die dieſelbe mit unbeſchränktem

Gegen-

Gegenvertrauen und hochachtungsvoller Erge=
benheit zu erwiedern nie unterlassen werde.

In materia proposita behält man sich die
Abstimmung bevor.

Kurbraunschweig wie Bremen im Reichs=
fürstenrathsprotokoll vom 15. März 1799.

Directorium: Wolle des kurpfälzischen
Herrn Gesandten Grafen von Lerchenfeld Ex=
cellenz hierdurch ersuchen, bei dem höchsten
Hofe die vorbehaltene Abstimmung in Erin=
nerung zu bringen, und wolle sich einstweilen
aus dem Protokoll ersehen, was nach Einlan=
gung der gedachten Abstimmung im kurfürstl.
Kollegio weiters vorzubringen, und welches
Projekt Conclusi demselben vorzulegen seyn
würde,

4.

Lunæ de 18. Mart. 1799. In Collegio
electorali.

Præf.

Kurmainz.
— Trier.
Τ Kölln p. Kurmainz.
— Böhmen p. Kurtrier.
— Pfalz.
— Sachsen ⎤ p. Kurbaun=
— Brandenburg ⎦ schweig.
— Braunschweig.

Di-

Directorium: Nachdem des kurpfälzischen
Herrn Gesanoten Grafen von Lerchenfeld Er-
cellenz der erhaltenen Instruktion gemäß, das
votum in materia proposita zu Protokoll
zu bringen, verlangt haben, so wolle man
hiezu mit abermaliger Eröfnung deſſelben die
Gelegenheit geben.

Kurpfalz: Da noch keine förmliche Requisition an das Reich ꝛc. vid. Baiern im Reichsfürstenrathsprotokoll de eodem dato.

Directorium: Wolle sich nunmehr aus dem
geschloſſenen kurfürstl. Protokoll näher erſehen,
und nach der Lage der Abstimmungen das
Projekt zu einem kurfürstl. Concluso entwerfen und eheſtens vorlegen.

5.

Lunæ de 1. April 1799.   In Collegio
Electorali.

   Præf.

Kurmainz.
— Trier.
— Köln p. Kurmainz.
— Böhmen p. Kurtrier.
— Pfalz.
— Sachſen.   ⎫ p. Kurbraun-
— Brandenburg ⎭   ſchweig.
— Braunſchweig.

Directorium: In dem kurfürstlichen Kollegio ſich ſeit dem lezten Protokoll, wie ſchon

       K 5   oft

oft und bei wichtigen Sachen immer geschehen, und auch zur Beförderung der Geschäfte
angemeffen sey, versucht worden, durch münd-
liche und schriftliche Communikationen über
den von dem Direktorio vorgelegten Entwurf
eines Conclufi Electoralis sich zu vereinba-
ren, und sodann das Konklufum, unter kurzer Beziehung auf die getroffene Vereinigung,
heute ad Protocollum zu geben.

    Legebatur Entwurf Conclufi ele-
    ctoralis

Kurtrier: Beziehet sich auf seine Abstimmung
  und seine bekante Aeufferungen.

Kurköllu p. Kurmainz: Die substituirte
Kurköllnische Gesandtschaft war von Ihro
kurfürstl. Durchlaucht bereits ausdrücklich angewiesen, weiter als die kurköllnische ad Protocollum gegebene Abstimmung laute, in
nichts einzugehen, und diese Weisung haben
Höchstdieselben in einem gestern hier angekommenen gnädigsten Schreiben dd. Ellingen den
28. März mit folgenden Worten wiederholt:
„Was den Punkt der Berathung über den
„ruffischen Truppenmarsch betrift, so hat
„dieser wohl offenbar durch die förmlich
„erfolgte Kriegserklärung an Oesterreich und
„noch mehr durch die Richtung, welche
„das Corps selbst, nach allen übereinstim-
„menden Nachrichten, nimmt, durchaus
„seinen Gegenstand verloren. Eine-in all-
                       gemei-

„gemeinen Ausdrücken abgefaßte Vorstel-
„lung an kaiserl. Majeſtät, kann nun auch
„ganz keinen Effekt mehr haben, da daß
„Desterreich nicht allein angegriffen, ſondern
„auch der Angriff auf ſeinen Staaten mit-
„telſt des Ueberzugs des ſchwäbiſchen Krei-
„ſes, durch das Reich geſchehen iſt; ſo
„wird es, da einmal die Sachen in der
„gegenwärtigen Lage ſich befinden, weder
„dieſe Hülfstruppen entfernen, noch weni-
„ger ſich hindern laſſen, ſie nach Umſtän-
„den, auf der Seite des Angrifs zu ge-
„brauchen. Bei dem nun entſtandenen
„Krieg iſt auch eine noch mehr feindliche
„Behandlung des Reichs, als die derma-
„lige iſt, nicht mehr von dem Reſultat der
„Berathung des Reichstags, ſondern vom
„glücklichen oder unglücklichen Fortgang der
„Waffen abhängig. Unter dieſen Vorausſe-
„zungen glaube ich daher noch immer, daß
„ſich einzig daran halten müſſe, von dem
„befragten Gegenſtand bei dem Abgang
„aller Requiſition keine Notiz zu haben."

Ihro kurfürſtliche Durchlaucht führen in
dieſem Schreiben als Zuſaz zu Höchſtihro
vorigen Abſtimmung noch an : „daß das
„franzöſiſche Gouvernement durch den Ueber-
„zug des ſchwäbiſchen und oberrheiniſchen
„Kreiſes mit ſeinen Armeen, durch die
„Aufforderung von Philippsburg, durch
die,

„die, in den pfälzischen, und andern
„Reichsländern ausgeschriebenen und ein-
„getriebenen Contributionen, durch die für
„die Vestung Ehrenbreitstein neuerdings
„anverlangte ungeheure Requisitionen, und
„durch die jüngste Proklamation des Ge-
„nerals Bernadotte, eine Reihe Feindselig-
„keiten ausgeübet habe.‟

Kurböhmen: Will lediglich seinem abgelegten voto per totum inhäriren.

Kurpfalz: Findet das eben verlesene Project Conclusi denen majoribus conform ist,
also mit demselben gänzlich einverstanden.

Kursachsen
Kurbrandenburg } desgleichen.
Kurbraunschweig

Kurmainz: Similiter.

Directorium: Lasse nunmehr den zuvor
abgelesenen Entwurf als Conclusum electorale zu Protokoll nehmen.

Entwurf Conclusi electoralis wie er in der
Conferenz vom 30. März 1799. finaliter
berichtiget worden.

Die Note der — von denen zum Reichsfriedenskongreß bevollmächtigten Ministern der französischen Republik vom 2. Jan. des I. J. wegen
eines etwanigen Marsches russisch-kaiserl. Truppen
durch das teutsche Reichsgebiet, sey in dem kurfürstl. Kollegio in reife der Wichtigkeit der Sache
ange-

angemeſſene Berathung gezogen, und nach genauer
Erwägung aller dabei vorkommenden Umſtände
und Betrachtungen, ſey beſchloſſen worden:

; Da man noch keinerlei Requiſition um den
Durchmarſch ruſſiſch=kaiſerl. Truppen durch
die Reichslande erhalten, mithin von deren
Abſicht nicht die mindeſte legale Notiz habe,
ſo müſſe von Reichs wegen billig zu Ihro
kaiſerl. Majeſtät das allerehrerbietigſte Ver=
trauen, daß Allerhöchſtdieſelben hierunter ſo=
wohl als überhaupt die Wohlfart des Reichs
väterlich zu Herzen nehmen werden, geheget,
und allerhöchſt Dero Weisheit anheimgeſtellt
werden, die dienlichſten Maasregeln zu er=
greifen, wodurch der ſo ſehnlichſt gewünſchte
Ruheſtand erhalten, und ein baldiger anſtän=
diger und dauerhafter Friede beſordet werden
könnte. -

Da aber auch die bevollmächtigten franzö=
ſiſchen Miniſter in der nämlichen Note vom
2. Jan. ſich auf den — mit dem Reich ſub=
ſiſtirenden Waffenſtillſtand bezogen hätten, ſo
ſeyen Ihro kaiſerl. Majeſtät als Reichsober=
haupt zugleich allerdevoteſt zu erſuchen, die
wirkſamſten Einleitungen bei der franzöſiſchen
Regierung dahin zu machen, damit eben die=
ſem Waffenſtillſtand gemäß die Reichslande
dieſſeits des Rheins, von den bisher noch un=
ausgeſezt erlittenen feindlichen Bedrückungen
endlich einmal befreit werden möchten. Wel=
ches

dies alles durch ein Reichsgutachten an Ihro
kaiserl. Majestät zu bringen sey.

Uebrigens sey von diesem Reichsgutachten
der Reichsfriedensdeputation auf ihren Bericht
vom 4. Jan. d. J. die gewöhnliche Eröfnung
zu thun.

Kurtrier: Wolle den — von der kurköllnischen fürtreflichen Gesandtschaft verlesenen
Nachtrag ad referendum nehmen.

Directorium: Belasse es bei dem ordnungs-
und verfassungsmäsig berichtigten Concluso
electorali, und werde nunmehro dem Fürstenrathsdirektorio die Anzeige davon machen,
um die Re - und Correlation angehen zu
können.

6.

Veneris de 12. April 1799. In Collegio
electorali.

Præs.
Kur-Mainz.
— Trier.
— Köln p. Kurmainz.
— Böhmen p. Kurtrier.
— Pfalz.
— Sachsen   ] p. Kurbraun-
— Brandenburg] schweig.
— Braunschweig.

Di-

Directorium: In dem fürſtl. Kollegio ſeye nunmehr auch ein Konkluſum zu Stand gekommen: Directorium electorale wolle daher das Concluſum electorale vom 1. April vorerſt noch einmal ableſen, und ſodann mit dem Fürſtenrathsdirektorio zur Re = und Correllation ſchreiten.

Legebatur Concluſum electorale vom 1. April 1799.

Die Note der zum Reichsfriedenskongreß u. ſ. w. wie im Concluſo zum Protokoll vom 1. April 1799.

Directorium poſt diſceſſum & reditum zeigte an, daß das Fürſtenrathsdirektorium gegen Empfang des kurfürſtl. Concluſi nach= ſtehendes fürſtliches Konkluſum ausgehändiget habe.

Fürſtl. Konkluſum p. Oeſterreich dd. 12. April 1799.

Als man im Reichsfürſtenrath u. ſ. w. wie in der Beilage zum Reichsgutachten vom 12. April 1799.

Directorium: Wolle nunmehr von denen fürtreflich kurfürſtlichen Geſandtſchaften ver= nehmen, ob = und in wie weit dieſelben das fürſtl. Konkluſum annehmen, daß von dem Fürſtenrath einen Beitritt zu dem kurfürſtl. Concluſo verlangen, und ſodann begehren und wünſchen wollen, welches von beiden Conclu-

clufis pro bafi communis duorum gelegt
werden foll.

Kurtrier: Kann wieder darauf anträgen, wie
man es bereits neulich zu erkennen gegeben
hat, noch damit einverftanden fey, daß das
Conclufum electorale pro bafi communis
duorum für dißmal angenommen werde, und
hätte vielmehr erachtet, daß das jüngft diktirte
allerhöchfte kaiferl. Kommiffionsdekret vom 4.
diefes, und die während der gegenwärtigen
Berathung fo fehr geänderte Verhältniffe zu=
reichenden Anlaß enthielten, fich mit neuern =
auf die gegenwärtige Lage der Sache paffen=
den Inftruktionen verfehen zu laffen. Kur=
trierifcher Seits fey man dazu noch wirklich
bereit, und wolle fich vor der Hand der neuer=
lich zum Protokoll gebrachten kurköllnifchen
nachträglichen fürtreflichen Aeufferung an=
fchliefen.

Kurköln: Bezieht fich auf feine abgelegte
Aeufferung.

Kurböhmen: Hat bei der am 1. d. erfolgten
Vereinigung auf das kurfürftl. Konklufum fich
lediglich auf fein abgelegtes Votum bezogen,
und kann daher zur Folge feiner, nach dem
wahren Beften des teutfchen Vaterlands an=
gemeffenen Ueberzeugung, an gegenwärtiger
Verhandlung um fo weniger einen Antheil
nehmen, als man dieffeits erachtet, daß das
inzwifchen diktirte allerhöchfte kaiferl. Com=

mif=

mifftonebekret vom 4. d. zureichenden Anlaß
und hinlängliche Beweggründe enthielte, die
unter ganz andern Umständen zu Protokoll
gekommenen Abstimmungen der dermaligen
Lage der Sachen gemäß, abzuändern.

Kurpfalz: Bestehet bei dem per majora
zu Stand gekommenen kurfürstl. Konkluso,
und wünscht, daß solches pro basi communis duorum angenommen werden wolle.

Kursachsen. Trägt auf ein gleiches an.

Kurbrandenburg: Ebenfalls.

Kurbraunschweig: Desgleichen.

Kurmainz: similiter.

Conclusum.

Daß dem Fürstenrathsdirektorio eröfnet werden solle, das kurfürstliche Collegium beharre
auf seinem Konkluso, und wünsche, daß solches pro basi communis duorum angenommen werden möge. Worauf Direktorium aufs
neue zur Re- und Correlation mit dem Reichsfürstenrath abgieng.

Directorium post iteratum discessum & reditum, zeigte an, daß das fürstl. Collegium
ebenfalls bei seinem Konkluso zu bleiben beschlossen habe, und dem kurfürstl. Collegio
anheim gebe, wenn dasselbe dem Fürstenrathskonkluso nicht beizutreten gemeint sey, ob
nicht nach ältern Vorgängen, beide differente
Conclusa, und auch das Städtische Ihro

oft und bei wichtigen Sachen immer geſchehen, und auch zur Beförderung der Geſchäfte
angemeſſen ſey, verſucht worden, durch münd-
liche und ſchriftliche Communikationen über
den von dem Direktorio vorgelegten Entwurf
eines Concluſi Electoralis ſich zu vereinba-
ren, und ſodann das Konkluſum, unter kurzer Beziehung auf die getroffene Vereinigung,
heute ad Protocollum zu geben.

Legebatur Entwurf Concluſi electoralis.

Kurtrier: Beziehet ſich auf ſeine Abſtimmung
und ſeine bekante Aeuſſerungen.

Kurköln p. Kurmainz: Die ſubſtituirte
Kurköllniſche Geſandtſchaft war von Ihro
kurfürſtl. Durchlaucht bereits ausdrücklich angewieſen, weiter als die kurköllniſche ad Protocollum gegebene Abſtimmung laute, in
nichts einzugehen, und dieſe Weiſung haben
Höchſtdieſelben in einem geſtern hier angekommenen gnädigſten Schreiben dd. Ellingen den
28. März mit folgenden Worten wiederholt:
„Was den Punkt der Berathung über den
„ruſſiſchen Truppenmarſch betrift, ſo hat
„dieſer wohl offenbar durch die förmlich
„erfolgte Kriegserklärung an Oeſterreich und
„noch mehr durch die Richtung, welche
„das Corps ſelbſt, nach allen übereinſtim-
„menden Nachrichten, nimmt, durchaus
„ſeinen Gegenſtand verloren. Eine in all-
gemei-

„gemeinen Ausdrücken abgefaßte Vorstel=
„lung an kaiserl. Majestät, kann nun auch
„ganz keinen Effekt mehr haben, da das
„Oesterreich nicht allein angegriffen, sondern
„auch der Angriff auf seinen Staaten mit=
„telst des Ueberzugs des schwäbischen Krei=
„ses, durch das Reich geschehen ist; so
„wird es, da einmal die Sachen in der
„gegenwärtigen Lage sich befinden, weder
„diese Hülfstruppen entfernen, noch weni=
„ger sich hindern lassen, sie nach Umstän=
„den, auf der Seite des Angrifs zu ge=
„brauchen. Bei dem nun entstandenen
„Krieg ist auch eine noch mehr feindliche
„Behandlung des Reichs, als die derma=
„lige ist, nicht mehr von dem Resultat der
„Berathung des Reichstags, sondern vom
„glücklichen oder unglücklichen Fortgang der
„Waffen abhängig. Unter diesen Voraußse=
„zungen glaube ich daher noch immer, daß
„sich einzig daran halten müsse, von dem
„befragten Gegenstand bei dem Abgang
„aller Requisition keine Notiz zu haben.‟

Ihro kurfürstliche Durchlaucht führen in
diesem Schreiben als Zusaz zu Höchstihro
vorigen Abstimmung noch an: „daß das
„französische Gouvernement durch den Ueber=
„zug des schwäbischen und oberrheinischen
„Kreises mit seinen Armeen, durch die
„Aufforderung von Philippsburg, durch
die,

„die, in den pfälzischen, und andern
„Reichsländern ausgeschriebenen und ein-
„getriebenen Contribntionen, durch die für
„die Vestung Ehrenbreitstein neuerdings
„anverlangte ungeheure Reauisitionen, und
„durch die jüngste Proklamation des Ge-
„nerals Bernadotte, eine Reihe Feindselig-
„keiten ausgeübet habe.''

Kurbböhmen: Will lediglich seinem abgelegten voto per totum inhäriren.

Kurpfalz: Findet das eben verlesene Projekt Conclusi denen majoribus conform ist,
also mit demselben gänzlich einverstanden.

Kursachsen ⎫
Kurbrandenburg ⎬ desgleichen.
Kurbraunschweig ⎭

Kurmainz: Similiter.

Directorium: Lasse nunmehr den zuvor
abgelesenen Entwurf als Conclusum electorale zu Protokoll nehmen.

Entwurf Conclusi electoralis wie er in der
Conferenz vom 30. März 1799. finaliter
berichtiget worden.

Die Note der — von denen zum Reichsfriedenskongreß bevollmächtigten Ministern der französischen Republik vom 2. Jan. des l. J. wegen
eines etwaigen Marsches russisch-kaiserl. Truppen
durch das teutsche Reichsgebiet, sey in dem kurfürstl. Kollegio in reise der Wichtigkeit der Sache
ange-

angemeſſene Berathung gezogen, und nach genauer
Erwägung aller dabei vorkommenden Umſtände
und Betrachtungen, ſey beſchloſſen worden:

:   Da man noch keinerlei Requiſition um den
Durchmarſch ruſſiſch-kaiſerl. Truppen durch
die Reichslande erhalten, mithin von deren
Abſicht nicht die mindeſte legale Notiz habe,
ſo müſſe von Reichs wegen billig zu Jhro
kaiſerl. Majeſtät das allerehrerbietigſte Vertrauen, daß Allerhöchſtdieſelben hierunter ſowohl als überhaupt die Wohlfart des Reichs
väterlich zu Herzen nehmen werden, geheget,
und allerhöchſt Dero Weisheit anheimgeſtellt
werden, die dienlichſten Maasregeln zu ergreifen, wodurch der ſo ſehnlichſt gewünſchte
Ruheſtand erhalten, und ein baldiger anſtändiger und dauerhafter Friede befördet werden
könnte.

Da aber auch die bevollmächtigten franzöſiſchen Miniſter in der nämlichen Note vom
2. Jan. ſich auf den — mit dem Reich ſubſiſtirenden Waffenſtillſtand bezogen hätten, ſo
ſeyen Jhro kaiſerl. Majeſtät als Reichsoberhaupt zugleich allerdevoteſt zu erſuchen, die
wirkſamſten Einleitungen bei der franzöſiſchen
Regierung dahin zu machen, damit eben dieſem Waffenſtillſtand gemäß die Reichslande
dieſſeits des Rheins, von den bisher, noch unausgeſezt erlittenen feindlichen Bedrückungen
endlich einmal befreit werden möchten. Welches

dies alles durch ein Reichsgutachten an Ihro
kaiserl. Majestät zu bringen sey.

Uebrigens sey von diesem Reichsgutachten
der Reichsfriedensdeputation auf ihren Bericht
vom 4. Jan. d. J. die gewöhnliche Eröfnung
zu thun.

Kurtrier: Wolle den — von der kurköllnischen fürtreflichen Gesandtschaft verlesenen
Nachtrag ad referendum nehmen.

Directorium: Belasse es bei dem ordnungs-
und verfassungsmäsig berichtigten Concluso
electorali, und werde nunmehro dem Fürstenrathsdirektorio die Anzeige davon machen,
um die Re- und Correlation angehen zu
können.

6.

Veneris de 12. April 1799. In Collegio
electorali.

Præs.

Kur-Mainz.
— Trier.
— Köln p. Kurmainz.
— Böhmen p. Kurtrier.
— Pfalz.
— Sachsen   } p. Kurbraun-
— Brandenburg J   schweig.
— Braunschweig.

Di-

Directorium: In dem fürstl. Kollegio seye nunmehr auch ein Konklusum zu Stand gekommen: Directorium electorale wolle daher das Conclusum electorale vom 1. April vorerst noch einmal ablesen, und sodann mit dem Fürstenrathsdirektorio zur Re = und Correllation schreiten.

Legebatur Conclusum electorale vom 1. April 1799.

Die Note der zum Reichsfriedenskongreß u. s. w. wie im Concluso zum Protokoll vom 1. April 1799.

Directorium post discessum & reditum zeigte an, daß das Fürstenrathsdirektorium gegen Empfang des kurfürstl. Conclusi nachstehendes fürstliches Konklusum ausgehändiget habe.

Fürstl. Konklusum p. Oesterreich dd. 12. April 1799.

Als man im Reichsfürstenrath u. s. w. wie in der Beilage zum Reichsgutachten vom 12. April 1799.

Directorium: Wolle nunmehr von denen fürtreflich kurfürstlichen Gesandtschaften vernehmen, ob = und in wie weit dieselben das fürstl. Konklusum annehmen, daß von dem Fürstenrath einen Beitritt zu dem kurfürstl. Concluso verlangen, und sodann begehren und wünschen wollen, welches von beiden Con-

clu-

clusis pro basi communis duorum gelegt werden soll.

Kurtrier: Kann wieder darauf antragen, wie man es bereits neulich zu erkennen gegeben hat, noch damit einverstanden sey, daß das Conclusum electorale pro basi communis duorum für dißmal angenommen werde, und hätte vielmehr erachtet, daß das jüngst diktirte allerhöchste kaiserl. Kommissionsdekret vom 4. dieses, und die während der gegenwärtigen Berathung so sehr geänderte Verhältnisse zureichenden Anlaß enthielten, sich mit neuern, auf die gegenwärtige Lage der Sache passenden Instruktionen versehen zu lassen. Kurtrierischer Seits sey man dazu noch wirklich bereit, und wolle sich vor der Hand der neuerlich zum Protokoll gebrachten kurköllnischen nachträglichen fürtreflichen Aeusserung anschliesen.

Kurköln: Bezieht sich auf seine abgelegte Aeusserung.

Kurböhmen: Hat bei der am 1. d. erfolgten Vereinigung auf das kurfürstl. Konklusum sich lediglich auf sein abgelegtes Votum bezogen, und kann daher zur Folge seiner, nach dem wahren Besten des teutschen Vaterlands angemessenen Ueberzeugung, an gegenwärtiger Verhandlung um so weniger einen Antheil nehmen, als man diesseits erachtet, daß das inzwischen diktirte allerhöchste kaiserl. Commis-

mis-

missionsdekret vom 4. d. zureichenden Anlaß
und hinlängliche Beweggründe enthielte, die
unter ganz andern Umständen zu Protokoll
gekommenen Abstimmungen der dermaligen
Lage der Sachen gemäß, abzuändern.

Kurpfalz: Bestehet bei dem per majora
zu Stand gekommenen kurfürstl. Konkluso,
und wünscht, daß solches pro basi communis duorum angenommen werden wolle.

Kursachsen. Trägt auf ein gleiches an.

Kurbrandenburg: Ebenfalls.

Kurbraunschweig: Desgleichen.

Kurmainz: similiter.

Conclusum.

Daß dem Fürstenrathsbirektorio eröfnet werden solle, das kurfürstliche Collegium beharre
auf seinem Konkluso, und wünsche, daß solches pro basi communis duorum angenommen werden möge. Worauf Direktorium aufs
neue zur Re- und Correlation mit dem Reichsfürstenrath abgieng.

Directorium post iteratum discessum & reditum, zeigte an, daß das fürstl. Collegium
ebenfalls bei seinem Konkluso zu bleiben beschlossen habe, und dem kurfürstl. Collegio
anheim gebe, wenn dasselbe dem Fürstenrathskonkluso nicht beizutreten gemeint sey, ob
nicht nach ältern Vorgängen, beide differente
Conclusa, und auch das Städtische Ihro

kaiserl. Majestät vorzulegen seyen. Directorium wolle daher über diesen äusserst unge-
wöhnlichen Hergang, die Meinungen der fürtreflichen kurfürstl. Gesandtschaften vernehmen.

Kurerier: In Folge der ältern Präjudicien
sowohl des vorigen als gegenwärtigen Jahrhunderts, ist man kurtrierischer Seits gänzlich
damit einverstanden, daß beide höhere Conclusa kaiserl. Majestät alleruntertänigst vorzulegen seyen.

Kurköln: Wiederhole seine vorige Abstimmung.

Kurböhmen: Die königl. kurböhmische Gesandtschaft beziehet sich auf ihre vorige zu
Protokoll gegebene Aeusserung.

Kurpfalz: ist der Meinung: daß man von
dem ab Seiten des kurfürstl. Conclusi gefaßten
Entschluß nicht abgehen könne, im Fall aber
seine Vereinigung statt finden sollte, bleibe
nichts anders übrig, als die Conclusa der
höhern Reichskollegien St. kaiserl. Majestät
vorzulegen.

Kursachsen: Hätte zwar eine Vereinigung der
beiden höhern Reichskollegien gar sehr ge-
wünscht, und könne solche nicht genugsam
empfehlen, müsse sich jedoch im äussersten
Fall, den in Vorschlag gekommenen ausserordentlichen Weg, gleichfalls gefallen lassen.

Kurbrandenburg: Tritt diesem bei,

Kurbraunschweig: Desgleichen.

Kurmainz: Wie Kurpfalz & Conformes.

Di-

Directorium: Wolle nunmehro mit dem
Fürstenrathsdirektorio mehrmals eine Vereinigung besten Fleißes versuchen, und davon
dem kursürstl. Collegio Nachricht geben, und
zugleich das Städte = Rathskonklusum aus=
wechseln, und sodann hier ablesen.

Directorium post iteratum discef-
sum & reditum. Auf den wiederholten
Versuch einer Vereinigung habe das reichs=
fürstl. Direktorium erklärt: Die beiden Col-
legia seyen zu sehr von einander unterschie=
den, als daß eine Vereinigung, ohne Abän=
derungen der Abstimmungen selbst, gelingen
könnte, man halte daher den bereits vorge=
schlagenen Weg, beide Conclusa Ihro kaiserl.
Majestät darzubringen für den — in solchen
Ereignissen — noch für den Einzigen.

Hierauf seye auch mit dem Direktorio des
Städteraths re = und correferirt, von diesem
sein Konklusum vom 4. d. M. ausgewechselt,
und nach erstatteter Relation in dem Städte=
rath von demselben erklärt worden, daß es
ebenfalls — unter diesen Umständen — den
Vorschlag die drei Conclusa Ihro kaiserl.
Majestät allerunterthänigst vorzulegen, als
das einzige Mittel anzunehmen.

Directorium wolle nunmehro das gedachte
Konklusum ablesen, und zu allem Ueberfluß
noch einmal vernehmen, ob das kurfürstl.

Colleaium bei feinem eventualiter genommenen Schluß beharren wolle.

Conclufum Collegii civitatenfis
vom 4. April 1799. Nachdem man auch
von Sei en, u. f. w. wie in der Beilage zum
Reichsgutachten dd. 12. April 1 99.

Sämtliche fürtrefliche Gefandtschaften erklärten, daß es nunmehr bei dem eventualiter genommenen Beschluß alle drei Conclufa
der drei Reichskollegien Ihro kaiserl. Majeftät
vorzulegen, pure verbleiben müffe, und werde
alfo das Reichsdirektorium erfucht, bei der
höchftaniehnlich kaiferl. Prinzipalkommiffion das
Weitere herkommlichermaffen zu beforgen.

IIL

Dictatum Ratisbonæ die 13. Aprilis 1799.
per Moguntinum. An Ihro röm. kaiferl.
Majeftät allerunterthänigftes Reichsgutachten, dd. Regensburg den 12. April 1799.
Die Note der bevollmächtigten Minifter
der franzöfifchen Republik vom 2. Jänner
d. J. wegen eines etwaigen Märfches ruf-
fifch-kaiferl. Truppen durch das
teutfche Reich betreffend.

Ihrer röm. kaiferl. Majeftät, unfers allergnädig-
ften Herrn, zu gegenwärtiger Reichsverfammlung
be-

bevollmächtigtem hochstansehnlichen Prinzipalkom=
missarius, Herrn Karl Alexander, Fürsten
von Thurn und Taxis 2c. 2c. Hochfürstl. Gnaden
bleibt hiemit im Namen Kurfürsten, Fürsten und
Stände des Reichs gebührend unverhalten:

Die Note der zum Reichsfriedenskongresse be=
vollmächtigten Minister der französischen Republik
vom 2ten Jänner d. J. wegen eines etwaigen
Marsches russisch=kaiserlicher Truppen durch das
teutsche Reichsgebiete sey in allen drei Reichskol=
legien in reife und der Wichtigkeit der Sache an=
gemessene Berathung gezogen, und darinne nach
genauer Erwägung aller dabei vorkommenden Um=
stände und Betrachtungen, wie die Ziffer 1. 2.
und 3. beiliegende Conclusa zeigen, beschlossen
worden; über einen gemeinschaftlichen Schluß habe
man sich aber, der wiederholten Versuchen unge=
achtet, nicht vereinigen können, und daher weiter
beschlossen, daß alle drei Conclusa durch ein
Reichsgutachten an Ihro kaiserliche Majestät ehr=
erbietigst und allerunterthänigst gebracht werden
sollen; welches also hiemit geschehe.

Womit des kaiserlichen Herrn Prinzipalkom=
missarius hochfürstlichen Gnaden der Kurfürsten,
Fürsten und Stände des Reichs anwesende Rä=
the, Bothschafter und Gesandte sich besten Fleisses
und geziemend empfehlen. Signatum, Regens=
burg den 12ten April 1799.

Zif=

Ziffer 1.

Conclusum Electorale, vom 1. April
1799.

Die Note der zum Reichsfriedenskongresse bevollmächtigten Minister der französischen Republik vom 2ten Jänner des laufenden Jahrs, wegen eines etwaigen Marsches russisch-kaiserlicher Truppen durch das teutsche Reichsgebiet sey in dem kurfürstlichen Kollegio in reife, der Wichtigkeit der Sache angemessene Berathung gezogen, und nach genauer Erwägung aller dabei vorkommenden Umstände und Betrachtungen beschlossen worden:

Da man noch keinerlei Requisition um den Durchmarsch russisch-kaiserlicher Truppen durch die Reichslande erhalten, mithin von deren Absicht nicht die mindeste legale Notiz habe; so müsse von Reichs wegen billig zu ihrer kaiserlichen Majestät das allerehrerbietigste Vertrauen, daß Allerhöchst-dieselbe hierunter sowohl, als überhaupt die Wohlfahrt des Reichs väterlich zu Herzen nehmen würden, gehegt, und allerhöchst Dero Weisheit anheim gestellt werden, die dienlichsten Maßregeln zu ergreifen, wodurch der so sehnlichst erwünschte Ruhestand erhalten, und ein baldiger, anständiger, und dauerhafter Frieden befördert werden könnte.

Da aber auch die bevollmächtigten französischen Minister in der nämlichen Note vom 2ten Jänner sich auf den mit dem Reich subsistirenden Waffenstillstand bezogen hätten; so sey Ihro kaiserl.

Ma-

Majestät als Reichsoberhaupt zugleich allerdevotest
zu ersuchen, die wirksamsten Einleitungen bei der
französischen Regierung dahin zu machen, damit
eben diesem Waffenstillstande gemäß, die Reichslande diesseits des Rheins von den bisher annoch
unausgesezt erlittenen feindlichen Bedrückungen
endlich einmal befreit werden möchten; — welches
alles durch ein allerunterthänigstes Reichsgutachten
an Ihro kaiserliche Majestät zu bringen sey.
Uebrigens sey von diesem Reichsgutachten der
Reichsdeputation auf ihren Bericht vom 4ten Jänner d. J. die gewöhnliche Eröfnung zu thun.

Ziffer 2.

Conclusum Collegii Principum, vom 12ten April 1799.

Als man in dem Reichsfürstenrath die Berichte der Reichsfriedensdeputation vom 4ten Jänner
und 1. Februar d. J., und die Noten der französischen Gesandtschaft, welche diese Anfragsberichte veranlaßt hatten, in reife Berathung gezogen, so ist dafürgehalten, und geschlossen worden;
daß

1) bei der, auf dem bisherigen Friedenskongreß überflüßig bewiesenen Geneigtheit des teutschen Reichs, mit Frankreich in friedliche Ver-
hältniße treten zu können, allerdings zu erwarten
gewesen seye, das französische Gouvernement werde,
in Gemäßheit des, von ihm selbst erwähnten Waf-

L 4   fen-

fenſtillſtands, ſeine Truppen von den Reichslanden abziehen, mit feindlicher Härte Teutſchland
zu behandeln aufhören, und ſorgfältig jeden neuen
Stoff zu gegründeter Beſorgniß, vermeiden. Daß

2) ſo lange dieſe, mit den friedfertigen Be-
theuerungen der franzöſiſchen Geſandten in Raſtadt im Widerſpruch ſtehende Begegnung nicht aufhöre, Teutſchland den Vorwurf der Sorgloſigkeit
verdienen würde, wenn es für die Abwendung des
ihm bis jezt noch unbekannten ruſſiſch-kaiſerl.
Truppenmarſches, ſchon im voraus einſchreiten,
und dadurch die Ausſicht auf einen mächtigen
Schuz, uneingedenk künftig möglicher Fälle, ſich
ſelbſt entziehen wollte. Daß jedoch

3) das Reich, wenn nur ſeine Sicherheit und
Selbſterhaltung aufhört gefährdet zu ſcheinen, willig und bereit ſeye, der Weisheit kaiſerl. Majeſtät, ſo wie der reichsväterlichen, dankbar zu ver-
ehrenden Sorgfalt alle und jede, zu des teutſchen
Vaterlandes endlicher Beruhigung, und zur Erhaltung eines anſtändigen und dauerhaften Friedens
dienende Vorkehrungen, vertrauensvoll anheim-
zuſtellen. Daß demnach

4) alles vorerwähnte in dem zu erſtattenden
Reichsgutachten Ihro kaiſerl. Majeſtät zu reichs-
oberhauptlicher Genehmigung, allerunterthänigſt
vorzulegen ſeye.

Zif-

Ziffer 3.
Conclufum Collegii civitatenfis,
d. d. 4. April 1799.

Nachdem man auch von Seiten des Reichs-
ftädtifchen Collegii die an die allgemeine Reichsverfammlung erftatteten Deputationsberichte d. d.
Raftadt den 4. Jan. und 1. Febr. d. J. mit ihren Beilagen, in Betreff eines etwaigen Marfches
ruffifch = kaiferlicher Truppen durch das teutfche
Reichsgebiet, in Vortrag und Umfrage geftellet
hat: fo ift dafür gehalten und gefchloffen worden:

daß man diefsorts feine Rettung und Erhaltung nur in den reichsväterlichen Gefinnun-
gen und allerweifeften Maasregeln des aller-
glorreichft regierenden Reichsoberhaupts finden
könne, fohin im alleruntertbänigften Vertrauen
alles kaiferl. Majeftät Weisheit, Vorforge
und Leitung überlaffe, was Allerhöchftdiefelben
in diefem gegenwärtigen Zeitpunkte zu Teutfch-
lands Wohl und Sicherheit für das angemef-
fenfte und zuträglichfte halten;

Wobei man die allergnädigfte Fortfezung
des bisher genoffenen allerhöchften kaiferl. Schuzes für diefen Theil des teutfchen Reichskörpers
allerfubmifferft fich erbitte.

(L. S)

Kurfürftlich=Mainzifche Kanzlei.

§ 5 IV.

IV.

Direktorialvortrag bei der ausserordentlichen Rathsversammlung, den 10. Jänner 1799. *)

Die Veranlassung zu der heutigen ausserordentlichen Rathsversammlung ist aus dem diktirten Reichsdeputationsbericht vom 4. dieß, aus der demselben beigelegten Note der bevollmächtigten Minister der französischen Republik vom 2. d. M. (13. Nivose) und den Anfagzettel eben so bekannt, als die Einschikung dieses Berichts und Erbittung der Instruktionen auf die gedachte Note, nun ordnungsmäsige Folge seyn wird. Nun wünschte Direktorium aber auch, daß es in allen 3 Reichs-kollegien gefällig seyn mögte, sich darüber zu erklären, oder wenigstens auch darauf sich noch besonders instruiren zu lassen.

1.) a) Ob bei den bekannten Umständen, daß wegen eines Durchzugs russisch-kaiserl. Truppen

---

*) Es ist oben schon im ersten Bande unter den Beilagen Y das Resolutum trium Collegiorum eingerükt worden, wie es der Reichsfriedensdeputation mitgetheilt wurde. Da sich dieses Resolutum auf den Direktorialvortrag, und die mittelst desselben aufgeworfene Fragen bezog; so ist es zu näherer Erläuterung desselben, wenigstens nicht überflüßig, auch den Direktorialvortrag hier noch nachzutragen.

pen noch keine Requisition oder Anzeige an das
Reich gekommen sey, mithin bei der Möglichkeit,
daß der in der Note der bevollmächtigten Minister
der französischen Republik vom 2. Jänner voraus-
gesezte Fall gar nicht eintrete, und also eine Deliberation ganz überflüßig seyn möge, die Eröfnung des Protokolls zu Beschließung und Abfassung eines Reichsgutachtens an Ihro römisch-kai-
serliche Majestät bis zu Anlangung einer Requisition für den Durchmarsch der russisch-kaiserlicher
Truppen — oder bis auf andere — diesen Gegenstand betreffende — und solchen mehr aufklä-
rende — eine Reichsberathung erfordernde Umstände zu verschicken sey? oder b) ob sofort nach
eingelangten Instruktionen die Reichsdeliberationen
über die gedachte Note vorgenommen werden sollen?

2.) Ob nicht die kaiserl. Prinzipalkommission
von Reichs wegen so, wie von der Reichsfriedensdeputation, bei der kaiserl. Plenipotenz geschehen,
ist, ebenfalls geziemend zu ersuchen sey, über den
Gegenstand der gedachten französischen Note vom
2. Jan. an Ihro kaiserl. Majestät den allerunterthänigsten Bericht zu erstatten.

3.) Ob nicht der Reichsfriedensdeputation die
heutige vorläufige Resolution auf ihren Bericht zur
Nachricht, und zu dem ihr selbst beliebigen dien-
lichen — auch etwa erforderlichen Gebrauch, von
Reichs wegen mitzutheilen, und

4.) Dieser Kommunikation ausdrücklich die Bemerkung beizufügen sey, daß an die allgemeine
Reichs-

Reichsversammlung wegen eines Durchmarsches
russisch = kaiserlicher Truppen, noch keine Anzeige
oder Requisition gekommen sey, und

5) ob nicht die bald möglichste Beförderung
der — durch die Berichte der Herren Subbelegir=
ten und der Herren Privatgesandten gewiß schon
meistens vorbereiteten Instruktionen zu erbitten —
und in der Absicht und Maas zu empfehlen sey,
damit davon, nach sich ereignenden Umständen der
nöthige Gebrauch sofort gemacht werden könne,

V.
Communication amicale & confidentielle. *)

Extrait d'une depêche du citoyen Talleyrand,
Miniftre des Rélations extérieures au citoyen
Bacher, chargé d'affaires de la Republique
Françoife près la diète genérale de
l'Empire Germanique.

J'apprends par votre dernier rapport, que la
déclaration de la Légation françoife à Raftadt
relativement à l'entréc préfumée des troupes
ruffes fur le territoire de l'Empire eft parvenu
à Ratisbonne, & qu'on forme l'efpoir, que la
Diète prendra une réfolution conforme à l'in-
vita-

*) Von diefer Communikation f. oben S. 148.

vitation qu'elle renferme. Elle ne voudra
point fans doute, en ouvrant aux troupes de
nos ennemis un libre paffage fur un territoire
neutralifé par le fait de l'armiftice & celui de
la négociation entamé à Raftadt s'expofer à
voir la guerre fc rallumer de nouveau & fon
théatre fe fixer en Allemagne.

Il vous fera facile de faire fentir l'odieux
de la conduite du Cabinet Ruffe, qui ne fait
avancer fes troupes qu'au moment ou tout
fembloit annoncer une prochaine pacification,
& que l'Empire n'a d'autre intérêt, que celui
de marcher fans détour à ce but.

VI.

Promemoria des Reichsstädtischen Direkto=
rialis Syndikus Bößners, über eine = ihm
von dem österreichischen Direktorialgesand=
ten geschehene Erklärung, die Eröfnnug des
Protokolls in der russischen Trup=
penmarsch=Sache betreffend. *)

Am 18. Febr. 1799. eröfneten mir des erzher=
zogl. österreichisch fürtreflichen Herrn Direktorial=
gesand=

---

*) Dieses Promemoria dient zum Beweis, wie sehr
man sich damalsvon=Seiten der österreichischen Herrn
Mini=

gesandten Freiherrn von Fachenberg Excellenz kurz
vor der Reichsrathsseſſion. Sie hätten von Ihrem
allerhöchſten Hof unterm 13. dieſes den Auftrag
erhalten, die Reichsverſammlung durch alle per=
ſuaſoriſche Mittel zu bewegen, in einer ſo hoch=
wichtigen Rükſicht unterliegenden Sache, als die
zur Berathſchlagung ausgeſezte ſey, ſich mit der
Deliberation nicht zu übereilen, ſondern die Ge=
ſinnungen der vorzüglicheren Höfe, von deren
Verwendung Teutſchland ſeine Rettung allein zu
erwarten habe, abzuwarten. Se. Excellenz ſchmei=
chelten ſich daher, man werde auch von Seiten
des reichsſtädtiſchen Kollegii eine eilfertige Eröf=
nung des Protokolls nicht für räthlich halten.

Ich erwiederte darauf: daß ich ſogleich hievon
dem wohllöblich reichsſtädtiſchen Collegio Nachricht
ertheilen würde, ſo viel ich wüßte, ſo wären ohne=
dem noch nicht alle Inſtruktionen eingekommen,
man würde daher von Seiten dieſes Collegii ſchwer=
lich auf eine Protokollseröfnung dringen, ſollten
aber in beiden höheren Kollegien die Protokolle
heute dennoch eröfnet werden, ſo gäbe ich Sr.
Excellenz weiſem Ermeſſen zu bedenken, ob nicht
ein ſo eklatantes Zurükbleiben von unſerer Seite
für unſre Prinzipalſchaften von den nachtheiligſten
Folgen ſeyn könnte?

Der

Miniſter bemüht habe, die Eröfnung des Protokolls
weiter hinaus zu ſchieben.

Der Herr Minister trat hierinn meinem Ein-
wurf bei, versicherte aber, daß das Protokoll
nicht erbfnet werden würde, und versprach
mir durante Sessione nähere Nachricht zu
ertheilen.

Gleich zu Anfang der Rathsversammlung theilte
des Herrn Reichsdirektorialis Freiherrn v. Steigentesch Excellenz die Legitimationsanzeige des Reichsstadt Ulmischen Herrn Bevollmächtigten mit, um
solche zum Protokoll zu nehmen, wobei Se. Excellenz äusserten:

Daß Sie hoften, das Reichsstädtische Kollegium werde heute ebenfalls ad protocollum gehen, widrigenfalls Sie feierlichst die Gerechtsame des Reichsdirektorii verwahren, und
gegen diese Unterlassung protestiren müßten.

Von Seiten des reichsstädtischen Direktorii, wurde
von allem diesem dem wohllbbl. Kollegio geziemend
referirt und zugleich angefragt: ob das Kollegium
die Erbfnung des Protokolls verlange, indem man
sich seiner dabei aufhabenden Obliegenheit nicht
entziehen würde.

Hierauf ist das wohllbbl. Kollegium dahin
übereingekommen, daß nach dem Vorgang älterer
Beispiele, und in Hinsicht auf das Benehmen des
hohen Fürstenraths in dieser Sache, so wie auch
bei dem Abgang von solchen Instruktionen die auf
Protokolls Erbfnung dringen, diese Erbfnung heute
wohl noch bis auf nähere Umstände unterbleiben
könne.

Hie-

Hiebei ist noch zu bemerken, daß des Freiherrn v. Fahnenberg Excellenz Direktoriali durante Sessione erbfneten:

daß im hochlöbl. fürstl. Kollegio das Protokoll wegen Mangel an zureichenden Instruktionen zu eröfnen unterlassen worden sey.

Regensburg den 18. Hornung
1799.

Bösner.

VII.

Observations sur quelques votes du Protocolle du college des Princes dont l'ouverture s'est fait le 11. ventose an. VII.
(1ten März 1799.) *)

Tant que les Etats de l'Empire germanique n'obtiendront pas une communication officielle des stipulations de la Convention d'armistice du 11. frimaire an VI. (1. Dez. 1797.) relatives à l'evacuation de Mayence & de la rive droite du Rhin, qui en a été la suite, on ne pourra voir dans quelques votes portés au protocoll du Collège des princes, que des erreurs

---

*) Diese Observation sowohl als die im folgenden Nro. abgedrukte Bemerkungen sind von dem französischen Geschäftsträger B. Bacher in Umlauf geseßt worden.

erreurs involontaires & non des inculpations
contre le gouvernement d'une grande nation.
Les Cercles de Suabe & de Franconie apprendront un jour avec reconnoiffance, qu'ils doivent
au contraire à fa genereufe follicitude de n'avoir
pas été occupés depuis plus d'une annèe &
celui de Bavière, que, s'il l'a été outre mefure,
c'eft parce que la Convention d'armiftice n'a
pas été remplie avec exactitude.

VIII.
Bemerkungen über das Salzburgifche Votum, in Betref des Marfches der Ruffen.

Wenn der Reichsverfammlung mit dem Frieden wirklich Ernft ift; so erfordert das Wohl des teutfchen Reichs, die Abfchliefung deffelben fo viel wie möglich zu befchleuuigen, weil die franzöfifche Republik, fogleich nach der Ratifikation des Friedens, das rechte Rheinufer durch ihre Truppen räumen laffen wird.

Die weiland Friedensprälliminarien von Leoben, und der — kraft derfelben im May 1797. gefchloffene Waffenftillftandsvertrag, find durch den Definitiofriedenstraktat von Campoformio, und noch mehr durch die zu Raftadt den 1. Dec. 1797. unterzeichnete Konvention gänzlich abgeändert worden. Eine Folge diefer letztern war die dem teut-

fchen

ſchen Reich ſo unerwartete Räumung des ſchwäbiſchen kur - und oberrheiniſchen und des fränkiſchen
Kreiſes ꝛc. Hätte dieſes . . . . . nicht ſtatt
gehabt, ſo wären Mainz und Ehrenbreitſtein noch
Teutſchlands Schuzwehren.

Wird man den guten Schweizern, Holländ-
dern und Lombarden vorhalten, daß ſie 70. Millionen Gulden der Wiener-Bank anvertraut, und
noch 70. Millionen zuſchlieſen — oder das ganze
Kapital verlieren ſollen? auf welcher Seite iſt die
rechtliche oder widerrechtliche Behandlung?

Wenn ſich die franzöſiſche Truppen des -
in der Raſtadter Waffenſtillſtandskonvention vom
1. Dec. 1797, nicht unterſagten Requiſitionsrechts
bedienen; ſo folgen ſie hierinn ja nur dem Bei-
ſpiel der Oeſterreicher in Baiern.

Oeſterreich hat ſich durch die mehr erwähnte
Konvention vom 1. Dec. 1797. anheiſchig gemacht, nur ſein Reichskontingent von 30,000
Mann in Baiern zu laſſen, und den Ueberreſt
ſeiner Kriegsmacht in die Erbländer zu verlegen;
dennoch ſtehen gegenwärtig noch über 80,000 Mann
ſeiner Truppen im bairiſchen Kreiſe. Die Beſchul-
digung eines Waffenſtillſtandsbruchs fällt alſo auf
Oeſterreich zurük.

Das unbeſonnene Geſtändnis, daß ſchon vor
2. Jaren die fränkiſche, ſchwäbiſche, kur - und
oberrheiniſche und bairiſche Kreiſe die ruſſiſche Hülfs-
leiſtung angerufen, konnte nichts anders zur Folge
haben,

haben, als diese · durch den Krieg schon so sehr mitgenommenen Reichsvorländer einer gänzlichen Verheerung auszusezen. Dieses sollte besonders von den Reichsständen in jenen Kreisen beherziget werden.

Dritter Abschnitt.

Verzeichniß einiger Fälle über die Eröfnung der Berathschlagung im Reichsfürstenrath, und die Abhängigkeit derselben von dem Daseyn der Instruktionen des gröfern, oder doch des vorzüglicheren Theils der reichsständischen Höfe.

Aus Veranlaffung der Debatten, welche über die Eröfnung des Protokolls wegen des ruffischen Truppenmarsches entstanden waren, erschien ein Verzeichniß mehrerer Vorgänge, in welchen, einer zuvor genommenen Abrede oder getroffenen Verlaßnehmung ungeachtet, die Berathschlagung aus Mangel hinlänglicher Instruktionen, besonders von angesehenern Höfen, über den verabredeten Zeitpunkt hinaus verschoben worden ist.

In der Rathsversammlung vom 22. Febr. 1799. hat sich der erzherzoglich österreichische Gesandte auf solche Fälle bezogen. Diß hat dann den

M 2

denſelben veranlaßt, dieſes Verzeichniß bekannt zu
machen; welches ich daher hier in einem beſondern
Abſchnitte nachtrage, weil es unter den Akten=
ſtüken über den ruſſiſchen Truppenmarſch wohl
nicht geſucht werden würde.

Aus den Original=Reichsfürſtenraths=Pro=
tokollen geſammelte ältere und neuere Präju=
dizien, welche bewähren, daß es von jeher
üblich geweſen, das Fürſtenrathsprotokoll nicht
früher zu eröfnen, als biß die mehreſten oder
doch der vorzüglichern reichsſtändiſchen Höfe
Inſtruktionen eingelangt waren, und daß,
wenn gleichwohl vom Direktorio die Eröfnung
des Protokolls früher nachgegeben worden,
dagegen gravaminirt worden ſeye.

Im Jahr 1679. war zwar der Verlaß zur Vor=
nahme des Stadt Augsburgiſchen Moderationsge=
ſaches, das von den kreisausſchreibenden Für=
ſten empfohlen war, auf den roten Febr. gedach=
ten Jahrs genommen worden: Dem ungeachtet
wurde das Reichsfürſtenrathsprotokoll wegen er=
mangelnder Inſtruktionen mehrerer Stände nicht
eröfnet. Erſt am 17ten gedachten Monats ward
hierzu geſchritten, weil unterdeſſen die Inſtruktio=
nen der meiſten Höfe eingelaufen waren. Und
als hiergegen gleichwohl von dem fürſtl. freyſing=
ſchen Geſandten die noch weitere Ausſezung der
Deliberation verlangt wurde; ſo erklärte das
Direktorium:

„Wenn

„Wenn man sonsten à potiori inftruirt sich
„befinde, so wäre es stili, zur Eröfnung der
„Deliberation zu schreiten."

Am 25. Jan, vorgedachten Jahrs sollte wegen
eines kaiserl. Kommissionsdekrets de dictato 4ten
Nov. 1678. dem genommenen Verlaß gemäß das
Protokoll eröfnet werden, das Direktorium gab
aber zu erwägen:

„Ob nicht, weil noch mehreren Gesandt-
„schaften die erforderliche Inftruktion fehle,
„die Sache noch eine Zeit lang auszuſezen
„ſeye."

Diesem Antrag gemäß wurde auch die fernere Berathung verschoben.

Am 3ten Febr. wurde hierauf das Protokoll zwar
eröfnet, man konnte aber, wegen fortwäh-
rendem Abgang mehrerer Inftruktionen, in der Deliberation nicht fortschreiten, und es wurde daher,
um nicht vergebens zusammen zu kommen, von
dem Direktorio am 3ten gedachten Monats der
Antrag gemacht:

„Da immerhin, aller Erwartung zu wi-
„der, mehrere Inftruktionen fehlten; so halte
„man es für rathsam, die fernere Berathung
„ganz biß auf 14 Tage auszuſezen, in der
„zuversichtlichen Hofnung, daß biß dorthin
„die Sache zum Schluß werde gebracht wer-
„den können,

M 3   Die-

Dieser Direktorialrath und Vorschlag fand auch den Beifall des fürstl. Kollegiums.

Auf diese ältere Fälle, deren noch mehrere, wenn es nöthig wäre, angeführt werden könnten, stüzten sich die von den vortreflichen Gesandtschaften A. C. 1719. und verlangten:

„Der Eröfnung des Protokolls in der be= „kannten Reichs=Erzamtssache den erfordere= „lichen Anstand zu geben, damit allerseits „Gesandte von denen, so sich dabei hervor= „gethan, an ihre Prinzipalen umständlich re= „feriren — und die Spezialinstruktion dar= „über erwarten könnten. Sie hofften, Direk= „torium werde ihrem billigen Verlangen um „so mehr sich fügen, als der Gegenstand der „Berathung von solcher Beschaffenheit sey, „daß die nöthigen Befehle in so kurzer Zeit „nicht einlangen können.“

Als im Jahr 1756. vor der Ankunft mehrerer Instruktionen zu der Eröfnung des Protokolls zu schreiten nachgegeben worden war, beschwerte sich die kurbrandenburg = und herzoglich = Magdeburg= gische Gesandtschaft, daß die zur Berathung aus= gesezte Kriegsmaterie allzuvoreilig in Deliberation gestellt worden:

„ehe noch die Gesandtschaften mit In= „struktionen überall versehen gewesen.“

Eben so beschwerte sich 1770. am 13. August die kurbairische Gesandtschaft:

„daß so vieler abgängigen Instruktionen, „un=

„ungeachtet die Komitialbeschwerden gegen
„Kurbaiern in Vortrag gebracht werden
„wollten."

Und diese Aeuserung wurde durch die Pfälzische
Gesandtschaft nachdrücklich unterstützt.

Vierter Abschnitt.

Inhalt des russisch-kaiserlichen Zirkularrescripts an die russischen Minister im Reich,
über die Theilnehmung des Kaisers an dem
Wohl und der Erhaltung des teutschen
Reichs; *) nach der Mittheilung des russisch-
kaiserlichen Ministers von Vukassowich, am
oberrheinischen Kreis, an den Direktorialminister von Hertling vom
März 1799.

Se. Majestät der Kaiser haben erfahren, daß
französische Agenten, sowohl in Rastadt, als anderwärts, in Verbindung mit einigen ihnen ergebenen Reichsständen, welche durch Privatinteresse
sich von den Grundsäzen haben ableiten lassen, die
sie um des gemeinschaftlichen Besten willen hätten
befolgen sollen, das Gerüchte verbreiten, Se. Majestät der Kaiser nehmen keinen Theil mehr am

M 4   Wohl

---

*) Diß ist eben das Zirkularrescript, welches auch den
russischen Minister auf der Reichsversammlung zu einer ähnlichen Erklärung veranlaßte. (s. oben den
II. Abschn.)

Wohl des Reichs, ohngeachtet Ihrer stets bei
jeder Gelegenheit zu erkennen gegebenen Gesinnun=
gen. Demnach ist besagter von Bukassowich, wie
auch alle im Reiche residirende Minister, kraft
Restripts vom 12. Febr. des laufenden Jahrs
beauftragt worden, diesem völlig grundlosen Ge=
rücht laut zu widersprechen, dessen Widersinnig=
keit zu zeigen, und überall zu behaupten, daß
Se. Majestät der Kaiser stets auf Ihren wohlwol=
lenden Absichten für das Heil des teutschen Reichs
beharren; auch ist besagter von Bukassowich be=
auftragt, alles anzuwenden, was zur Erhaltung
einer vollkommenen Eintracht zwischen allen Stän=
den des Reichs wird beitragen können, damit die
Stände, welche bis dahin aus allen Kräften für
die gemeinschaftliche Sache gekämpft haben, in
ihrer Beharrlichkeit bestärkt; diejenigen, welche zu
wanken anfangen, wieder aufgerichtet, und dieje=
nigen, welche sich auf die entgegen gesetzte Seite
gewandt haben, künftighin von neuem an den
gemeinschaftlichen Bund geknüpft werden; so, daß
sie sämtlich den Entschluß fassen mögen, geduldig
auszuharren, und nicht wieder irgend ein Opfer
zu verweigern, wodurch das Ganze zum erwünsch=
ten Ziel gelangen, und der alte Zustand der Dinge
wieder hergestellt werden könne.

Se. Majestät, der Kaiser hoffen, besagter von
Bukassowich werde hierinn von den Ministern so=
wohl Sr. Majestät des römischen Kaisers als Sr. kö=
nigl. preußischen Majestät kräftig unterstützt werden.

Fünf=

Fünfter Abschnitt.

Von der Forderung des Juden Zacharias Isaak Wertheimer an die Reichsoperationskasse.

Zu den Forderungen an die Reichsoperations-kasse, welche im Jahr 1798. wegen Erschöpfung dieser Kasse, an die Reichsversammlung gebracht worden sind, (a) kam in dem Laufe des gegenwärtigen Jahres eine neue hinzu, die Forderung des Juden Zacharias Isaak Wertheimer zu Frankfurt am Main für 136300. Frankfurter Pfund Platteublei, welches im Jahr 1796. zur kaiserlichen Vertheidigungsartillerie zu Mainz geliefert worden ist. Der Lieferant war Isaak Regensburger, der aber seine Forderung an den Zacharias Isaak Wertheimer abgetreten hat;l wie aus den beigefügten Aktenstüken zu ersehen ist.

M 5　　　　Dicta-

***

(a) Die Forderung des k. k. Oberstlieutenants Wimmer für verschiedene in die Reichsfestungen Mainz und Ehrenbreitstein eingelieferte Approvisionnemens und andere Artikel, welche sich auf 858864 fl. 22 11/20 kr. belauft, und die noch in 11816. fl. bestehende, von einer Holzlieferung herrührende Forderung des Lieferanten, Schiffers Jakob Hofmann und Komp. zu Wörth am Main.

Dict. Ratisb. die 26. April
1799. p. Mog.

Des heiligen röm. Reichs Kurfürsten, Fürsten
und Stände, zu gegenwärtiger allgemeinen
Reichsversammlung vortrefliche Herren Rä=
the, Bothschafter und Gesandte.

Hochwürdige, Hoch=Hochwohl= und Wohl=
geborne,

Gnädige und Hochzuehrende Herren!

Unter denen Unglücklichen, welche bei dem un=
vergeßlichen, dahiesige Stadt betroffenen Bombar=
dement so vieles verloren, befinde leider! auch ich
mich, indem die wütende Flamme mir mein Haus
und einen großen Theil meines sonstigen Vermö=
gens entriße. Zu diesem namenlosen Unglücke
gesellte sich mehreres Hauskreuz, wodurch ich
gleichfalls empfindlich heimgesuchet wurde. So
tief gebeugt ich nun nothwendig durch solches drü=
kende Ungemach werden muste; so leuchtete mir
doch ein Stral der Hoffnung, mich wiederum eini=
ger maßen erholen, und dem völligen Ruine ent=
reißen zu können, indem ich nichts zuversichtli=
chers hofte, als daß mir, die in beglaubigter An=
lage sub No. I. begriffene, aus einer an die Kai=
serliche Vertheidigungsartillerie zu Mainz vollführ=
ten Bleilieferung erwachsene Schuldpost ad fünf
und zwanzig tausend zwei hundert und funfzehen
Gulden 30 kr. Reichswährung, welche mir von

Isaak

Jſaak Regensburger, der ſich auſſer Stand ſahe,
das erforderliche Bleiquantum aufzutreiben, vermög vidimirter Befuge ſub Num. II. förmlich ce-
diret und übertragen wurde, deren Richtigkeit ſo-
mit über allen Zweifel erhaben vorliget auf mein
Anmelden alsbalden ausbezahlet werden würde.
Um ſo tröſtender aber muſte mir auch noch um
deswillen eben dieſe Hoffnung ſeyn, weil ich Vater von acht, zum Theil noch unerzogenen Kindern bin, deren Erziehung mir von jeher ſo ſehr
am Herzen lage, und welche ich, im Fall der Ab-
führungen fraglicher Summe, nicht untergraben
ſah.

Allein — und obgleich unter andern Herr
Obriſtlieutenant von Wimmer, welcher gleichfalls
an die Reichsoperationskaſſe Forderung hatte, in
Hinſicht ſolcher, Einmal hundert und ſechzig tau-
ſend Gulden empfienge, ohnerachtet ich alle Kräfte
aufbote, beſagtes bei der Belagerung der Ve-
ſtung Mainz nöthiges Blei aufzutreiben, und das
meiſte auf Credit zu nehmen vermöſiget ware, ſofort durch dieſe meine thätige Verwendung, dem
teutſchen Reiche eine ſo wichtige Hilfe zu leiſten
mich beſtrebte, habe ich doch noch bis jezo keine
Befriedigung erlangen können·

Bei der Zudringlichkeit eines Theils meiner
durch fragliches Geſchäfte mir nöthig gewordenen
Gläubiger, wußte ich mir nicht anders zu helfen,
als — faſt ganz entblößet von den Mitteln, dieſe
zu befriedigen — mich an des Erzherzogen Karl
königl.

königl. Hoheit submissest zu wenden, und um
gnädige Empfehlung bei allerhöchster Behörde wegen meiner so gerechten Forderung und derselben
Bezahlung, demüthigst zu bitten, worauf mir das
sub No. III. unterthänigst angebogen - beglaubigte
gnädige Antwortschreiben zu Theil wurde.

Wenn ich nun aber unwidersprechlich durch
obgedacht meine thätige Verwendungen dem teutschen Reiche ohnverkennbare Dienste zu leisten
mich beeiferte, allein durch eben diese meine thätige Verwendungen in eine traurige Lage versezet
worden, welche sich überaus verschlimmern würde,
weilen ich die zu dem in Frage stehenden Geschäfte
aufgenommenen Gelder zu verzinßen bisher ver-
mäßiget ware, und binnen einigen Monaten
16000 fl. abtragen soll, wenn ich nicht bald obige
beträchtliche Summe beziehen könnte, und keine
andere Quelle — an welche ich — als ein treuer
Reichsunterthan, um zu meinem Zwecke zu gelangen, mich zu wenden vermöchte, kenne, als
Eure Hochwürden, Erzellenzien, auch
Hoch-Hochwohl und Wohlgeborne mich in
tiefster Submission zu Füssen zu werfen, so wage
ich in größter Demuth mein unterthänigstes Bitten dahin ehrfurchtsvoll zu richten:

Eure Hochwürden, Erzellenzien auch
Hoch-Hochwohl und Wohlgeborne,
wegen meiner Befriedigung, in Hinsicht obig-
liquiden Ertrags ad 25215 fl. 30 kr. nebst
verfallener Zinße, welche, wo nicht baar,
auch

auch mittelst desfallsiger Anweisung geschehen
dürfte, gnädigste Vorkehrung zu treffen,

huldreichst geruhen wollen.

Das große Vertrauen gnädigster Erhörung
dieses meines höchst vermüßigt = unterthänigsten
Anliegens, verleihet mir so viele Kräfte, um dem
mich betreffend = grenzenlosen Ungemach nicht völlig unterliegen zu dürfen, es stüzet sich auf Eure
Hochwürden, Erzellenzien auch Hoch-
Hochwohl- und Wohlgebohrnen weltbekann-
te Gerechtigkeitsliebe, welcher noch jeder Hilfsbe-
dürftige sich zu erfreuen hatte.

In tiefster Demuth ersterbend

Eurer Hochwürden, Erzellenzien,
auch Hoch = Hochwohl = und Wohl-
gebornen,

Frankfurt am Mayn, den
29. im Merz 1799.

unterthänigster Knecht
Zacharias Isaak Wertheimber.

Bei

Beilagen.

No. I.

Lieferschein

über nachstehendes contrahirtes Artilleriegut, welches der Lieferant Isaac Regenspurger und
Comp. auf den Kontrakt dd. 12ten April 1796.
abgeliefert hat, als

abgeliefert		Geldbetrag	
136300	Schreibe Ein hundert dreif- sig sechs tausend drei hun- dert Frankfurter Pfund Plattenblei, 100 derlei Pfund contrahirter maßen à 18 fl. 30 kr. Reichs- wăhrung	fl.	kr.
	Summa per se	25215 - 30	

Sage Zwanzig fünftausend
zwei hundert fülufzehen
Gulden 30. kr. Reichs-
wăhrung, welche dem
Kontrahirenten Isaac Re-
genspurger für Obstehen-
des der kaiserl. Vertheidigungsartillerie zu Mainz
rechtens abgeliefertes
Blei aus der Reichsope-
rationskassa zu bezahlen
ge-

gebühren. Mainz den
11ten Mai 1796.

(L. S.)   Johann Grüner,
Oberzeungt.

Fr. Mareczeck, Oberlieutenant.

Vidi N. Müller,
Oberstlieutenant.

Daß vorstehender Lieferant obige Forderung aus der R. K. Operationskassa zu empfangen habe, bestättige anmit

Lilien, F. M. und K. K. dann
Reichsgeneral Krgrbr.

(L. S.) Jsaac Regenspurger.

Prævia Collatione ist die hiergegenstehende Abschrift nebst obigem Indossément in blanco, dem mir vorgelegten wahren Original vollkommen gleichlautend; welches ich auf Ersuchen hiemit von Amts wegen pflichtmäßig beurkunde. Frankfurt am Mayn, den 28. März 1799.

Joh. Gerhard Jännicke,
bei hiesigen hochlöbl. freien Reichs-
Stadtgerichten immatriculirter
kaiserlicher Notar,

Nr. II.
Cession.

Ich Endesunterschriebener cedire und über-
trage diejenige Forderung welche ich laut der Li-
quidation urkund über 25215 fl. 30 kr. Sage
zwan-

zwanzig fünf tausend zweihundert funfzehen Gulden 30 kr. Reichswährung aufgestellt in Maynz
den 11ten May 1796. für mein richtig eingelie-
fertes Bley bei der Reichsoperationskassa zu machen befugt, an Herrn Zacharias Isaac Wertheimer in Frankfurt am Mayn, so daß er mit dieser Liquidationsurkund, und mit deren Betrag wie
mit seinem übrigen Eigenthum verfahren kann,
er auch befugt und berechtigt seyn solle, dieselbe
wiederum an andere zu cediren und zu übertragen,
urkundlich habe ich diese Cession nach vorherge-
gangener Durchlesung und nochmaliger Genehmigung des Inhalts eigenhändig unterschrieben und
bescheinigt. Frankfurt den 4ten Jan. 1797.

(L. S.)   Isaac Regenspurger.

Prævia Collatione ist obstehende Abschrift
dem mir vorgelegten wahren Original vollkommen
gleichlautend; welches ich auf Ersuchen hiemit von
Amts wegen pflichtmäßig beurkunde. Frankfurt
am Mayn, den 28ten März 1799.

Joh. Gerhard Jännike.
bei hiesigen hochlöbl. freien Reichs-
Stadtgerichten immatriculirter
kaiserl. Notar.

No.

No. III.

Kopie des Originalbriefs vom Erzherzog Karl
königl. Hoheit an den Juden Zacharias
Isaac Wertheimer.

Hauptquartier Schwezingen,
am 1ten Herbstmonat 1797.

Ich bezweifele zwar keineswegs die Richtigkeit des mir unterm 30. des kurz verwichenen Monats vorgelegten liquidirten Kieserscheins, allein, da
wegen gegenwärtiger Kassenumstände keine Zahlun-
gen geschehen können, somit der Zeitpunkt abzuwarten ist, bis wiederum Gelder zur Reichskriegs-
Operationskasse eingeliefert werden, so hat sich der
Bittsteller bis dahin zu gedulten, welches ihme
auf seine Vorstellung unverhalten wird.

H. Karl.

Prævia Collatione ist obstehende Abschrift
dem mir vorgelegten wahren Original vollkommen
gleichlautend; welches ich auf Ersuchen hiemit von
Amts wegen pflichtmäßig beurkunde. Frankfurt
am Mayn, den 28ten März 1799.

Joh. Gerhard Jännicke,
bei hiesigen hochlöbl. freien Reichs-
Stadtgerichten immatriculirter
kaiserl. Notar.

Sechster Abschnitt.

Von dem Wiederlosungsstreit zwischen dem
fürstlichen Hause Hohenlohe und dem Hochstifte Wirzburg, die Dörfer Königshofen
im Gau, Rettersheim, Kinderfeld, Wermprechtshausen, Oberndorf, Streichenthal und Neuenbronn betreffend.

§. 1.

Gegenstand dieses Rechtsstreits.

Zwischen dem fürstlichen Hause Hohenlohe und
dem Hochstift Wirzburg ist am 16ten Jänner dieses Jahrs ein Rechtsstreit an dem kaiserlichen und
Reichskammergerichte zur Entscheidung gekommen,
welcher schon über 200 Jahre an demselben anhängig gewesen war. Es hatte derselbe nichts
geringeres, als die Auslösung von 7. beträchtlichen Dörfern, Königshofen im Gau, Retterheim
an der Tauber, Kindersfelden, Wermbrechtshausen,
Oberndorf, Streichenthal und Neuenbronn zum
Gegenstand, welche ehemals Besitzungen des Hauses Hohenlohe waren, aber am Ende des 14ten
Jahrhunderts, unter Vorbehalt des Wiederkaufs, an
Konrad von Weinsberg verkauft wurden, und
hierauf nach dem den Stiftern so günstigen Geiste
jenes Zeitalters in der Folge durch Lehensauftrag
und

und zum Theil nachher durch Verlauf an das
Hochstift Wirzburg kamen.

§. 2.

Gegenseitige Drukschriften in dieser Sache.

Zwei Drukschriften geben über diesen veral-
teten Rechtsstreit ein näheres Licht.

Die erste, welche von dem Hause Hohenlohe,
als klagenden Theil, herausgegeben wurde, und
den fürstlich-hohenlohischen Hofrath und Archivar
Herwig zum Verfasser hat, erschien im Jahr 1795.
und hat folgenden Titel:

Aktenmäßige Geschichte und rechtsbegründete
Beschaffenheit der bei dem höchstpreißlich kaiserlichen und Reichskammergericht in submis-
sis liegenden Rechtssache des nunmehrigen
fürstlichen Hauses Hohenlohe gegen das fürstliche Hochstift Wirzburg,

Citationis super protracta vel denegata justitia anno 1578. die Auslosung der
Dörfer Königshofen im Gau, Retterheim
an der Tauber, Niederfeld, Wermprechtshausen, Oberndorf, Reichenthal und Reun-
bronn betreffend, 1795.

Diese Drukschrift wird insbesondere auch durch
ihre 17. Beilagen interessant, von welchen nur eine,
nämlich ein Kaufbrief Graf Krafts von Hohenlohe, über Königshofen uff dem Geuwe, an Graf
Gerlachs zu Nassau Gemalin uff Widerlosung v. J.

N 2   1354.

1952., schon in dem bekannten Hanselmannischen
Werken abgedrukt ist.

Dieser wurde von Seiten des Hochstifts Wirzburg eine andere entgegen gestellt, welche von dem
Hofrath und Hochstifts-Syndikus Kammerzell,
verfaßt wurde, unter dem Titel:

Widerlegung aus den gerichtlich verhan-
delten Akten und Rechtssäzen, einer im Jahr
1795 erschienenen Drukschrift, unter dem
Titel: Aktenmäßige Geschichte — — Neuenbronn betreffend. Wirzburg, gedrukt bei Franz
Christian Sartorius, Hofbuchdruker.

§. 3.

Die Erlöschung des fürstlich Haßfeldischen
Mannsstamms veranlaßt das Wiederaufleben dieses Prozesses.

Nach dem Eingang dieser Dedukzion war es
eigentlich der Tod des Fürsten Friederich Karl
von Haßfeld, welcher zu dem Wiederaufleben dieses Rechtsstreits den nächsten Anlaß gab. Denn
durch diesen Todesfall erlosch der fürstlich Haßfel-
dische Mannsstamm, und es fielen nun, nebst mehreren Lehen dieses Hauses, auch 5 jener 7 Dörfer,
die von demselben in Lehensverbindung gegen dem
Hochstift Wirzburg besessen wurden, diesem Hochstifte heim.

Dem Hause Hohenlohe war es nun wohl nicht
zu verdenken, daß es nach diesen ehmaligen

Be-

Besizungen seines Hauses lästern wurde. Zu einer
kräftigen Wiederbelebung jenes längst schlafen gelegten Prozesses mag es wohl kein grosses Vertrauen gehabt haben; es wünschte auf einem küt-
zern Wege zu seinem Zwek zu gelangen.

Besiz ist bekanntlich in Teutschland der glückliche Rechtstitel, mit welchem man nicht selten
auf Jahrhunderte hin den gegründesten petitorischen
Ansprüchen Troz bieten kann. Der Besiz ist es
also, welchen Hohenlohe nach dem Tode des Fürsten von Hazfeld ohne Umschweife sich selbst zu
verschaffen suchte. Es hoffete dann wohl, wenn
erst dieser ausergerichtliche Kunstgriff gelungen
wäre, auf dem gerichtlichen Wege in dem ergriff-
senen Besize geschüzt zu werden.

§. 4.

Zuerst ergreift das Haus Hohenlohe Besiz von
fünf jener Dörfer.

Die Wirzburgische Lehenskommission war eben
im Begriff von den offen gewordenen Lehen Besiz
zu ergreifen, und den Erbhuldigungseid einzuneh-
men, als von Seiten des Fürsten von Hohenlohe-
Ingelfingen von 5. unter jenen Lehen begriffenen
Dörfern: Wermprechtshausen, Rinderfeld, Oberndorf, Neuenbronn und Repichenthal Besiz ergriff-
sen und den Einwohnern der Handschlag abge-
drungen wurde.

N 3 §. 5.

§. 5.

uud sucht durch ein Mandat in diesem Besitze geschützt zu werden; dieses wird aber abgeschlagen.

Um diesem Verfahren einen rechtlichen An= strich zu geben, wurde von dem Fürsten am 30ten Jul. 1794. bei dem Kammergericht ein Mandatum de non turbando inlegaliter & rite apprehensa possessione momentanea quinque pagorum anteriori nachgesucht, und damit eine Streitsache eingeflochten, die schon vor mehr als 200 Jahren von einigen Grafen von Hohenlohe bei dieser höchsten Gerichtsstelle anhängig gemacht worden war. Diesmal aber mißlang der gewählte Kunstgriff; das gebetene Mandat wurde am 13ten August eben dieses Jahrs abgeschlagen; wobei jedoch dem Fürsten von Hohenlohe Ingelfingen über= lassen wurde, wegen Erneuerung und Wiederauf= nahme jenes alten Rechtsstreits die Ordnung zu beobachten.

§. 6.

Erneuerung des alten Rechtsstreits über den Wiederkauf jener Dörfer.

Dieser Rechtsstreit war schon seit 1613. zum Spruche geschlossen; er betraf nicht nur obenge= nannte 5 Dörfer, sondern auch noch 2 andere, nämlich Königshofen im Gau und Rettersheim an der Tauber, welche mit jenen in einem Samt=

ver=

verkauf von dem Hause Hohenlohe veräußert, und
nachher wiewohl auf einem andern Wege, eben=
falls in den Besiz des Hochstifts Wirzburg ge=
kommen war.

Diesen alten Rechtsstreit erneuerte nun das
fürstliche Haus Hohenlohe=Ingelfingen, indem es
eine Ladung zur Wiederaufnahme des Prozesses
auswirkte. Es entstand jedoch kein neues prozeß=
ualisches Verfahren in dieser Sache. Denn kaum
hatte der klagende Theil diese Ladung erhalten,
als er, um nicht abermals die beschwerliche Lauf=
bahn jenes Prozesses durchzumachen, lediglich den
vorigen Hintersaz wiederholte. Bald darauf er=
schien die obenangeführte Druckschrift, worinn das
Haus Hohenlohe diese veraltete Sache wieder in
ein helleres Licht zu sezen und, wie es scheint,
auch durch eine neue Vorstellung ein günstiges
Vorurtheil für sich zu gewinnen suchte. Das
Hochstift Wirzburg wurde dadurch zu gleichen
Maaßregeln veranlaßt, indem es das Jahr dar=
auf die ebenfalls schon oben angeführte Druk=
schrift ans Licht stellte.

Da es der Raum nicht zuläßt, diese Schrif=
ten hier vollständig einzurücken: so wird es viel=
leicht nicht unzweckmäßig seyn, wenn ich wenigstens
die Hauptresultate, welche sich in Hinsicht auf die
Geschichte dieses Rechtsstreits daraus ergeben, hier
in gedrängter Kürze vorlege.

§. 7.

Geſchichte deſſelben. Verkauf der im Streit
befangenen 7 Dörfer an Konrad von
Weinsberg im J. 1398.

Die Grafen Albrecht und Ulrich von
Hohenlohe, welche damals mit einander regier-
ten, verkauften im Jahr 1398. die ſchon oben genannten 7 Dörfer (*) an Konrad von Weins-
berg, einen der reichſten Dynaſten des Mittelalters, für die Summe von 1200 fl.; und dieſer
verſicherte ſich dagegen für ſich und ſeine Erben,
den verkaufenden Grafen von Hohenlohe und ihren
Erben den Wiederkauf jener Dörfer, gegen Erlegung der Kaufſumme, zu geſtatten. In dem darüber ausgeſtellten Revers drükt ſich derſelbe fol-
gendermaſſen aus:

„Alſo haben wir Cunrad Here zu Weins-
„berg für uns und unſre Erben den vorge-
„nant unſern lieben ſwogern und Ihren Erbn
„die beſunder Liebe und freundſchaft getan,
„daß ſie die, obgeſchriebene Dorffer mit irex
„zu-und Yngebörungen zu uns und unſer
„Erben widderkaufen mögen weliches Jars
„ſie wollen, um die vorgedacht 1200 fl. gut
an

***

*) Schon früher in eben dieſer Hälfte des 14ten Jahr-
hunderts waren dieſe 7 Dörfer an das Hochſtift Wirzburg für 1200 fl. verpfändet, wurden aber nachher von
Graf Albrecht von Hohenlohe wieder eingelöst.

„an Golde und schwor genug an Gerichte,
„und fallen auch den Widderkauf run, wenn
„und welches Jars sie wollen, uff Sanct Pe-
„ters Tag, Cattedra genant, in demselben
„Jahr oder in den nechsten 14 Tagen davor
„oder darnach zu Mergentheim oder zu Wi-
„tersheim, wo wir wollen on allen unsern
„Schaden, ongeverde.

„Und wann der Widderkauf also geschehen
„ist, so sollen die vorgenanten Dorffer mit
„ihren Nutzen Zu- und Yngehörungen wider
„ir und irer Erben sin und zugefallen on
„Irrungen und Hindernisse Unser Erben
„und Nachkommen on alles Geverde und
„des zu waren Urkunde so haben wir Con-
„rad zu Weinsberg unser eigen Jnsigel ge-
„heissen heuken an diß Brief Uns und Unser
„Erben zu besagen aller obbeschreiblichen Stü-
„ke, Punde und Artikel die stete, feste und
„unverbrochenklichen zu halten, und dawider
„auch nit thun noch schaffen getan werden
„mit Ihrer Sachen in Kheine weise on alles
„geverde. Datum anno domini 1398. in die
„purificationis marie virginis.

§. 8.

Schicksale dieser Dörfer bis sie in den Wirzburgischen Besitz kamen.

Von diesen sieben hohenlohischen Dörfern blieben jedoch nur zwei, nämlich Königshofen und

Rettersheim, auf eine längere Reihe von Jahren, in dem Besitze der Weinsbergischen Familie.

Nachdem nämlich Konrad von Weinsberg jene sieben Dörfer im Jahr 1423. an den Erzbischoff Konrad zu Mainz, und Bischoff Johann von Wirzburg versezt und sie hierauf mehrmals wieder eingelöst und wieder verpfändet hat, so wurden

1.) die fünf Dörfer: Rinderfeld, Wermbrechtshausen, Oberndorf, Streichenthal und Neuenbronn an die Familie von Rosenberg veräusert, und giengen dadurch für die Weinsberger unwiderbringlich verlohren. Konrad von Weinsberg selbst verkaufte sie im Jahr 1443. an Konrad von Rosenberg für die Summe von 1500 Gulden. Dieser neue Besizer legte schon im Jahre 1458. den Grund zu dieser schönen Erwerbung des Hochstifts Wirzburg; indem er dieselbe diesem Hochstifte zu Lehen auftrug.

In dieser Lehenseigenschaft besaß sodann die Rosenbergische Familie erwähnte fünf Dörfer bis an die Erlöschung ihres Mannsstamms, welche im Jahr 1632. erfolgte. Nun fielen sie dem Hochstifte heim, welches von denselben als heimgefallene Lehen öffentlich Besiz nahm. Sie wurden aber von dem Fürst Bischoff Franz seinen Brüdern, den Grafen von Hazfeld, aufs neue zu Lehen ertheilt, und kehrten nun, wie schon oben erwähnt wurde, nach dem Aussterben des Hazfeldschen Mannsstammes, zum zweitenmal in den unmittelbaren Besiz des Hochstifts zurük.

2. Die

a.) Die beiden übrigen Dörfer, Königshofen im Gau und Rettersheim an der Tauber, welche Konrad von Weinsberg bei dem Verkauf an den Rosenberg für sich behalten hatte, hatten in sofern ein ähnliches Schiksal, als auch bei diesen schon frühe durch Lehensauftrag der Grund zu dem Wirzburgischen Besiz gelegt wurde.

Sie kamen in die väterliche Erbtheilung im J. 1467. und fielen Konrads älterem Sohne, Philipp von Weinsberg zu. Dieser trug sie schon im J. 1481. dem Hochstift Wirzburg zu Lehen auf. Nach seinem Tode fielen sie auf seine Tochter Katharina Gräfin von Königstein, welche diese schöne väterliche Erbgüter im J. 1521. an das Hochstift Wirzburg verkaufte.

§. 9.
Erster Widerkaufsversuch im J. 1444/1485.

Nach der hohenlohischen Drukschrift geschah schon im J. 1444. eine feierliche Ankündigung des Widerkaufs, und Konrad von Weinsberg widersprach derselben nicht, sondern bat nur um Geduld um die Sache in Güte beilegen zu können. Er schrieb deßhalb an Konrad von Rosenberg. Dieser ließ sich aber lediglich auf nichts ein, und berief sich auf seinen Kaufbrief. Nun suchte auch Konrad von Weinsberg die Grafen von Hohenlohe mit lauter Vertröstungen hinzuhalten. Nach seinem Tode sollen auch seine Söhne eben diese Maaßregeln fortgesezt haben; und selbst ein auf

den

den Schenken Albrecht von Limpurg im Jahr
1485. ausgestelltes Compromiß blieb ohne Erfolg.

§. 10.

Neue Wiederkaufsankündigung im Jahr
1501.

Die Sache ruhte nun bis auf das J. 1501.
in welchen die Grafen Kraft und Johann von Hohenlohe gegen die Erben Weinsbergs und Rosenbergs, welche damals schon über 30 Jahre todt
waren, ihre Ansprüche auf die 7 Dörfer mit
Nachdruk zu erneuern suchten. Sie schikten Philipp dem ältern und jüngern von Weinsberg, und Asmus und Friederich von Rosenberg Kopien des Wiederkaufs-Reverses von
1398. durch Notarius und Zeugen, bestimmten wegen Erlegung der Widerkaufssumme die Stadt
Weikersheim zur Mahlstadt und luden auch die
Gemeinden Oberndorf und Neuenbronn a)
vor, den Wiederkauf mit anzusehen und zu hören.
Allein die Söhne Weinsbergs und Rosenbergs erschienen eben so wenig als die dazu geladenen Gemeinden: die Rosenberge antworteten trozig,
daß sie sich mit Gewalt in dem Besiz ihres recht-
mäßig erworbenen Eigenthums zu schüzen wissen
wür-

---

a) Warum nur diese, und nicht auch die andere Gemeinden? ist aus der Wirsungischen Deduction (§. 1.
S. 7.) nicht zu ersehen.

wurden, die Weinsberge aber wiesen den Antrag nur mit Gelindigkeit von der Hand, und so
blieben sie unangefochten im Besiz der ihrer Familie gebliebenen zwo Dörfer, bis dieselbe im Jahr
1521. an das Hochstift Wirzburg verkauft wurden.

§. 11.
Neuester Widerkaufsantrag und Anfang des Prozesses im Jahr 1578.

Nach der Darstellung des hohenlobischen Schriftstellers, trafen nun mehrere Umstände zusammen,
welche die Grafen von Hohenlohe lange Zeit ab-
hielten, ihr Wiederkaufsrecht im rechtlichen Wege
zu verfolgen.

Die mehrmalige Unterbrechung des Kammergerichts, das fortwüthende Faustrecht; der bairisch-
Landshutische Successionskrieg, worein auch die
Nachbarn verwikelt worden; die Revolution in der
Kirche; und endlich der Bauern- und Schmal-
kaltische Krieg sind die Gründe, welche hiebei
vorzüglich herausgehoben werden.

Erst im Jahr 1578. in der Minderjährigkeit
der Grafen Philipps Friederichs und
Georg Friederichs, entschlossen sich der Graf
Wolfgang von Hohenlohe für sich und die
Gräfin Anna, als Vormünder Philipps und
Friederichs, sodann Agatha Gräfin von
Hohenlohe, geborne Gräfin von Tübingen,
Wolf-

Wolfgang Graf von Hohenlohe und Heinrich von Limpurg, als Vormünder Georg
Friederichs Grafen von Hohenlohe und
Herrn zu Langenburg, das von ihnen ange-
sprochene Wiederkaufsrecht mit allem Nachdruk
zu verfolgen. Sie sandten dem Bischof Julius von
Wirzburg und den von Rosenberg am 19ten Nov.
1578. einen förmlichen Aufkündigungsbrief zu,
und foderten sie zugleich auf, im Weigerungsfall
einen Richter zu wählen.

Wirzburg schlug hierauf wirklich eine Austrä-
galinstanz vor; die von Rosenberg aber erklärten, daß sie sich in nichts einlassen würden,
und nun wurde die Sache von den Grafen von
Hohenlohe an das Kammergericht gebracht, welches am 15ten Jänner 1578. eine Ladung wegen
verweigerter oder verzögerter Gerechtigkeit gegen
das Hochstift und die von Rosenberg erkannte.

§. 12.
Prozeßgang. Klage und Haupteinreden.

Am 18ten Nov. 1578. übergaben sie ihre Klage. Sie gründeten dieselbe auf den obenange führten
von Konrad von Weinsberg ausgestellten Wieder-
kaufsrevers. Die Beklagte verneinten hingegen
durchaus alle Artikel der angebrachten Klage, se-
ten den Klägern die Einrede der ermangelnden
Legitimation zur Sache entgegen, und behaupteten, daß, wenn auch diese berichtigt werden

den konnte, die Klage gegen sie als dritte Besizer gar nicht statt hätte, und daß überdiß das
angebliche Wiederkaufsrecht verjährt sei.

§. 13.
Vorbescheid im Jahr 1607.

Endlich erlieng am 30ten April 1607. der
Bescheid:

Würden die klagenden Grafen von Hohenlohe binnen 4 Monaten beweisen, daß sie der
ersten Verkäufer, der Grafen Ulrich und Albrecht Erben seyen, und den im Revers ange-
zogenen Kaufbrief und beigelegte Missive in
glaubwürdiger Form beibringen, sodann von
Seiten Wirzburgs die Originalien der den
14ten Oktober 1585. beigebrachten Kopien
ebenfalls binnen 4 Monaten vorgelegt werden, so soll ferner ergehen was Recht ist.

Diese Urthel sezte die Kläger in Verlegenheit. Sie besaßen weder den Kaufbrief, noch die
andern Urkunden auf die sie sich bezogen hatten.
In dieser Noth suchten sie, weil sie vermutheten
daß der Kaufbrief in den Händen des Bischofs
von Wirzburg, oder des Kurfürsten von Mainz,
als ehmaligen Pfandinhaber a) sich befinden möchte, ein Rettungsmittel darinn, daß sie gegen dieselbe um compulsoriales ad edendum baten, und
einen

---

a) s. oben §. 10.

einen weitern Beweis durch eine erweiterte Stammtafel beizubringen suchten. Aber auch auf jenem
Wege scheinen sie nicht zum Besiz der ihnen man-
gelnden Urkunden gelangt zu seyn. Inzwischen
legte Wirzburg, dem ergangenen Bescheid gemäs,
seine Originalien vor. Am 4ten Jul. 1613. wurde
das Beweisverfahren geschlossen, und zum Spruch
hinterfezt. Von hier an ruhten die Akten in den
Archiven des Kammergerichts, und wahrscheinlich
würde dieser Rechtsstreit — freilich in einer zahlreichen Gesellschaft — daselbst noch lange geschla-
fen haben, wäre er nicht im Jahr 1794. durch
das Aussterben des Hazfeldischen Hauses wieder aufgeweckt worden.

§. 14.

Hauptfragen, auf die es ankam.

Drei Fragen sind es eigentlich, worauf es bei
Erörterung des vorliegenden Rechtsstreits ankam,
und die sich jedem aufmerksamen Leser von selbst
aufdringen, nämlich:

1) Sind die Kläger auch Erben der ersten
   Verkäufer, der Grafen Albrecht und Ulrich
   von Hohenlohe?

2) Was ist es für eine Klage, welche die Kläger
   angestellt haben, und findet sie gegen das
   Hochstift Wirzburg und die von Rosenberg
   als dritte Besizer statt?

3) Hat sich dieselbe nicht verjährt.

§. 15.

§. 15.

1. Herkunft der Kläger von den ersten Verkäufern.

In Rükſicht auf die erſte Frage wurden von Hohenlohe in dem Laufe des Prozeſſes mehrere Stammtafeln produzirt, und auch der im J. 1795. herausgegebenen Drukſchrift eine neue weitläufige Stammtafel angehängt, wodurch die Legitimation der Kläger und der jezigen Fürſten von Hohenlohe, die dieſen Rechtsſtreit wieder aufgenommen haben, berichtigt werden ſollte. Ueber die Aechtheit die⸗ ſer genealogiſchen Nachrichten iſt nun in beiden Drukſchriften ſehr weitläufig gehandelt worden; es würde aber theils nicht möglich, theils für den Leſer unangenehm und zu troken ſeyn, wenn von denſelben hier ein Auszug geliefert werden wollte: ich muß daher die Leſer, denen etwa an dieſen genealogiſchen Erörterungen gelegen ſeyn mag, auf die Drukſchriften ſelbſt verweiſen. *)

Ich begnüge mich hier nur im allgemeinen zu bemerken, daß in der Würzburgiſchen Deduction der durch die Stammtafeln geführte Beweis als unvollſtändig und mangelhaft ange⸗ ſehen werde. Denn es ſei dadurch nicht ein⸗ mal die Abſtammung der Kläger von den Verkäufern, noch weniger aber das, was ver⸗ mög

---

*) Der Würzburgiſche Deduzent behauptet, daß die drei Stammtafeln nicht unter ſich übereinſtimmen.

mbg des Vorbescheids eigentlich zu erweisen war,
daß sie nämlich auch Erben und zwar die Universalerben derselben gewesen seyen, wirklich dargethan worden; ja selbst die Herkunft und das
Erbrecht der Herrn Reassumenten, nämlich der
Fürsten zu Ingelfingen und zu Oehringen,
von den ersten Klägern sei nicht erwiesen.

Es ist nicht zu miskennen, daß wider die
genealogische Deduction des hohenlohischen Schriftstellers wirklich nicht unbedeutende
Einwendungen in der Wirzburgischen Drukschrift gemacht worden sind.

Es ist nur zu bedauren, daß dabei nicht sowohl Wahrheitsliebe, als Widerlegungs-
zwek der Standpunkt war, aus welchem der Verfasser ausgegangen ist, und daß derselbe also mehr
den Sachwalter als den genealogischen
Geschichtsforscher gemacht hat. (a) Eben
diß

---

a) Der hohenlohische Deducent behauptet z. E. die Verkäufer Ulrich und Albrecht seien Söhne Krafts
IV. und seiner Gemahlin Anna gewesen, und eben
dieser Albrecht (II.) sei der neue Stammvater
des ganzen hohenlohischen Hauses geworden. Dem
Kraft IV. schreibt derselbe sieben Söhne, nämlich

Kraft V. † 1399. ohne Söhne.
Gottfried IX. † 1413. unvermält;
Ulrich I. † 1407. unvermält;
Johann I. † 1392. unvermält;

Frie-

diß ist auch der Grund, warum eine Prüfung der
in Widerspruch gezogenen historisch-genealogischen
Säze, bei der Ausführlichkeit, die sie erfordern
würde, nicht genug Zwek hätte.

D 2   §. 16.

Friederich II. † 1397. unvermält;
Georg I. Bischof zu Passau † 1423.
Albrecht II. † 1429. Gem. Elisabeth Gr. zu
Hanau. Stammvater des Hohenlohischen Hau-
ses durch seinen Sohn Kraft VI.

mithin dem Ulrich und Albrecht 5 Brüder zu.

Nun wurde in der ehemal gerichtl. übergebenen
Stammtafel, und in der Replik von 14. April 1608
von dem 4ten dieser Brüder angenommen, daß er im
J. 1412. gestorben, und der lezte seines Stam-
mes gewesen sey, und daß von seiner Verlassenschaft an die Grafen von Kastell und Limpurg
erblich gekommen sei, auch sogar die Reichslehen
Hansen von Hohenlohe als verfallene Lehen
angesehen und erst im J. 1415. dem Grafen Albrecht
von Hohenlohe aus neuer Gnade verliehen worden seien.

Diese Angaben sind offenbar unrichtig. Durch neuere
Untersuchungen ist es wohl zur historischen Gewißheit
erhoben, daß der im J. 1412. gestorbene Hanns
von Hohenlohe, von welchem alles das wahr ist,
der lezte von der Hohenlohe-Spelfelder Linie
war. Es war also ein neu entdekter historischer
Irrthum, daß dieser Hans mit dem vierten Sohn
Krafts und der Anne vermischt wurde. Ohne Zweifel
ist der Wirzburgische Schriftsteller selbst davon überzeugt. Nichts destoweniger argumentirt er aus jenen
irrt.

§. 16.

2. Frage über die Natur der angestellten Klage und deren Zuständigkeit gegen dritte Besizer.

Wichtiger ist die zweite Hauptfrage; daher wir derselben etwas ausführlicher gedenken wollen. Sie besteht darin:

Was ist es für eine Klage, welche die Grafen von Hohenlohe gegen das Hochstift Wirzburg und die von Rosenberg angestellt haben, und findet sie gegen dieselbe als dritte Besizer statt?

Hier geht nun der hohenlohische Schriftsteller von dem oben eingerükten Reverse Konrads von Weinsberg aus. Nach demselben hat sich freilich der Käufer verbindlich gemacht, den verkaufenden Grafen Ulrich und Albrecht den Wiederkauf der 7 Dörfer, gegen Erlegung der Kaufssumme von 1200 fl., wann und welches Jahr sie wollen zu gestatten, so daß, sobald diese erlegt seyn werden, die Dörfer wieder den Verkäufern und ihren Erben seyn sollen.

Hät-

---

irrigen Angaben, als aus gerichtlichen Eingeständnissen, und schließt daraus, daß Albrecht mit seiner Nachkommenschaft nicht unter Krafts Söhne gerechnet werden könne. So sollte man doch die historische Wahrheit nicht misbrauchen; da zumal der Wirzburgische Deduzent wirklich nicht nöthig hatte, zu solchen Kunstgriffen seine Zuflucht zu nehmen.

Hätten die Erben Konrads von Weinsberg selbst die in Frage befangenen Dörfer noch
befessen, so wäre die Sache wohl weniger Schwierigkeit unterworfen gewesen. Nachdem aber dieselbe längst auf einen dritten gekommen waren,
gegen den perfönliche Klagen nicht statt finden:
so erhält sie freilich eine ganz andere Geftalt.
Der hohenlohifche Deduzent fühlte, bei der aus
dem angeführten Revers entfpringenden Widerkaufsklage, das Gewicht diefer Schwierigkeit in
feiner ganzen Stärke. Um fich aus diefer Verlegenheit herauszuziehen, und die angeftellte Klage
wo möglich zu einer dinglichen umzufchaffen,
mit der alfo auch gegen dritte Befizer geklagt werden könnte, wählte man hohenlohifcher
Seits folgende Darftellungsart:

Der Wiederkaufskontrakt fei bekanntlich blos
zu Bedekung der Zinfe, welchen das kanoni-
fche Recht fehr gram und unhold war, und nachher zur Befchönung übermäfiger Zinfe
erfunden worden; er fei daher im Grunde nichts
anders, als der wahre teutfche Pfandvertrag, da den alten Teutfchen der römifche Dar-
lehnskontrakt unbekannt gewefen fei. Diefe Materie könne alfo auch nicht aus dem römifchen
Recht, fondern fie müffe aus dem Geifte des
Mittelalters, und aus den über folche Fälle vorkommenden Urkunden, Hausverträgen u. f. w. er-
läutert werden. Schon Kaifer Maximilian habe
auf dem Reichstag zu Worms im J. 1500. über

D 3   die

die mancherlei Mißbräuche Beschwerde geführt,
welche mit diesem Kontrakte getrieben würden,
und es streite gegen denselben die Vermuthung eines unerlaubten Wuchers.

In der Anwendung dieser Darstellungs-
art auf den vorliegenden Fall behauptete der hohenlohische Schriftsteller, daß

1) hier die Vermuthung eines unerlaubten Wuchers zur Gewißheit werde, da der Kauf-
   schilling von 1200 fl. für 7 Dörfer, von denen jedes einzeln einen höhern Werth habe,
   offenbar zu gering sei, mithin unwidersprechlich ein wucherlicher Kontrakt zum Grunde
   liege, zu dessen Bedekung der Kaufkontrakt
   blos simulirt worden sei; und hieraus folge

2) von selbst, daß dieser Kaufkontrakt, da solcher
   blos zu Bedekung des Wuchers eingegangen
   worden sei, aus diesem Gesichtspunkt beurtheilt
   werden müsse, aus dem Pfandvertrag aber
   eine dingliche Klage, die gegen jeden Besizer der verpfändeten Sache geht, entspringe.

Bei diesem Grunde beruhigte man sich doch
hohenlohischer Seits nicht. Man stellte unter Beziehung auf mehrere berühmte Rechtsgelehrte (a)
zu-

_____

a) Hier wird eine Menge von Allegaten — freilich
auf eine nicht sehr geschmakvolle Art — verschwendet,
und jedem Rechtsgelehrten ein eigner §. eingeräumt.
Die

zugleich den Saz auf, daß auch die aus dem Widerkaufsvertrage selbst entspringende Klage gegen jeden Besizer angestellt werden könne; und diß besonders alsdann,

a) wenn der Widerkauf auf resolutive Art, per legem commissoriam, anbedungen worden sei; und diß sei hier der Fall. Denn der Revers besage ausdrüklich:

„und wenn der Wiederkauf also geschehen, so sollen die vorgenannten Dörfer mit ihren Nuzen und Eingehörungen wider Jr und irer Erben seyn, ohn Irrunge und Hinderniß‟ überdiß habe Konrad versprochen, nichts darwider zu thun, daß die Dörfer nicht wider an die Verkäufer kommen könnten; da dis nun durch nichts

D 4   leich-

Die angeführten Stellen will ich alle hier beifügen
Es werden folgende aufgezählt:

Mantica, Decis. Rom. lib. 32. num. 66.

Tusch, pract. concl. Tom. V. concl. 29. nr. 15.

Berlich. p. II. Concl. 2.

Carpzov. in Def. ad Const. Sax. p. II. Const. 1. def. 17.

Brunnemann, ad L. 2. Cod. de pacto inter emt. & vend. §. 4.

Berger. in Oecon. jur. L. III. tit. V. §. 2.

Claproth, in Jur. heuremat. p. II. Lit. 13. §. 278. und 885. nr. 8.

Cramer, Obs. 422. §. 7

Cocceji in Jur. controv. tit. de contrah. emt. qu. 36.

leichter verhindert werden können, als durch einen
Verkauf an einen dritten, so sei die von ihm geschehene Veräuserung derselben von Anfang an
null und nichtig gewesen, indem sonst alle Wie-
derkaufsklauseln nichts nützen würden, wenn der
Käufer dieselben gleich wieder durch Verkauf an
einen Dritten unnütz machen könnte. Sodann

b) wenn die unter dem Vorbehalt des Wiederkaufs verkauften Güter Stammgüter seien;
indem in solchem Falle die Verkäufer nicht mehr
Recht auf den Käufer übertragen können, als sie
selbst haben.

§. 17.

besonders bei Stammgütern.

Der Beweis aber, daß die verkauften sieben
Dörfer die Eigenschaft wahrer teutscher Stammgüter wirklich haben, wollte vorzüglich aus zweien
Erbeinigungen, von denen die eine im J. 1322. von
den Grafen Conrad IV. und Gottfried VIII. von
Hohenlohe, die andere im Jahr 1334. von Gottfried VIII. und Kraft III. errichtet wurde, und
endlich aus einer von dem Bischof Albrecht von
Wirzburg, Graf Eberhard von Wirtemberg
und Graf Friederich von Nürnberg, mit besie-
gelten Fundamentalverordnung Graf Kraft des
jungen vom J. 1367 dargethan werden.

Die erste von den angeführten Erbeinigungen
enthielt nach der Darstellung in der hohenlohischen Druckschrift folgende Hauptpunkte:

1)

1) „ Haben beiderſit mit beſammter Hand zeſamen
„ geworfen uf gelichen Theil allez unſer Gut,
„ daz wir jezund oder fürbaz gewinnen, Ve-
„ ſte eigen Lehen, Lewt, und Gut, beſucht
„ und unbeſucht, daß vnſer jetweder an allen
„ den vorbenanten ganzen gewalt ſoll haben,
„ zu laſſen und zu thun, damit gelicherweiß,
„ als unſer jedweder hat vor zu ſinen Theil
„ eh daß wir zeſammengeworfen. “

2) Verſchrieb Graf Conrad ſeiner Gemalin Eliſabeth Gräfin von Dettingen, die Veſte Rei-
chenberg für ihre Morgengabe und zugebrach-
tes um 1500 Mark Silbers, Graf Gottfried
aber ſeiner Gemalin Eliſabeth Gräfin von
Eberſtein, die Veſte Ingolſtadt und was dazu
gehöret, um 500 Mark Silber, jedoch mit
dem ausdrüklichen Vorbehalt, daß ein jeder
von des andern Gemalin ſolche w i e d e r k a u-
f e n möge um die darauf haftende Summe.

3) Solle dieſe zuſammengeworfene Güter der
erben, der den andern überlebt „ ez wer denns,
„ ob der ſtürbe, ein elichen Sohn liezze oder
„ mehr, der ſoll gelichen Theil haben, als in
„ ſin Vater hat.

Dieſer Vertrag uud Erbſtatut wurde unter
andern von dem Biſchof Gottfried von Wirzburg
„ zu einer Gezukniſſe der vorgeſchriebenen
„ Dinge “
mitbeſiegelt.

Von

Von der zweiten Erbeinigung vom J. 1334.
wird der Inhalt in der hohenlohischen Drukschrift
dahin zusammengezogen, daß

a) einer des andern, ohne männliche Erben mit
Tod abgehenden Bruders alleiniger Erbe seiner Herrschaft, nur mit einer bestimmten
geringen Ausnahme seyn,

b) die Töchter nicht mit Gütern oder Städten,
sondern mit Geld ausgestattet werden

c) keiner ohne des andern Wissen für mehr als
400 Pfund an Gütern versezen oder verkaufen, sondern es erst seinen Agnaten anzeigen
sollte, und diese

d) befugt seyn sollen, die versezte Burgen in
dem nächsten Jahr nach dem Zufall wieder
an sich zu lösen. Dieses Hausstatutum wurde
von Bischof Hermann von Wirzburg mit be-
siegelt und von Kaiser Ludwig confirmirt.

In der sogenannten Fundamentalverordnung des Grafen Krafts des jungen von 1367.
endlich war, nach der abgekürzten Darstellung der
hohenlohischen Deduction, festgesezt, daß

a) die ganze von ihm besessene Herrschaft Hohenlohe nur zween seiner Söhne zu gleichen
Theilen zufallen, die übrigen aber mit einer
Burg und 200 Pfund jährlich Hellergeld von
den Revenuen dieser Burg abgefertigt werden,
oder in den geistlichen Stand tretten,

b) keiner etwas von der Herrschaft verpfänden
oder verkaufen solle, ohne es seinen Brüdern,

oder

ober ihren männlichen Erben vorher angebot,
ten zu haben, und diese

c) im Fall sie es nicht gleich selbst kaufen oder
in Pfand nehmen wollten „dennoch ewiklichen
alle Jar in welchen Jar sy wollend, Jedes
Jars auf sant Peterstag Catedra oder inn,
wendig den nächsten vier Tagen davor oder
darnach dazselb Hellergelt und damit die Be-
hußung wiederkaufen oder wiederlosen mügen
gen wem sy daz versezen oder verkaufen und
als vil Gelts als vorgeschrieben stet unge-
verlich.“

Aus diesen 3 Statuten wird nun hohenlohischer Seits die Schlußfolge gezogen, daß auch
die befragten 7 Dörfer von den männlichen Nachkommen des Hauses Hohenlohe zu jeder Zeit, und
von jedem Besizer eingelößt werden können.

§. 18.
Wirzburgische Gegengründe in Hinsicht auf die zweite Frage.

Von wirzburgischer Seite sezte man dem hohenlohischen Kunstgriff, die angestellte Klage, als
die eigentliche Pfandschaftklage darzustellen vorzüglich entgegen, daß in der ursprünglichen Klagschrift
die Sache als ein Kaufs- und Wiederkaufs-
vertrag behandelt und gebeten worden sei,

daß Beklagte schuldig seyn sollen, den Wiederkauf der 7 Dörfer zu gestatten.

daß

daß auf diese Klage und Bitte die wirzburgische
Kriegsbefestigung erfolgt sei, die angestellte Klage
also offenbar keine andere, als die aus dem Wie-
derkaufsvertrag entspringende Klage, nämlich entweder die actio præscriptis verbis oder ex emto vendito seyn könne, die Kriegsbefestigung aber bekanntlich die Wirkung habe, daß die Partien nunmehro den Rechtsstreit, so wie er angefangen
wurde, fortsezen und beendigen müssen, und daß
keine Aenderung der einmal gewählten Klage mehr
statt finde: es konnte also, da von den Fürsten
von Hohenlohe neuerdings die alte Submission
bloß wiederholt wurde, nach den entschiedensten
Rechtsgrundsäzen nicht erst izt eine andere Klage
zum Grund gelegt werden.

§. 19.

Neben diesem Hauptgrunde aber, aus welchem man auf wirzburgischer Seite ausgegangen
ist — und unwidersprechlich mit vollem Rechte
ausgehen konnte — hat man auch die übrige hohenlohische Darstellung zu entkräften gesucht. In
dem 38. §. werden 14. Säze herausgehoben, und
in den nachfolgenden §§. beleuchtet.

Die Behauptung, daß der Wiederkaufskontrakt zu Bedekung übermäßiger Zinse erfunden
worden, eigentlich aber der wahre teutsche Pfandvertrag gewesen sey; die Anwendung dieses Sazes
auf den vorliegenden Fall durch die behauptete Wucherlichkeit desselben, und der auf so viele Autori-
täten

täten geſtüzte Grundſaz, daß die Widerkaufsklage
auch gegen dritte Beſizer angeſtellt werden
könne; ſamt der Deduction, daß die in Frage ſte-
henden Güter, wahre Stammgüter geweſen ſeyen,
ſind auch hier die Hauptpunkte, um welche ſich
die ganze Wirzburgiſche Ausführung dreht. Ich
würde mich in eine allzugroſe Ausführlichkeit verlieren, wenn ich mich in ein näheres Detail über
die ganze Ausführung einlaſſen wollte. Es fällt
ohnehin von ſelbſt in die Augen, daß die hohen-
lohiſchen Einwendungen nicht auf feſtem Grunde
ruhten. Ich berühre alſo nur die Hauptmomente
der wirzburgiſchen Widerlegung. Dieſe beſtehen
darin:

1) Der Revers Konrads von Weinsberg,
rede ganz einfach von Geſtattung des Wiederkaufs. Konrad verbinde dazu nur ſich
und ſeine Erben. Der Widerkaufsver-
trag ſei auch nicht verbis directis & reſolu-
tivis oder ſub lege commiſſoria gefaßt. Das
pactum de retrovendendo ſey gleicher Natur
mit dem wahren einfachen Kaufkontrakte,
und müſſe nach gleichen Grundſäzen beurtheilt
werden. Auf einen Kaufkontrakt aber könne
nicht anders, als præſcriptis verbis oder
ex emto vendito geklagt werden. Dieſe beide Aktionen aber ſeyen blos perſönliche Klagen. Doch ſei das Daſeyn eines Vertra-
ges noch nicht erwieſen, indem Konrads
Widerkaufsbrief nur eine einſeitige Urkunde,

nur

nur ein freies Anerbieten sei, von deſſen An=
nahme nichts bekannt sei; (2) und der Re=
vers ohne den Kaufbrief nichts beweise,
deſſen Vorlegung in der nun 200 Jahr ver=
floſſenen viermonatlichen Frist den Klägern
auferlegt worden sey.

2) Dem Heer von Schriftstellern über die Wirk=
samkeit der Wiederkaufsklage auch gegen dritte
Besizer wolle man blos die einfache und klare
Entscheidung in dem L. 2. C. de pactis inter
emtorem & vendit. und die kurze Bemerkung
entgegen sezen, „daß auch die in der hohenlo=
„hischen Drukschrift angeführten Rechtslehrer
„unter einem reinen pacto de retroven-
„dendo und, wenn andere Bedingun=
„gen, welche eine Beschwerniß auf
„die Sache selbst legen, mitgesezt
„seyn würden,‟ sorgfältig unterschieden
haben (§. 44.)

3)

---

a) Diß ist wohl eine sehr unrichtige Darstellung, und,
soviel man ohne Einsicht der Akten urtheilen kann,
war es wirklich zuviel gefordert. daß den Grafen
von Hohenlohe die Production des Kaufbriefs aufer=
legt wurde. Kaufbrief und Wiederkaufsre=
vers wurden ohne Zweifel gegeneinander ausgewech=
selt, wie z. E. der Lehenbrief und Lehenre=
vers. Wer den einen besizt und produzirt, konnte
nicht auch den andern besizen, mithin auch nicht zu
deſſen Produzirung angehalten werden. Und wer wollte
behaupten, daß der Lehenrevers z. E. ohne den
Lehenbrief nichts beweise?

3) Der Beweis des Universalerbrechts
sei mit nichts geführt. Da die Gemahlin
Konrads von Weinsberg, Anna, Schwester
der beiden Brüder Ulrich und Albrecht von
Hohenlohe gewesen sey: so lasse sich so lange
für gewiß annehmen, daß Anna die sieben
Dörfer, wären sie auch vorher nicht ange-
kauft gewesen, oder wenigstens, auf diesen
Fall, das vorgeblich bedungene Wider-
kaufsrecht bei dem Ableben ihrer
Brüder geerbet- und also lezteres kon-
solidirt habe, bis andere Universalerben der
ersten Herrn Verkäufer, ihrer Brüder, dargethan werden können. Daß aber der Herr
Kläger Vorältern und Erblasser die Universalerben derselben, mit Ausschluß ihrer
Schwester Anna, gewesen seien, dieses sei in
dem pro termino & prorogatione angesez-
ten Zeiträume nicht erwiesen worden, und
werde auch bis hieher, und am wenigsten
in der gegentheiligen Drukschrift und ihrem
Nachtrage (welcher nur schriftlich am Kammergericht eingereicht wurde) wenn hier noch
Zeit dazu wäre, nicht erwiesen. Anna die
Gemahlin Weinsbergs habe auf ihr Erbfol-
gerecht nie Verzicht gethan, und in dem unzugegebenen Falle wäre ihr geleisteter Verzicht
nicht wirksam gewesen, sie von der Erbschaft
ihrer Brüder auszuschliessen; indem man bei
Untersuchung der ersten Frage gezeigt und aus-
geführt

führt habe, daß die ersten Herrn Kläger mit
den ersten Herrn Verkäufern sowohl in ihrer
Abkunft, als in ihren Besizungen in gar kei=
ner Verbindung gestanden seien (§. 45.)
Diese Widerlegung beruht also zum Theil auf
dem Saz, daß die beiden Brüder Ulrich und
Albrecht unbeerbt gestorben seien, wenigstens
nicht erwiesen sei, daß das Haus Hohenlohe von
Albrecht abstamme. (s. oben §. 15. not. a.)

Wenn endlich

4) in der hohenlohischen Drukschrift sich auf die
Eigenschaft wahrer teutscher Stammgüter und
deren Unveräuserlichkeit berufen, oder doch die
Anwendbarkeit der Widerkaufsklage auch ge=
gen dritte Besizer in Ansehung solcher Güter
behauptet wird: so wird in der wirzburgi=
schen Drukschrift auch die Eigenschaft wah=
rer Stammgüter, und das Dasein verbindli=
cher — auf vorliegenden Fall anwendbarer
Familienverträge als ganz unerwiesen angese=
hen; wegen der Wichtigkeit dieses Punkts seze
ich hier die wirzburgische Widerlegung voll=
ständig bei.

„Ad 12. (heißt es §. 45.) konnte eben so
wenig gezeigt werden, ob die verkauften sieben
Dörfer unter den zur Gemeinschaft eingeworfenen
Gütern begriffen, und einem Geseze der Unveräus=
serlichkeit untergeben gewesen seyen? Die ersten
Herrn Kläger würden sich gewiß auf ihre Haus=
                                                    statute

flatute berufen haben, wenn sie dergleichen Verträge bei ihrer Familie gehabt hätten, oder wenn
sie nicht gewußt hätten, daß zwischen anderen
Personen und Geschlechten vielleicht geschlossene
Vereinigungen sie nichts angiengen, oder daß dieselben zu einer verbindlichen Wirklichkeit nie gekommen, und vielmehr bloße Projekte geblieben
wären. Die nunmehr vorgebrachten Urkunden sind
von den Jahren 1334. und 1367.“

„Aber schon 1406, mithin 30 Jahre nach
dem vorgeblichen Hausstatut, haben Herr Graf
Leonard von Castell, und Herr Friderich
Schenk zu Limburg wegen ihrer Ehegemah-
linnen an den Hohenlohischen Gütern Theil
gehabt. Die Urkunde hierüber ist in den Exceptio-
nen unter Num. 35. beigelegt und in der Replik
gegenseits angenommen und eingestanden worden,
daß hiemit Speckfeld von den Hohenlohischen
Gütern weggekommen sey.“

[120]

„In dem Erbtheilungsbriefe vom Jahre 1476. erzählen die Grafen Gottfried und
Crafft: Sie hätten mit ihrem Vater Crafft,
unter dem Beirathe seines Bruders Albrecht, den
Abschluß gefaßt, die Herrschaft und Güter mit
ihrem Bruder Friderich ungetheilt bleiben zu
lassen. Nach seinem Ableben, welches aber in
der neuesten Stammtafel erst auf das Jahr 1503,
also auf 24 Jahre weiter hinaus, gesezt ist, woll-

ten fie Herrſchaft und Güter, welche ihnen,
als nächſten und natürlichen Erben ihres
Vaters, zugefallen ſeyen, mit einander theilen.,,

[53]

„Die Gebrüder Crafft, und Gottfried mit
ſeinem Sohne Johann, Söhne des Grafen
Albrecht, welchen das neueſte Stammregiſter
1499, unvermählt hat verſterben laſſen, pfleg-
ten nach dem Tode ihres Vaters ebenfalls eine
Grundtheilung über Herrſchaft, eigene
Güter, und ſogar mit Bewilligung des Lehnherrn
über die Lehn, alſo, daß, was jedem davon zuſtehen und werden ſollte, ihm und ſeinen Erben
erblich zuſtehen, und was ſie in Gemeinſchaft
haben, ihm allein zugehörig ſeyn ſollte.,,

[119]

„Die Väter der erſten Herren Kläger waren auch in großen Irrungen wegen der Theilung befangen, welche die kammergerichtliche Con-
firmation der Vormundſchaft vom 16ten Auguſt
1553 anführet, und welche darin beſtanden ſind,
wie die Grafſchaft, Hab und Güter unter
den Söhnen und Kindern getheilet werden
ſollten.“

[64]

„Herr Ludwig Caſimir, und Herr Eberhart,
waren nicht die einzigen Söhne; Herr Graf Georg, ihr Vater, hatte mehr Söhne, und
noch mehr Töchter. Die Theilung des väterlichen

lichen Verlaßthums sollte aber unter allen Kindern
geschehen. "

„Die Erben und Nachkommen des Gra=
fen Albrecht waren in diesen Streitigkeiten nicht
begriffen, weil ihr älterer Erblasser lange vorher
schon zu Grunde abgetheilt hatte."

„Selbst unter den Kindern Grafens Georg
hätten keine Differenzen über die Theilung seiner
Verlassenschaft ausbrechen können, wenn die Erb=
folge durch ein Hausgesez bestimmt gewesen wäre.
Wenn die vorgeblichen Erbvereine von den Jah=
ren 1334 und 1467 zu Stande gekommen, und
für Herrn Grafen Georg und seine Abstammung
verbindlich gewesen seyn würden; so hätten die
nachgebohrnen Söhne eine Abfindung bekommen,
und die Töchter mit 1300 Mark Silbers ausge=
steuert werden müssen. Dieses ist aber nie gesche=
hen. Vorgezeichnete Handlungen, die Erb = und
Grundtheilungen, welche sogar aus der Geschlechts=
geschichte Hohenlohe zu Hohenlohe, wozu
die ersten Herren Kläger und ihre vorgeblichen
Herren Descendenten sich bekennen, ausgehoben
sind, enthalten die unverwerflichste Probe, daß
die Güterbesizer auch bei diesem hohenlohischen
Geschlechte keine bloße Nuznießer, und in der
Disposition über ihr Vermögen den Pupillen nicht
gleich gewesen sind, da sie aus dem natürlichen
Erbrechte der Verlassenschaft ihrer Aeltern sich
unterzogen , es nach Recht der Erbfolge unter
sich getheilet, und ein jeder das, was ihm in der

Theil

Theilung zugefallen ist, ihm allein zugehörig, folglich mit ausschlüßigem Eigenthumsrecht empfangen haben. Nicht bei einem einzigen Vorgange
vom Grafen Albrecht, als zunächst angegebenem
gemeinen Stammvater, bis auf die ersten Herren
Kläger — was nachher und in jüngeren Zeiten
etwa unter ihren Agnaten und ihren Erben und
Nachkömmen abgeschlossen worden seyn mag, gehöret hieher nicht; ist wenigstens, da sie ohne
Hinterlaßung männlicher Descendenz gestorben sind, nicht anwendbar — wurde von den
nunmehr vorgebrachten Erbvereinen keine Erwähnung, noch weniger ein Gebrauch gemacht. In
dem unzugegebenen Falle hätten diese Erbvereini-
gungen nur auf dasjenige hohenlohische Geschlecht
gewirket, für welches sie gemacht waren, und
welches ausgestorben ist."

„Es ist aber nicht einmal dargethan, daß die
sieben Dörfer unter den Händen dieses hohenlohischen Geschlechtes gewesen sind, und daß die ersten Verkäufer Herr Ulrich und Herr Albrecht,
Gebrüder von Hohenlohe, zu diesem Geschlechte gehört haben. Im Gegentheil muß
vielmehr dafür gehalten werden, daß sie durch eine
älterliche Vorsicht, oder auf eine anderen Weise
nicht gehindert, mit ihrem Vermögen nach eigenem freien Gutbefinden schalten und walten konnten, indem sie in dem Jahre 1400 mit ihrem
Schwager Conrad von Weinsberg, welchem
sie die angestrittenen sieben Dörfer vorhin schon

von

verkaufet hatten, sogar noch eine Erbverbrü,
derung errichtet haben, daß ihre ganze Herr,
schaft mit allen Zugehörungen, wenn sie ohne
eheliche Mannserben versterben würden, ihm und
seinen Erben zufallen sollte. Da die darüber ab,
gefaßte Urkunde in dem hohenlohischen Archive
ligt; *) so kann der gegnerische Herr Schriftstel,
ler dort im Originale sehen, wer bei ihrem töb,
lichen Abgange ohne eheliche Mannser,
ben, wenn er ihre Schwester Anna, die Ge,
mahlin Conrads von Weinsberg, zu der
natürlichen Erbfolge bei ihren Brüdern nicht
zulassen will, der Erb der Herren Gebrüder Ul,
rich und Albrecht von Hohenlohe, aus dem
Rechts der Erbverbrüderung gewesen ist.‟

§. 20.

Dritte Frage von der Verjährung. —
Hohenlohische Gründe.

Es ist noch die dritte Frage übrig:

Ob die angestellte Klage nicht verjärt sei?
Hohenlohischer Seits mußte man in Hinsicht auf
diese Frage den aufgestellten Behauptungen von
der Eigenschaft der Stammgüter in An,
sehung der 7 Dörfer und eines simulirten
wucherlichen Darlehnkontrakts getreu
bleis

P 3

---

*) Hanselmann diplomatischer Beweiß S. 153.

bleiben, um dieselbe verneinend beantworten zu
können. Da auf diese Weise die Klage keine andere als die Pfandschaftsklage seyn konnte, und
diese nach den Gesezen und der kammergerichtlichen
Praxis keiner Verjährung unterworfen ist: (a)
so glaubte man, hier gegen alle Angriffe gesichert
zu seyn, und unterstüzte diese Behauptung noch
durch folgende Gründe:

1) Hätten die Grafen von Hohenlohe, sobald sie
den am 3. Mai 1443. vollzogenen Verkauf
der Dörfer an den von Rosenberg erfuh-
ren, denselben sogleich abgemahnt, und demselben, wie sich Rosenberg selbst in dem
an seine Währbürgen gleich am Mittwoch
nach St. Johannistag ebendesselben Jahrs
erlassenen Schreiben (b) ausdrükte, in solchen Kauf gesprochen; er habe also nicht
anders als mala fide besizen können:

2) der nämliche Fall trete bei dem Hochstift Wirzburg ein; da

a) die Auslosungsankündigung 1443. und
1444. und der darüber entstandene grose Lermen
dem Hochstift Wirzburg nicht habe unbekannt bleiben können,

b)

---

a) Cramers Nebenst. im 74. Th. S. 120.
Nettebla Greinle St. 1. nr. V.

b) Unter den Beilagen der hohenlohischen Deduction
nr. 10.

b) Bifchof Gottfried von Wirzburg den hohenlohifchen Erbvertrag von 1322, „zu einer Gezutniffe‟

c) Bifchof Hermann und Domprobft Albrecht von Hohenlohe die Erbeinigung von 1334. „zu Beftetigunge und Gezugnizze aller darin gefchrieben Dinge‟

d) Bifchof Albrecht das hohenlohifche Fundamentalhaus=Statutum von 1366, „zu einer mehreren Sicherheit und Gezugniffe‟ mit befiegelt;

e) Bifchof Otto in feinem Revers von 1345. die Dörfer Königshofen, Rettersheim und Neuenbrunn, als befondere hohenlohifche Ortfchaften, die Graf Kraft von Hohenlohe und feine Aeltern, mit Lute, Gute, Nuze, Gewonheit und Rechtes in denfelben Dörfern und Wylern und in iren Marken und Welden befaffen, namentlich anerkannt.

f) Bifchof Gerhart Königshofen, Wermbrechtshaufen, Rinderfeld, Streichenthal, Tauber-Rettersheim und Neuenbronn von den Brüdern Kraft, Gottfried, Ulrich und Friderich von Hohenloh 1391. auf Widerkauf erhalten hatte, sodann

g) die 1501. gefchehene Offerirung und Hinterlegung des Pfand= und Wiederkauffchillings mit fo gruffen Etlat gefchah.

Das Hochftift Wirzburg habe alfo die Le-

hensauftragung derselben nicht anders, als mala
fide annehmen können.

3) Ueberhaupt finde in vorliegendem Fall keine
andere Verjährung statt, als die bei Fami-
lienfideikommissen und Stammgütern rechtlich
und in Praxi angenommen sei. Hier schade
nämlich die Nachläßigkeit der Vorfahren den
nachfolgenden nichts, sondern ein solches Gut
müsse gegen jeden einzelnen Erben und Ab-
kömmling besonders verjährt werden, weil er
in Ansehung des Fideikommisses, das Recht
nicht von dem lezten Besizer, sondern von
dem ersten Erwerber habe (c)

Das oben angeführte Testament Krafts IV.
gebe das Wiederkaufs-oder Wiederlösungsrecht allen
seinen Söhnen „und ir Leibs Erben das
elich Sun sin ewilllchen alle Jor in
welchem Jor sie wollent.

Auch streite

4) bereits ein sehr merkwürdiges Präjudiz in dieser Hinsicht für die Kläger:

Die Burg und Stadt Möckmühl sei nämlich dem
Grafen Kraft im Jahr 1395. seinem Tochtermann,
dem Grafen Philipp von Nassau, für 9000 fl,
Heurath - und mütterliches Erbgut seiner einzigen
Tochter verpfändet und eingeräumt, von diesem
aber wieder seinem Tochtermann, dem Grafen
Georg von Henneberg, übergeben worden, welches

sie

c) Knipschild de fideil. fam. nob. cap. 16. §. 91.
de Cramer obf. 982. S. 816-822. 856. §. 14.

fie im J. 1432. an den Grafen Michel von Wert-
heim für 15000 fl. verkauft habe. Graf Kraft VI.
habe sogleich, als er dieses erfahren, dem Graf
Michel die Losung angekündigt, der dann die nämlichen Einwendungen vom dritten Besizer u. s. w.
wie im vorliegenden Fall das Hochstift Wirzburg
gemacht habe, aber nicht nur von dem wirzburgischen Mannengericht im Jahr 1435., sondern auch,
als er die Berufung von diesem Urtel ergriffen, von
dem kaiserlichen Commissarius dem Pfalzgrafen
Otto am Rhein verurtheilt worden sei, der Losung
für den Pfandschilling von 9000 fl. statt zu geben, und das aus folgendem Grunde

  „weil es des obengenannten Hohenloh recht ve-
  terlich Erbe, und des stifts Mannleben sei,
  und dazu viel redelich Briefe und Urkunde,
  daß die Herrschaft von Hohenloh ein ewig
  Losunge an den genannten Statt und Schloß
  haben sollen.

In gegenwärtigem Fall sei die nämliche Klage —
der nämliche Entscheidungsgrund vorhanden, folglich auch ein günstiges Urtheil zu erwarten.

  Endlich wird in der hohenlohischen Drukschrift noch die Bemerkung gemacht, daß es unerwiesen sei, daß von Wirzburg in dem Ort Königshofen, lange vor dem Verkauf an Conrad von
Weinsberg Gefälle erworben worden, da damals
dieser Ort nach einem Revers des B. Otto von
1398. und nach einem Laudo von 1277. in Sachen Hohenlohe wider das Kollegiatstift Haug mit

P 5   allen

allen Luten, Nuzen und Zugehörungen wieder in den Händen des hohenlohischen Hauses gewesen sei.

§. 21.

Wirzburgische Gegengründe.

So irrig nun die hohenlohische Behauptung war, daß die angestellte Klage die Pfandschaftss klage sei, so wenig kan man dem zur Widerlegung derselben von Seiten Wirzburgs aufgestellten Saze Beifall geben, daß, da je der Widerkaufsvers trag — denn daß Wirzburg auch hier nur bei dieser stehen blieb und sich auf die Pfandschaftss klage gar nicht einlies, bedarf wohl keiner Erinnes rung — von dem Kaufkontrakt, als dem Haupts geschäft, seine Richtung erhalte, die Kaufsklage aber mit dem Ablauf von 30 Jahren erlösche, eben so auch ein auf unbestimmte Zeit eingegans gener Wiederkauf nicht über diese Zeit hinaus dauren könne, da alles einmal sein Ende haben müsse.

Zwar sind die Rechtslehrer über die Frage von der Verjärung der Wiederkaufsklage gar nicht einig: Einige sind wirklich der Meinung, daß dies selbe ohne Anstand der 30jährigen Verjährung uns terworfen sei, da die aus einem Kontrakt ents sprüende Rechte nicht meræ facultatis seien. Ans dere aber behaupten mit Grund, daß dieselbe gar keiner Verjährung unterworfen sei; und dieses ist auch die gemeinere und durch die Praxis bestätigte

Meis

Meinung. (a) So viel ist indeſſen gewiß, daß
derjenige, der aus einem Vertrag zum Zurükver-
kaufen verbunden iſt, wegen Ermanglung des guten Glaubens nicht verjähren kann, welches auch
von ſeinen Erben gilt. Iſt aber die Sache auf
einen Dritten gekommen, ſo kann, da gegen einen ſolchen die Wiederkaufsklage nicht ſtatt findet,
ein dritter ohne Anſtand auch die dem Wiederkauf
unterworfen geweſenen Güter durch Verjährung er-
werben.

§. 22.

Ich gehe aber nun auf die obenangeführte ho-
henlohiſche Gründe gegen die Verjährung zurük. Auch
dieſe werden in der wirzburgiſchen Schrift beantwortet; wovon ich nur das Weſentlichſte noch bemerken will. Es konnte, ſagt der Verfaſſer derſelben,

ad 1) nicht dargethan werden, ob der Wiederkauf der fünf Dörfer Konrad von Roſenberg
angekündigt worden ſei. In ſeinem vorgeblichen
Schreiben an ſeine Währbürgen läßt man ihn nicht
mehr ſagen, als daß ihm von ſeinem Herrn von
Hohenlohe in den Kauf wolle geſprochen werden.
Ob aber ein Einſpruch wirklich geſchehen ſei,
wie der von Hohenlohe geheißen habe, der ihm in
den Kauf habe ſprechen wollen, oder was es für
ein Kauf geweſen ſei: alles dieß liegt im Dunkel.

Roſen-

---

a.) Hofaker in princip. jur. civilis Rom. Germ.
§. 1961.

Rosenberg besaß vielmehr, troz dieses angeblichen Einspruchs, die erkauften 5 Dörfer von 1443
an eigenthümlich und ruhig, trug sie dann im J.
1458. dem Hochstift Wirzburg, vor den Augen der
Grafen von Hohenlohe, zu Lehen auf, und empfing
sie wieder als ein rechtes Rittermannlehen, welches er nach seinem Absterben seinen Söhnen hin-
terließ. Hierüber verstrich das fünfzehnte Jahrhundert, also die Verjährungszeit von 30 Jahren
doppelt, wobei der Beweis des guten Glaubens
nicht einmal nothwendig ist. Rosenberg wurde
aber ohnehin auch dadurch in bonam fidem versezt, daß die Grafen von Hohenlohe sich bei seinem Wiederspruch so lange ruhig verhalten haben.
Er hatte also, da er zugleich einen justum titu-
lum hatte, auch die Erfordernisse zur ordentlichen
Verjähr ung für sich.

Conrad von Weinsberg selbst hatte, in
Absicht auf die beibehaltenen zwei Dörfer — freilich nur nach der Voraußsezung des
Verfassers von der Verjährung der Widerkaufsbe-
fugniß in 30 Jahren — ebenfalls die Verjährung
für sich. Er besaß dieselbe bis auf den Verkauf
der fünf Dörfer an Rosenberg schon über 45 Jahr,
er befestigte seinen Besiz durch Abweisung der
Aufforderung zum Wiederverkauf, und besaß sie izt
wieder ruhig bis an seinen Tod. Doch — er hatte
gar keine Verjährung nöthig, da seine Gemahlin
Anna die natürliche und einzi e Erbin ihrer Brüder, der verkaufenden Grafen Ulrich und Albrecht
war,

war, und er selbst ihr Eigenthum aus dem Recht
der Erbverbrüderung erlanget (*) Dieses Eigen=
thumsrecht gieng dann auch auf die Erben
Weinsbergs und Rosenbergs über, wel=
che überdiß den ihnen im Jahr 1501. angefor=
derten Wiederkauf von der Hand wiesen; und
dann bis auf das Jahr 1578. wo die Grafen von
Hohenlohe ihre Klage anstellten, im ruhigen Besitze
blieben; mithin izt auch für ihre Person selbst die
Verjährung begründet haben.

§. 23.

Ad 2. das Hochstift Wirzburg hatte keine
Verbindlichkeit, fremde Ansprüche auf diesen ihm
zu Lehen und zum Kauf angetragenen Dörfern zu
untersuchen. Genug war es ihm, daß Konrad
von Rosenberg, als er ihm die 5 Dörfer zu Lehen
auftrug, sie sein lauter eigen Gut nannte,
und daß die Gräfin von Königstein in dem Kauf=
brief über Königshofen und Rettersheim versicher=
te, daß sie diese Güter von ihrem Vater ererbet,
also besessen und genossen, und sie nunmehr dem
Hochstift Wirzburg in einem ewigen und unwider=
ruflichen Erbkaufe überlassen habe.

Auser=

---

*) Nämlich nach dem System des wirzburgischen Schrift=
stellers, nach welchem Ulrich und Albrecht ohne eheliche
männliche Erben verstorben sind; was er aber freilich
nicht erwiesen hat.

Auserdem hat nun auch das Hochstift
Wirzburg eine mehrfache Verjährung für
sich:

1) es besaß nämlich die fünf Rosenbergi-
schen Dörfer von 1458, in welchem Jahr
es dieselbe durch Lehensauftrag erhalten hatte,
bis 1578. wo hohenlohischer Seits eine Klage
angestellt wurde, also mehr als 100 Jahre
ruhig und unangefochten.

2) Die zwei Dörfer Königshofen und
Rettersheim, welche von der Zeit des Aus-
laufs beständig unverändert bei dem Stifte
Wirzburg geblieben sind, besaß dasselbe seit
1481. als Leheneigenthum, und seit dem
J. 1521. vermög des — mit der Gräfin von
Königstein abgeschlossenen Kaufvertrages, als
volles Eigenthum. Von diesem Zeitpunkt verstrichen 56 Jahre, während welcher,
wenn auch der Kaufkontrakt an sich nicht
rechtsbeständig wäre, das Eigenthum dieser
Dörfer, durch ruhigen und rechtmäßigen Besiz, ordentlich und ausserordentlich verjährt
worden wäre.

3) Die fünf Rosenbergische Lehendörfer wurden
im Jahr 1632. bei dem Ableben des Rosen-
bergischen Mannsstamms offen; das Hochstift ergriff Besiz davon, und verlieh sie öffentlich wieder an die Grafen von Hazfeld.
Hier wäre also der Zeitpunkt für das Haus
Hohenlohe gewesen, einen Widerspruch
gegen

gegen diese Besizergreifung, neue Lehensver-
leihung und Einweisung der neuen Vasallen
einzulegen, und wenn die alte Streitsache
nicht für verlassen erklärt seyn sollte, entweder den Prozeß zu reassumiren, oder doch eine gerichtliche Anzeige oder Verwahrung einzulegen. Da diß nicht geschehen ist, so fieng
dem Hochstist eine neue Verjährung zu laufen an, welche bis 1794, wo der Gräflich
Hazfeldische Mannsstamm erlosch, fortdauerte.

§. 24.

Ad 3) wenn auch das Daseln und die Verbindlichkeit der angeblichen Erbeinigungen für die
ersten Herrn Kläger erwiesen wären, so folgt
noch nicht, daß auch die ersten Verkäufer der sieben Dörfer Ulrich und Albrecht mit allen
ihren Besizungen darin begriffen gewesen seyen.
Ueberdiß enthalten dieselbe wirklich kein Gesez der
Unveräuserlichkeit. Sie bestimmen nur, daß, wenn
Güter zum Verkauf ausgesezt werden wollten, sie
zuerst den Verwandten zum Kauf angeboten werden sollten, und erst, wenn diese nicht wollten,
erlaubt seyn solle, sie auser der Familie zu verkaufen. In vorliegendem Fall ist nicht ersichtlich, daß
die erkauften Dörfer vorher den Agnaten zum Ankauf
wären angeboten worden. Es ist also wahrscheinlich, daß jene Erbeinigungen entweder die Verkäufer nichts angegangen haben, oder daß die 7
Dörfer nicht unter jenen in eine Gemeinschaft zu-
sam-

sammengeworfene Gütern begriffen gewesen seyen.
Das erstere wird aber deswegen wahrscheinlicher,
weil sich die ersten Kläger nie auf ein solches
Hausstatut und eine durch daselbe eingeführte Unveräuserlichkeit der Güter, sondern blos auf dem
von Konrad von Weinsberg versprochenen Wiederkauf berufen haben u. s. w.

Was der Verfasser der wirzburgischen Deduction über den Inhalt der einzelnen Erbvereine insbesondere geäusert hat, das will
ich mit seinen eigenen Worten vollständig noch
beifügen:

„Geht man aber — sagt er im §. 53. — dem
Inhalte der vorgeblichen und unanwendbaren Erbvereine genauer nach, und sezet die Fälle der darin gemachten Dispositionen auseinander; so er-
giebt sich, daß nicht einmal ein Wiederkaufsrecht
darin vorbehalten ist, wenn sogar zur Herrschaft
gehörige Güter einmal an Fremde ausser der Familie verkauft sind.“

„Der in seinem ganzen Inhalte noch nicht
beigebrachte Erbvertrag von dem Jahre 1322.
sollte nur zwischen den Brüdern Crafft und
Gottfried die Erbfolge bestimmen, wenn Einer
von Ihnen ohne Kinder versterben würde. Auf
den Fall der Succeffion aber sollte der Sohn den
Antheil, worüber vorhin sein Vater ganzen Gewalt
hatte, und worüber die eventuelle Succeffion paktirt
war, erblich wieder bekommen, und nach erlangter
Volljährigkeit vollen Gewalt haben, damit zu thuen

nach

nach seinem Willen. Diese Erklärung enthält
so ganz keine fideicommissarische Beschränkung, als
vielmehr aller Vorbehalt dadurch ausgeschlossen ist.

Ju der Erbeinigung vom Jahre 1334. geschieht nicht die geringste Meldung von Wiederkauf, sondern allein von Schulden-Uebernehmen,
und von Pfandlösungen, mit der Verordnung:
„alle die Burgen zu losen, die derselbe versezet
„hat, dornach und jner abgangen ist, in dem
„nechsten Jar, ez were dann, daz er ez länger
„verziehen moht, mit der Schultener und der
„Burgen willen und Wort, " Hier ist also eine
blose Pfandeinlösung, und diese in einem Jahre
zu thuen anbefohlen, wenn der Pfandinhaber nicht
längere Zeit nachsehen will. Diese Verordnung be-
günstiget vielmehr den Darleiher, und soll den Erbfolger vermögen, die überkommenen Schulden zeit-
lich abzubezahlen. Das Befugniß, zu versezen
oder zu verkaufen, ist darin nicht eingestellet; im
Gegentheile ausdrüklich beibehalten und befestigt
worden. Die eigene Stelle besaget hierüber in
Worten: „ob unser einer, welcher daz were,
„wolte versezen, Gute und nicht Vesten um vier-
„hundert Pfunt haller oder darunter, daz mag er
„tun, on der andern Wort, also daz er niemen
„darf darum vrogen. Wolt er aber versezen oder
„verkaufen hoher, ez wern Vesten, Lut und Gut,
„daz sol er den andern kunt tun, und in biten,
„zwen Monden vor zusaze oder zu kaufe, und sol

„ez in geben, als ez im gen einem andern gelten
„mohte, ongeverlich, und wolten sie dez nicht,
„so mag er versezen und verkaufen wem er wil,
„und soll daz unser keiner dem andern zu leide
„oder zu geverde tun." Der Verkauf auch von
Vesten und Gültern, welche über vier hundert Pfund
Heller werth waren, ist hiemit keinem Theile un-
tersaget worden: noch weniger wurde eine Nich-
tigkeit auf die Veräusserung geleget. Im Gegentheile sollte nur das Vorhaben eines Versazes oder
Verkaufes dem Mitpaciscenten zwei Monate vorher angezeiget werden, und derselbe, wenn er den
Versaz annehmen, oder das angebotene Gut kaufen wollte, verbunden seyn, so viel dafür zu geben, als es gegen einen Fremden gelten mögte.
In jedem Falle sollte der Verkäufer den wahren
Werth des verkauften Guts bekommen; er mußte
also auch gegen den wahren Werth und Kaufpreis
sein verkauftes Gut wahrhaft abtreten, und konnte
eine Mitherrschaft oder Miteigenthum daran fernerhin so wenig gegen einen Mitpaciscenten, als
gegen einen fremden Käufer behalten. Keiner
sollte es dem Andern zu Leid oder zur Gefährde
thuen, daß sie ein Gut von höherem Werthe mit
Uebergehung der Compaciscenten alsbald in fremde
Hände kommen ließen. Darin liegt aber mehr
nicht, als das Vorkaufsrecht, welches das
freie Eigenthum und die freie Vermögensdisposition
nicht beschränket, und bei dessen Ueberschreitung
der abgeschlossene Contract, und die darunter vor-

gegan-

gegangene Alienation doch gültig bleibt, und seine
rechtliche Kraft und Wirkung hat.

Die Verordnung, oder das sogenannte Hausstatutum von dem Jahre 1367 — diese Benen-
nungen der gegnerischen Urkunden werden gar
nicht in der Meinung, daß man sie dafür hält
oder anerkennet, sondern allein bei dem Ausdruke,
wie sie angezeiget wurden, zu bleiben, beibehalten — ermächtiget sich gleichfalls nicht, bei der
Güterveräusserung an Fremde mehr, als den
Vorkauf einzuräumen. Darin sind in einer weit-
schichtigen Ausführung drei Fälle unterschieden.
Zuerst wird von den Abfindungsgütern der
in der Urkunde genannten Grafen Ulrich und
Johann gehandelt, und daran ihren Brüdern
und ihren Erben ein ewiger Wiederkauf, oder bei
Verpfändung der Abfindungsgüter eine ewige Ablösung vergönnet und zugesichert. Darauf folget
der Gegenstand, von Veräusserung eines
Theiles der Herrschaft. Hierüber wird geboten, daß derjenige, welcher Etwas davon verkaufen oder versezen will, es ein halbes Jahr zuvor seinen Brüdern wissen lassen, und ihnen den
Verkauf oder die Verpfändung anbieten soll.
„Ist dann, sind die Worte in der copeylichen
Ausgabe dieser Urkunde ohne Original vom
Herrn Archivare Hanselmann: „Ist dann daz
„sy daz in derseben zit niht als pfauden
„oder keusten, so mugen sy es anderswo gein
„andern Luten verfetzen oder verkeuffen, gein

Q 2   „wem

„wem ſy wollent ungeverlichen. Iſt aber,
„daz ſy daz pfanden oder keuffen, ſo ſol daz
„zu glicher wiſe und zu recht ſten zu widér-
„kauf und zu loſung gein iren brudern und
„gein iren Sonen, daz ir elichs libes erben
„ſin. "Die in der Drukſchrift nachgeſchobene neue
Copey findt noch für nothwendig, hier beyzuſe-
zen: „als ander Gült die Wir vor verſchriben
„und gemacht haben ungeverlichen." Hierin liegen die andern zwei Fälle, und für jeden Fall
eine angemeſſene billige Verordnung. Entweder
wollte der Compaciſcent die ihm angebotene Verpfändung oder Verkaufung annehmen, oder nicht.
War es ihm nicht anſtändig zu kaufen, oder
auf das Pfand zu leihen, oder mit einem Worte:
wollte er ſein Vorrecht nicht gebrauchen; ſo
mogte der Kauf oder Verſaz an Fremde geſchehen.
Deßhalben mußte das Vorhaben, ein Gut von der
Herrſchaft zu verkaufen oder zu verſezen, ein halbes Jahr vor dem Abſchluſſe des Handels ange-
kündiget werden, in dieſem Zeitraume überlegen
zu können: ob es beſſer ſei, den Verkauf oder
Verſaz an einen Fremden ohne ewigen Wiederkauf
oder ewige Wiederloſung — denn wenn dieſes
Befugniß an und für ſich hätte beſtehen und wirken ſollen; ſo wäre nicht nöthig geweſen, eine vor-
gängige Ankündigung und eine halbjährige Bedenk-
zeit einzuführen, und damit ein Vorrecht bei dem
Verkaufen oder Verpfänden an Fremde den Com-
paciſcenten vorzubehalten — geſchehen zu laſſen:
oder

oder das angebotene Gut kaufsweise, oder als eine
Pfandschaft auf Wiederkauf oder Losung mittelst
Ausübung des zugelassenen Vorrechts zu überneh=
men? Der Bruder oder Verwandte, welcher sich
seines Vorrechtes bediente, und das übernommene
Gut gleichwohl nur auf Wiederkauf oder Losung
bekam, war darum gegen einen fremden Käufer
oder Pfandgläubiger nicht härter gehalten: denn
— wie die nachgebrachte neueste Copie dieser vor=
geblichen Urkunde, wiewohl ohne Rechtfertigung,
doch in guter Verbindung, hier am Schlusse bei=
gesezet hat: „als ander Gült, die Wir vor ver=
„schriben und gemacht haben“ — die Herren
Grafen Ulrich und Johann haben ihre Abfin=
dungsgüter und Gülten unter dem Vorbe=
halte eines ewigen Wiederkaufes bekommen; es
war also billig, und zur Gleichstellung sämt=
licher Compaciscenten erforderlich, auch ihnen und
ihren Erben den Wiederkauf oder die Ablösung
wechselseitig unter sich vorzubehalten. Alle und
Jede konnten diese Wohlthat genießen, wenn sie die
Familienpflicht, einander auszuhelfen, erfüllen woll=
ten. Wurde aber das Band der Familie nicht ge=
achtet: wurde das freundschaftliche Anbieten nicht
angenommen; so war die Veräuserung an
Fremde eine gewählte Folge. Derjenige, wel=
chem das Anbieten geschehen war, konnte sich
nicht darüber beklagen, weil er voraus mußte,
was auf seine Weigerung geschehen mögte; und
Jener, welcher die Veräuserung auser der Familie

un=

unternommen, und keine andere Mittel zu seinem
Behufe vorgezogen hat, mußte es sich selbst zu-
schreiben, wenn der andere Fall von Veräuserung
an einen Fremden gegen ihn eintrat, wobei ein
Wiederkauf oder eine ewige Wiederlosung nicht
vorbehalten ist.

Die ersten Verkäufer, Herr Ulrich und Herr
Albrecht, Gebrüder von Hohenlohe, wenn
die nie anerkannten, zweifelhaftige und unrichtige
Erbverträge für sie verbindlich gewesen wären, hatten, auſſer ihrer Schwester Anna, der Gemahlin
Weinsbergs, keine Brüder, noch andere Verwandte, welchen sie bei der Veräuserung der sieben Dörfer den Vorkauf vertragsmäſig hätten
anbieten müſſen. Dieser Vorbehalt hätte also weder gefordert, noch erfüllet werden können: mithin
wäre, nach aufgelöſter Bedingniß, wenn es eine
gewesen wäre, ihrem freien Verkaufe nicht einmal
von dieser Seite eine Hinderniß entgegen gestanden.

Allein, aus der vielleicht in einer Familie ge-
brauchten deutschen Autonomie kann kein Hausstatutum oder allgemeines Hausgesetz für alle hohenlohische Familien gefolgert werden, in welchem
noch dazu zu allen Zeiten so viele Erb- und
Grundtheilungen vorgegangen sind. Die ersten Herren Verkäufer waren durch die von der
ausgestorbenen hohenlohischen Familie von Speckfeld entlehnten Erbverträge an der Disposition
über ihr Vermögen nicht gehindert; andere in der

Fa-

Familie, von welcher fie waren, und an deren
Rechten und Befizungen die erften Herren Klä=
ger, und wer fich als Erbfolger von ihnen her=
ftellen will, Theilhaber feyn müßten, für fie ver=
bindlich eingegangene Abfchlüffe, eingeführte Ge=
wohnheiten, oder angenommenes und befeftigtes
Herkommen konnten nicht erwiefen werden; ihr
Unternehmen in der Veräufferung von ihrem Ver=
mögen, und hiemit der Verkauf der fieben Dör=
fer muß alfo für rechtsbefugt und gültig gehalten
werden, und der Käufer, Conrad von Weins=
berg, noch mehr aber die weiteren Käufer
und Befizer diefer Ortfchaften, das Gefchlecht
von Rofenberg, und befonders das fürftliche
Hochftift Wirzburg konnten, wenn es nöthig
gewefen wäre, aus den Rechtstiteln des Kauf=
handels und der Lehnmachung rechtsbeftändig prä=
fcribiren.

§. 25.

Ad 4. Der von Burg und Stadt Mö=
mühl angeführte Fall paßt gar nicht hieher. Es
ift dafelbft von einem ganz andern Gefchäfte die
Rede. Dort waren 9000 fl. der Mahlfchaz, für
welchen Burg und Stadt Mölmühl verpfän=
det, und wobei den Grafen von Hohenlohe
das Eigenthum ausdrüklich vorbehalten wurde.

Hier waren 7. Dörfer gegen Bezahlung eines
Kauffchillings abgetretten, und das Eigen=
thum davon auf den Käufer übertragen
worden. Offenbar war alfo hier ein ganz anders

Q 4

Ge=

Geschäft vorhanden, welches auch nach ganz andern Grundsäzen beurtheilt werden mußte.

§. 26.

Dieß ist das wesentliche von der Lage dieses
Rechtsstreits, soweit sie aus den oben angeführt-
ten Drukschriften zu ersehen ist.

Der hohenlohische Schriftsteller hat sich Mühe gegeben, der, wie es scheint, schon in dem
ersten Zuschnitt verderbten Sache so viel möglich
wieder aufzuhelfen. Seine genealogische Darstellung ist ohne Zweifel richtiger, als diejenige,
welche im Anfang des abgewichenen Jahrhunderts
gerichtlich übergeben worden ist. Die Zweifel der
wirzburgischen Deduktion, verdienten zwar eine
nähere Prüfung des hohenlohischen Schriftstellers,
doch sind sie zum theil mehr aus der Absicht
zu widerlegen, als die Wahrheit zu er-
forschen, hergeflossen.

Die Behauptung, daß der Verkauf eines
Guts unter dem Vorbehalt des Wiederkaufrechts
statt einer Geldaufnahme gegen Verpfändung gebraucht wurde, ist nicht ungegründet.
Man war schon ehmal so gut, als in neuern Zeiten,
auf den höchstmöglichen Grad von Sicherheit eines
Darlehens bedacht; und bei dem Haße des kanoni-
schen Rechts gegen Zinse und Wucher mußte man
wohl dem Geschäfte eine andere Gestalt geben. Daher rühren die unzähligen Käufe ablösiger Zinse und
Gülten; und eben daher — wenigstens als aus einer
mit-

mitwirkenden Urſache — ſind auch die ſo häufigen
Verkäufe einzelner Güter unter Vorbehalt des
Wiederkaufs zu erklären. Der Verkäufer erlangte
auf dieſem Wege die benöthigte Geldſum-
me, der Käufer hingegen, durch Eigenthum
und Beſiz des auf ihn übertragenen Guts, volle
Sicherheit, und ſtatt der Zinſe aus dem
vorgeſchoſſenen Gelde die Nuznieſung; durch
Zurükbezahlung dieſer Summe aber wurde das
ganze Geſchäft ſo aufgelößt, als wenn keine Ver-
äuſerung vorgegangen wäre, und hatte alsdann
im Grunde keine andere Wirkung, als eine mit
voller Sicherheit für den Darleiher verſehene Geld-
anlehnung gehabt hätte.

Es iſt nicht zu widerſprechen, daß dieſer ge-
fährliche Weg, der ſo leicht zum gänzlichen Ver-
luſt der ſchönſten Familiengüter führen konnte, bei
entſtandenem Geldbedürfniß, beinahe in allen Familien eingeſchlagen werden mußte, wenn man
ſich nicht auf andere Art Kredit zu verſchaffen
wußte. Auch mag nicht ſelten eine wucherliche
Uebervortheilung des geldbedürftigen Ritters mit
untergelaufen ſeyn. Allein

1. wenn man auch die genealogiſche Darſtellung ganz als richtig vorausſezt, ſo iſt doch damit noch gar nicht erwieſen, was das Haus Hohenlohe zu erweiſen gehabt hätte, das auf die
Reaſſumenten fortgepflanzte Erbrecht
der erſten Kläger. Dieſes Erbrecht wäre
um ſo vollſtändiger zu erweiſen geweſen, als die

Q 5   hohen-

hohenlohischen Schriftsteller selbst nicht in Abrede
ziehen können, daß gerade um dieselbe Zeit zwei
hohenlohische Linien — die Braunekische und
Hohenlohe = Spekfeldische — im Manns=
stamm erloschen sind, deren Herrschaften oder Gü=
ter nicht auf den Mannßstamm der übrigen ho=
henlohischen Linien übergegangen, sondern theils
an die weiblichen Verwandte, theils an die Lehen=
höfe gefallen und dadurch andern Häusern zu Theil
geworden sind. Ein Umstand, welcher auf die hi=
storische und rechtliche Würdigung der ältern Erb=
einigungen wichtigen Einfluß haben muß.

Das Klagerecht der Kläger war also schon
in dieser Rüksicht den bedeutendsten Zweifeln
unterworfen.

2.) Wenn man auch annimmt, daß die Ver=
käufer Ulrich und Albrecht von Hohenlohe sich
damal in einer Geldbedrängniß befunden, und
blos um Geld zu bekommen, sich zu dem wieder=
käuflichen Verkaufe jener sieben Dörfer entschlossen
haben: so kann dieß doch die Natur des Ge=
schäftes nicht ändern. Dieses aber bestand in
einem wahren Kauf=und nicht in einem Pfand=
vertrag. Es war also eine vergebliche Arbeit,
die angestellte Wiederkaufsklage, gegen den
klaren Inhalt der ältern gerichtlichen Verhandlun=
gen, zu einer Pfandklage umzuschaffen.

Die Wiederkaufsklage aber ist, nach
der richtigern Theorie, eine persönliche Klage,
welche gegen dritte Besitzer nicht Statt findet;

und

und in vorliegendem Falle war auch keine der besonderen Bestimmungen vorhanden, unter welchen
manche Gelehrte dieselbe auch gegen dritte Besizer
anwendbar finden. Die Wucherlichkeit des
zwischen Konrad von Weinsberg und den hohenlohischen Brüdern Ulrich und Albrecht eingegang-
nen Vertrags aber, ist ganz und gar nicht erwiesen, und um so unwahrscheinlicher, als wenige
Jahre zuvor eben diese Dörfer, um eben
dieselbe Summe an Wirzburg widerkäuflich
hingegeben waren.

Ueberdiß aber war

3.) die Einrede der Verjährung so auffallend gegründet, daß man das ganze Syftem
von Verjährung aus unferer Rechtstheorie ver-
bannen müßte, wenn sie in diesem Fall nicht als
erwiesen angenommen werden sollte.

§. 27.
Kammergerichtliche Urtel.

Der Ausgang dieses Rechtsstreits
war also wohl mit Gewißheit vorauszusehen. Mit
Grund versprach sich das Hochstift Wirzburg den
Sieg, und es täuschte sich in dieser Erwartung
nicht. Denn am 16. Jänner dieses Jahrs, wurde
an dem kaiserl. und Reichskammergericht folgende
Urtel publicirt:

Sententia publ. den 16. Jan. 1799.

In Sachen Philipp Friderich und Georg
Friderich, numehro Herrn Ludwig Friderich Karl

Für-

Fürsten zu Hohenlohe Klägern eines = wider Herrn
Julium, modo Herrn Georg Karl, Fürstbischof
zu Wirzburg und Konsorten, Beklagten andern
Theils, citationis super protracta vel denegata
justitia, in specie die Ablösung von 7. Dörfern
und des Gerichts zu Lautenbach betreffend, ist
allem An = und Vorbringen nach zu Recht erkannt —

> daß Herr Beklagter von der angestellten un=
> statthaften und unerwiesenen und in
> doppelter Hinsicht verjährten Kla=
> ge zu absolviren und zu entledigen, die Ge=
> richtskosten derentwegen aufgelaufen, gegen
> einander compensirend und vergleichend.

Siebenter Abschnitt.

Innere Gärungen in der Reichsstadt Reutlingen. Neueste Wendung der Sache.

§. 1.

Innere Gärungen in der Reichsstadt Reut=
lingen. Anzeige am Reichshofrath.

In der Reichsstadt Reutlingen hersct schon
seit einigen Jahren eine innere Gärung. Die
Explosionen derselben hießgen wohl, wie so manche
ähn=

ähnliche Operationen in gröſeren und kleineren teutſchen Gebieten mit dem Gang der groſen Welt-
begebenheit zuſammen, welche halb Europa in Zerrüttung und Umſturz zu ſezen drohte.

Der Ausgang des Raſtadter Friedenskongreſſes, die neue Koalition der mächtigſten Höfe,
und die glüklichen Feldzüge der verbundenen Mächte
in Teutſchland und Italien, erwekten inzwiſchen
neue Hofnungen, wie für die Erhaltung der Reichs-
verfaſſung, welche ſchon ſo ſehr zu wanken angefangen hatte, ſo auch für die alten Staatsſyſteme
der einzelnen teutſchen Länder und Gebiete.

Unter der Eröfnung dieſer günſtigeren Ausſichten wurden auch die Vorgänge, die ſchon ſeit
dem Jahr 1797. ſich in dieſem kleinen teutſchen
Staate ereigneten, welcher noch von alten Zeiten
her eine demokratiſche Regierungsform behauptet, Gegenſtand einer reichsgerichtlichen Klage.
Es traten mehrere Bürger der Reichsſtadt Reutlingen zuſammen, um ſich jenen Neuerungen izt
mit mehr Nachdruk entgegen zu ſezen, als ihnen
die Zeitumſtände zuvor vielleicht nicht zu erlauben
ſchienen. Sie machten am 12. März 1799. an
dem kaiſerlichen Reichshofrath eine Anzeige „der
„daſelbſt durch das Eindringen eines einzigen vor-
„gefallenen revolutionären, ruheſtöhrenden und die
„Verfaſſung umſtürzenden Auftritte. Worauf es
mit dieſer Anzeige angeſehen geweſen ſei, ſpricht
die Sache ſelbſt, wenn ſie gleich die zu ergreif-
fenden Maßregeln ganz der kaiſerlichen Verfügung

gung anheim stellten. Sie erreichten auch ihren
Zwek. Es erfolgte am 2. Jul. 1799. ein ihren
Wünschen entsprechendes Reichshofraths=Konklu=
sum. Und nun liesen sie ihre Anzeige und das
ergangene Erkenntniß, unter der Aufschrift:

"An kaiserliche Majestät allerunterthänigste
Anzeige, Vorstellung und allergehorsamste An=
heimstellung der zu ergreifenden Maasregeln
von Bürgern der Reichsstadt Reutlingen,"
in fol.

und mit einem = an die Bürger dieser Reichs=
stadt gerichteten Vorbericht durch den Druk be=
kannt machen.

§. 2.

Gegenstand dieser Anzeige, die Operationen des Zwölfer=Ausschusses und des Bürger= meisters Fezer.

Der Einzige, gegen welchen diese Anzeige
vorzüglich gerichtet ist, ist der Amtsbürgermeister
D. Fezer zu Reutlingen, und die Operationen,
welche in dieser Anzeige dem Reichsoberhaupt als
ruhestörend und revolutionär dargestellt wurden,
sind die Verhandlungen des im Jahr 1797. auf=
gestellten Zwölfer = Ausschusses. Beide machten
freilich nur Ein Ganzes.

Fezer, welcher von der Kieferzunft zum De=
putirten in diesem Ausschuß ernannt wurde, war
gänz eigentlich die Seele dieses neuen Kollegiums
in

in welchem er auch gleich Anfangs zum Sprecher erwählt worden war.

Die Verhandluugen dieses Ausschusses wurden,
während dem Gang derselben, schon in den Jahren 1797. und 1798. aus Publizitätsliebe
(a) Heftweise zum Druk befördert. Sie führen
den Titel:

„Verhandlungen des bürgerlichen Zwölfer-
Ausschusses in der Reichsstadt Reutlingen,
1797.“ In 8.

Es kamen nach und nach 4 Stüke heraus, welche
iu fortlaufender Seitenzahl 148 Seiten betragen.

§. 3.
Errichtung dieses Ausschusses.

Den Anlaß zu Errichtung einer solchen
neuen bürgerlichen Repräsentation gaben die
drükenden Kriegslasten, welche auch die
Reichsstadt Reutlingen tief zu empfinden hatte,
und wozu nach dem französischen Rheinübergang
im Jahr 1796. noch eine beträchtliche Summe
durch den Antheil dieser Reichsstact an der wir-
tembergischen Kontribution hinzukam.

Die Verlegenheit über die Maßregeln, welche
nun zu Tilgung der neuen Schuldenlast zu ergreifen seyn mdchten, veranlaßte die Zusammen-
beru-

(a) s. den Vorbericht zum ersten Heft.

berufung eines verstärkten grofen Raths. In diesem wurde beschloffen, das Geschäft einer bürgerlichen Deputation zu übertragen. Diefer Beschluß
wurde, nach Bekämpfung einiger Schwierigkeiten,
vollzogen. Der Ausschuß kam zu Stande; und
theils die Ausdehnung feines Auftrages, theils
eine noch ausdehnendere Erklärung desselben, unter dem Schuz des demokratischen Systems der
Stadtverfaffung, fezten denfelben in den Stand, im
Grunde ein Comitté de falut public mit ausge-
dehnter Gewalt zu bilden, und das Heft der Re-
gierungsgewalt fo ziemlich an fich zu ziehen.

§. 4.
nach der eigenen Darstellung des Zwölfer-
Ausschuffes felbst.

Da in den erwähnten Verhandlungen die
Entstehung und Organifation diefes Ausschuffes im
1. Stük vorausgefezt ist: fo ist es zwekmäfig, den
Zwölfer-Ausschuß felbst darüber zu hören. Man
kann am richtigsten auf den Geist eines Insti-
tuts aus feinen eigenen Aeuserungen schliefen. Auch
bezieht fich der klagende Theil der Reutlinger
Bürgerschaft in feiner Anzeige vorzüglich auf diefe
Stelle. Ich rüke also die ganze Darstellung der
Entstehung und Anordnung diefes Zwölferaus-
schuffes hier ein, wie fie im 1. Stük der Verhandlungen S. 1—6. enthalten ist.

„Zahl-

Zahllos, wie der Sand am Meere, sind die
mannigfaltigen Uebel, welche der Krieg seit sechs
Jahren schon über die Menschheit verbreitet; un=
zählbar sind insbesondere jene Plagen, welchen sich
der schwäbische Krais ausgesezt sah, seitdem die
Franzosen im vorigen Jahre die kaiserlichen Armeen
von dem rechten Rheinufer bis in das Herz von
Baiern zurükdrükten! Doch kann vielleicht auch
dieser französische Rheinübergang, wie manches
andre Uebel, noch einige zufällige gute Folgen
haben. Wirtemberg wurde mit einer schweren
Kontribution heimgesucht; diese gab zu einer Zu=
sammenberufung der Landstände Veranlassung,
welche sich selber in eine solche Verfassung sezten,
daß sich dieses Land für die Zukunft die schönsten
Früchte von den Bemühungen seiner Stellvertreter
versprechen darf. Die Reichsstadt Reutlingen
wurde in dem, zwischen Frankreich und Wirtem=
berg geschlossenen Waffenstillstand mit eingeschlos=
sen: sie mußte aber auch einen Theil der wirtem=
bergischen Brandschazung über sich nehmen. Diese
Summe war leichter verwilligt, als bezahlt.
Sollte man neue Steuern ausschreiben? Dagegen
sträubte sich eine durch Krieg und Theurung hart
mitgenommene Bürgerschaft aufs höchste. Oder
sollte man zu irgend einer Veräußerung des städ=
tischen Vermögens schreiten? Auch diß nicht;
und wehe dem, der so einen Antrag zu machen
gewagt hätte! In dieser kritischen Lage versam=
melte man den großen Rath, welcher noch zudem

mit 48 Mann aus der Bürgerschaft verstärkt war.
Dem Magistrat, oder wenigstens einigen seiner
Glieder, entschlüpfte der Vorschlag, die Bürgerschaft könnte aus ihrer Mitte eine Deputation
wählen, welche ihre Gedanken zusammentragen
möchte, auf welche Art diese Kontribution bezahlt
werden könnte, ohne zu dem verhaßten Mittel
neuer Steueranlagen schreiten zu müßen.

Plözlich erwachte unter dem grosen
Rath das Gefühl seiner ursprünglichen
Rechte. In diesem Augenblik fühlte er
sich, nach langer Zeit vielleicht wieder
zum erstenmal, als Stellvertreter der
Bürgerschaft. Ihr Recht der Mitwirkung bei
der Verwaltung des öffentlichen Vermögens stellte
sich ihm zwar in seinem ganzen Umfang vor Augen: aber man mußte nur nicht sogleich die Sache
schiklich anzugreifen, indem sich ein Kollegium von
144 Personen - denn aus so vielen besteht der
hiesige grose Rath — bälder über die Nüzlich-
keit der Sache, als über die Form derselben
verständigt. Durchgehends also wurde am 15. April
1797. beschlossen, eine solche Deputation durch die
versammelten Zünfte unmittelbar wählen zu laßen,
welche, da sie nur aus zwölf Personen bestehen
sollte, auch mit wenigern Schwierigkeiten zu kämpfen haben würde. Der Ostermontag war schon
zur Wahl ausersehen. Allein, kaum war der grose
Rath voll Zufriedenheit aus einander gegangen,
als ein gewises Zuflüstern den kleinen Rath auf

Fol-

Folgen aufmerksam machte, welche man in der dunkeln Zukunft erblikt haben wollte. Folgen, wie man sie gerne wittert, wenn man mehr aristokratisches als demokratisches Blut in den Adern fühlt.

Diese erregten Bedenklichkeiten blieben jedoch fruchtlos. Vor der Hand wurde zwar die Zusammenberufung der Bürgerschaft um acht Tage zurükgestellt. Dann ward dieselbe auch unterm 23 April durch eine magistratische Kundmachung eingeladen, ihre allenfallsige Verbesserungsvorschläge durch ihre gewöhnliche Zunftvorsteher an den Magistrat gelangen zu lassen. Allein, alle zwölf Zünfte, ganz von einem Geiste beseelt, blieben dem Vorsaz getreu, eine eigene Deputation zu dem vorhabenden Stadt-Oekonomie - Verbesserungsgeschäfte aus ihrer eigenen Mitte zu ernennen, welcher man die Rechte der Volksvertreter für die gegenwärtige Absicht um so mehr übertragen wollte, je weniger man zum Zwek kommt, wenn ein berathschlagendes Kollegium aus sehr vielen Köpfen besteht. Auf allen zwölf Zünften wurde sogleich zur Wahl geschritten. — Hier folgen die Namen der von der Bürgerschaft ernannten 12 Deputirten nach der altherkomlichen Ordnung der Zünfte:

Von der Weingärtnerzunft. — Stephan Votteler.

Von der Beckenzunft — Phil. Karl Lobmiller.

Von der Tucherzunft — J. Jak. Fleischhauer.

Von der Kuferzunft — D. Fezer.

Von der Schneiderzunft — Joh. Heinr, Clewer.

Von

Von der Schmidtzunft — Joh. Caspar Braun.
Von der Kramerzunft — J. Heinr. Christian.
Von der Karcherzunft — Joh. Gottlieb Kittel.
Von der Mezgerzunft — Matthäus Kloker.
Von der Kirschnerzunft — Jakob Ulrich Ruof.
Von der Schuhmacherzunft — Ge. Mich. Helbling.
Von der Gerberzunft — Johann Schauwecker.

Gleich am Tage nach vollzogener Wahl versammelte sich dieser bürgerliche Ausschuß der Zwölfer, um sich über verschiedene vorläufige Anordnungen zu besprechen, und sich von der durch-
gängigen Rechtmäsigkeit der Wahlen zu überzeugen. Dann wurde dem Regieramte die Anzeige
gemacht, daß sich der bürgerliche Zwölferausschuß
bereits förmlich gebildet habe. Die nämliche Anzeige wiederholte man dem Magistrate selbst, welcher gedachten bürgerlichen Ausschuß durch ein
Dekret vom 28. April nicht nur förmlich aner-
kannte, sondern auch „zu einer erspriesslichen Mitwirkung“ demselben eine magistratische Deputation
zuordnete.

Ehe jedoch von wirklichen Verbesserungsge-
schäften die Rede seyn konnte, war der Ausschuß,
zu Begründung seiner innern Ordnung, auf ein
Gesez bedacht, an welches alle Mitglieder gebunden seyn sollten: denn wer bei Andern Ordnung
herstellen will, muß selbst daran gewöhnt seyn.
Diß Gesez kam unterm 7. Mai zu Stande; sein
wesentlicher Inhalt ist dieser:

1)

1) Die Mitglieder des Zwölferausschusses versichern einander auf Ehre und Gewissen, in unzertrennter Verbindung das wahre Beste der Stadt und Bürgerschaft stets vor Augen zu behalten,

2) Jedes Mitglied gelobt Stillschweigen über das, was andre Mitglieder in den Sitzungen gerügt, angezeigt, gesprochen, vorgeschlagen oder gestimmt haben werden, indem nur wirkliche Beschließungen bekannt werden dürfen, Der Uebertretter wird seiner Zunft zurückgeschikt.

3) Ueber alle Verhandlungen soll ein getreues Protokoll geführet werden.

4) Ein Mitglied wird als Sprecher den Vorsiz haben. Dieser entwirft die schriftlichen Aufsäze, ordnet die Vorträge und Geschäfte, veranstaltet die Zusammenkünfte, führt im Namen des Ausschusses das Wort, besorgt das Protokoll, fordert die übrigen Mitglieder zu Ablegung ihrer Stimmen auf, und wacht für die Handhabung der innern Ordnung.

5) Dem Sprecher werden drei Mitglieder zugegeben, welche mit jenem einen engern Ausschuß bilden, die Aufsäze unterfertigen, und in Abwesenheit der übrigen einstweilige Vorkehrungen veranstalten.

6) Alles solle, wo möglich, einstimmig beschlossen werden. Auserdem werden in Haupt-

R 3   sachen

ſachen 10 Stimmen zu einem giltigen Be-
ſchluß erfordert, in Nebenſachen aber gilt die
unbedingte Mehrheit.

7) Alle Anträge an den Magiſtrat, die Zunft-
vorſteher oder die Zünfte ſelbſt geſchehen
ſchriftlich, und die Abſchrift bleibt beim
Protokoll.

8) Der Ausſchuß theilt ſich in 5 Klaſſen, welche je zwei und zwei als Deputationen
die Aufträge des Ausſchuſſes ausrichten. Der
Sprecher und Protokollführer ſind nicht darzu
gezählt.

9) Rangordnung findet nicht ſtatt: deßwegen
ſizen die Zwölfer nach der Reihe der
Zünfte um den Sprecher herum. Beim
Stimmablegen wird abwechslungsweiſe von
der rechten Hand des Sprechers zur linken,
und von dieſer zu jener fortgefahren. Der
Sprecher ſtimmt nach der Rangordnung ſeiner Zunft.

10) Der Ausſchuß wird ſich des Raths der
magiſtratiſchen Deputation ſo oft bedienen,
als er von derſelben ſachdienliche Aufſchlüſſe
erwarten kann.

11) Wenn die Stimmen getheilt ſeyn ſollten, ſo wird der betreffende Gegenſtand ſo
lange bei Seite geſtellt, bis ſich die Zwölfer
mit den vernünftigſten Männern ihrer Zünfte
darüber beſprochen haben.

12)

12) Perſönliche Beleidigungen werden im Ausſchuß ſelbſt beigelegt. Die im Streit be- fangenen Theile wählen jeder einen Schieds- richter; dieſe ziehen einen Dritten als Obmann zu ſich, und was dieſe erkennen, dabei bleibts.

Dieſem Geſez zu Folge wurde D. Fezer zum Sprecher gewählt, und demſelben Fleiſchhauer, Chriſtian und Kloker als engerer Ausſchuß zugegeben. Fleiſchhauer wurde auch zum Protokollführer ernannt. — Zu den Sizungen des Zwölferausſchuſſes hatte man ſich zuvor ſchon das Bibliothekzimmer auserſehen und beſchloſſen, die erſte förmliche Sizung Montag den 8. Mai zu er- öfnen, worzu die magiſtratiſche Deputation ſchrift- lich eingeladen wurde.

An dieſem Tage Vormittags 8. Uhr fand ſich dem zu Folge bei dem Zwölferausſchuß ein: Syn- dicus Enslen, Stadtſchreiber Wunderlich, Feldſchultheiß Kohberger und Senator Gbbel. Herr Syndicus machte eine kurze Anrede, worin er die Rechte des Magiſtrats zu verwahren ſuchte, welche der Zwölferausſchuß durch ſeinen Sprecher durch diejenige, im Voraus ſchon einſtimmig ge- nehmigte Rede erwiedern ließ, welche hier als das erſte Aktenſtük durch den Druk mitgetheilt wird. — Da dieſe Rede vom Anfang nicht zum Druk be- ſtimmt war, in der Folge aber doch auch nichts daran abgeändert werden durfte, ſo erkennet man von ſelbſt, daß eine ſtrengere Kritik auf dieſelbe nicht anwendbar iſt.

R 4 S. 5.

§. 5.

Fezers Rede bei Eröfnung der Sizungen dieses Ausschusses.

Ehe ich auf die Verbesserungsvorschläge dieses Ausschusses übergehe, muß ich zuvor noch der Rede erwähnen, welche bei der ersten förmlichen Sizung desselben am 8. May 1797. in Anwesenheit der magistratischen Deputation von dem Doctor Fezer gehalten wurde, und in dem ersten Stük der oberwähnten Verhandlungen des bürgerlichen Zwölferausschusses von Seite 9-32 eingerükt ist.

Sie giebt den Standpunkt zu erkennen, aus welchem der Zwölferausschuß sein Dasein, seinen Auftrag, seine Gewalt und seine Verhältnisse, auf der einen Seite gegen der Bürgerschaft und dem Huthkollegium und auf der andern Seite gegen dem Magistrat angesehen wissen wollte. Hiezu bahnt er sich, nachdem er zuvor bei der Veranlassung und Entstehung dieses Ausschusses sich verweilt hatte, durch Darstellung der Regimentsverfassung dieser Reichsstadt und ihrer Vorzüge den Weg.

„Ohne allen Vergleich — sagt der Verfasser — ist die Regimentsverfassung in der hiesigen Reichsstadt vorzüglicher, als in irgend einer andern

dern. Hier trift man die Volksgerechtsame noch
in jener unverfälschten Gestalt an, wie sie einer
der berühmtesten Gelehrten unserer Zeit sich dachte,
wenn die Völker eines ewigen Friedens theilhaftig
werden sollten. Die Bürgerschaft findet sich in
dem Genuß aller wünschenswerthen Vorzüge.
Sie ist die Quelle aller rechtmäßigen Gewalten;
denn das Volk wählt hier seinen Magistrat jährlich selbst aus der Mitte der Bürgerschaft nach
eigenem Wohlgefallen. Aber nicht blos durch die
Ausübung einer jährlichen Rathswahl sichert der
Bürger seine Gerechtsame: die Regimentsverfassung sezt ihn auch in den Stand, seine Vorzüge
das ganze Jahr hindurch geltend zu machen.
Zu diesem Ende gehen seine Zunftmeister mit in
den Rath; die Zunfthäke sind gleichsam die ver-
trauten Räthe der Zunftmeister; und die Zunftgerichte, welche mit jenen den grosen Rath ausmachen, sind ein groser stetswährender Ausschuß der
Bürgerschaft. Bei Vorfallenheiten, welche das
gemeine Wesen, und eben deswegen auch jeden
Einzelnen betreffen, muß sogar die ganze Bürgerschaft um ihre Meinung vernommen werden; in
diesem Fall äusert sie entweder ihre Gesinnungen
unmittelbar, oder sie überläßt die Auswahl
der schiklichen Maßregeln dem Magistrate
ausdrüklich, oder sie bevollmächtigt das Huthkollegium besonders, oder sie verlangt, daß
der kleine Rath mit dem grosen im Ein-
verständniß handle, oder sie ernennet durch

R 5   freie

freie Wahl aus ihrer Mitte eine Anzahl
von Bürgern, welche in ihrem Namen
über die erforderlichen Vorkehrungen
berathschlagen soll."

Diß leitet nun ganz natürlich auf die allge=
meine Versammlung vom 23. April, an welchem
Tag jede Zunft nach der Stimmenmehrheit einen
bürgerlichen Ausschuß von Zwölfen wählte.

Der Auftrag, welchen der Ausschuß an diesem
Tage erhalten haben soll, wird dahin bestimmt:

„Alle dienliche Mittel in Ueberlegung zu
nehmen, welche theils dazu dienen könnten,
die französische Kontribution mit möglichster
Schonung des Bürgers aufzubringen, theils
aber auch schicklich wären, den Wohlstand der
Bürgerschaft für die Zukunft zu verbessern
und zu sichern, ohne seine Zuflucht zu neuen
Steuern nehmen zu müssen."

und über diesen Auftrag kommentirt dann der
Redner also:

„Was demnach der Ausschuß in dieser ge=
doppelten Hinsicht verfügen wird, kann eben
so angesehen werden, als ob die ganze Bür=
gerschaft darüber einen Beschluß gefasset hätte,
und seine Vollmacht dauert so lange, bis
entweder der Gegenstand seiner Ernennung
erfüllet ist, oder die Bürgerschaft für gut
findet, zu erklären, daß der Ausschuß seine
weitere Geschäfte beendigen möchte."

Nun

Nun geht er, „um die Befugniffe des Zwbl-
ferausfchuffes zu würdigen, uud fich gegen möglichen Tadel zu fichern," auf folgende zwo Fragen
über:

I. „Hat die Bürgerfchaft das unbeftrittene Recht,
einen ftellvertretenden Ausfchuß zu ernennen,
welcher für fich felbft fo wichtige Gegenftände
in Berathfchlagung nehmen, und darüber Verfügungen treffen dürfte?

II. Ift der Magiftrat fchuldig, diefen, von der
Bürgerfchaft unmittelbar gewählten, Ausfchuß
anzuerkennen, feine Verfügungen als verfaffungsmäßig und verbindlich zu betrachten:
oder follte es demfelben nicht vielmehr frei
ftehen, nur den Gebrauch davon zu machen,
der ihm gut dünken wird?"

Da fchon aus den vorausgefchikten Grund-
fäzen des Verfaffers deutlich genug abzunehe-
men ift, wie diefe beiden Fragen aufgelöft
werden, fo ift es überflüffig, mich bei der Beantwortung derfelben zu verweilen. Ich bemerke daher nur noch, daß derfelbe im Fortgang feiner
Rede auch noch die „ängftlichen Seelen" aufzu-
richten bedacht war, welche vielleicht wähnen könnten, „zu wichtigen Verbefferungen in der ftädti-
„fchen Dekonomie fei die vorläufige Einwilligung
„des Kaifers erforderlich."

Sodann geht er auf die Form über, un-
ter welcher die Befchlüffe diefes bürgerlichen Ausfchuffes wirkfam werden können, — Auch hier
steht

steht, die Würde des Magistrats im Verhältnis
gegen der Eigenschaft des Bürgers — im Hinter-
grund.

Die Ordnung, nach welcher die Geschäfte
des Ausschusses einzurichten wären, leitet ihn darauf, zuvörderst im Namen des Ausschusses dem
Magistrat „die bescheidene Bitte“ vorzutragen:

„daß derselbe die nöthigen Befehle, sowohl an
beide Herrn Stadtschreiber, als auch an den
Herrn Probator und Kassenverwalter, nicht
minder an die derzeitigen Herren Verwalter
der Pflegschaften erlassen möge, dem bürgerlichen Zwölferausschuß die Einsicht aller be-
dürfenden Aktenstüke zu verschaffen, deren er
im Verfolge seiner Arbeit benöthigt seyn
möchte, und demselben überhaupt alle dienliche Belehrungen zu ertheilen.

Wer den Zwek will, sagt er, muß auch
die Mittel dazu wollen.

Nun wird auch jeder gutgesinnte
Bürger aufgefordert, seine Wünsche und Verbesserungsvorschläge dem Ausschuß mitzutheilen.

Offenheit des Zuwerkgehens wird
als eine unnachläßliche Pflicht des bürgerlichen
Zwölferausschusses erklärt, und auch schon ein Wink
darauf gegeben, daß man keinen Anstand nehmen
würde, das Wesentliche der Verhandlungen, soweit dieselbe in andern Rüksichten ohne Nachtheil
öffentlich bekannt gemacht werden können, zum
Druk gelangen zu lassen.

Enb-

Endlich macht eine Anrede an die magi=
stratische Deputation den Beschluß, in wel=
cher zugleich — freilich auf eine ziemlich diktato=
rische Art — der Festsezung des Verhältnisses Er=
wähnung geschieht, worinn diese Deputation mit
dem Zwölferausschuß stehen soll.

§. 6.

Verbesserungsvorschläge des Zwölferausschusses.

Nun verdienen auch die Verbesserungs=
vorschläge des Zwölferausschusses selbst
einige Aufmerksamkeit. In dem schon oben erwähn=
ten reichshofräthlichen Erkenntniß vom 2. Jul. 1799.
wird dem Magistrat unter anderem aufgegeben,
sämtliche, vollzogene sowohl als unvoll=
zogene Oekonomie=Verbesserungsvorschläge
ad acta: Reutlingen Stadtökonomie und De=
bitwesen betreffend, umständlich und mit Bei=
fügung seines Gutachtens anzuzeigen, und kai=
serliche Entschließung darauf zu gewärtigen,
immittelst aber, soviel insonderheit die leztern
belange, mit allem Vollzuge einzuhalten."
Es werden also sämtliche Oekonomieverbes=
serungsvorschläge im Fortgange des reichshofräth=
lichen Verfahrens wider zur Sprache kommen.
Um so zwekmäßiger ist es, sie vorläufig kennen zu
lernen. Ueberdiß erfordert es die Gerechtigkeit, die
Handlungen des zwar bereits verworfenen Zwöl=
ferausschusses nach ihrem Umfang zu prüfen.
Es ist auch zu erwarten, daß der Reichshofrath
die=

dieselbe nach Gerechtigkeit würdigen und nicht
ohne Unterschied verwerfen werde.

Hierüber nun geben die drei folgende Stüken
der Verhandlungen ein näheres Licht, indem
sie sechs Liferungen dieser Vorschläge — freilich nur nach der einseitigen Darstellung des Verfassers — bekannt machen. Ich werde also dieselbe
hier vollständig, doch in möglichster Kürze, aufzählen.

§. 7.
Erste Lieferung. Vermischter Gegenstände.

Das zweite Stük enthält nebst einer Vorerinnerung die „erste und die zweite Lieferung der anwendbaren Stadtökonomie
Verbesserungsvorschläge."

In der Vorerinnerung, welche vom 5. Jul.
1797. gegeben ist, beschäftiget sich der Ausschuß
mit den Wenigen, welche, durch Nebenabsichten
irre geführt, nicht in das allgemeine Zutrauen
einstimmen, womit er sich von dem grösten Theil
der Bürgerschaft beehrt sehe, macht sich aber zugleich öffentlich anheischig, alle Ausbrüche des Miß-
vergnügens seiner wenigen und ohnehin unmächti-
gen Gegner mit Grosmuth zu übersehen und nicht
einmal persönliche Beleidigungen zu rügen.

Die Verbesserungsvorschläge der ersten Lieferung betreffen folgende Gegenstände:

1. Die Entwerfung einer Instruction für den
Verwalter der Stadtkasse, in welche alle
städtische Gelder zusammenfliesen; weil die
von der kaiserlichen Kommission dem ehemali-
ger

gen Stadtkassier vorgeschriebene Instruction, welche überdiß dieser selbst noch in Händen hatte, auf die gegenwärtigen Zeitumstände nicht mehr passe.

2) Die Aufhebung einer von dem Magistrat angeordneten neuen Steuer auf den Dorf- schaften, weil sie ohne Einwilligung der Bürger- schaft, welche in der Folge dieselbe auch hätte bezahlen müssen, ausgeschrieben worden war.

3) Die Verwahrung der Stadtkassenschlüssel in den Händen des Amtsbürgermeisters; weil man seit etwa einem Jahr von dieser löbli- chen Gewohnheit zurükgekommen war. Wenn nämlich Gelder in die Kasse gelegt oder dar- aus erhoben werden, so muß es in Gegen- wart und unter Beurkundung des Amtsbür- germeisters geschehen, der dafür jährlich fünf- zig Gulden bezieht.

4) Die Hebung einiger Misbräuche bei dem bisherigen S t e u e r s a z, bis die Umstände es zulassen würden, den gegenwärtigen Steuer- fuß auf ein richtigeres Ebenmas zu sezen. Einige zwekmäsige Anordnungen; besonders daß jeder Bürger, der durch Kauf oder Erb- schaft ein Gut übernimmt, schuldig seyn soll, dasselbe auf eigene Kosten messen zu lassen, sofern das angegebene Meß mit den Steuer- büchern nicht gleichlautend ist; und, daß je- der Bürger, der auf das erste Vorbieten beim Steuersaz nicht erscheinen würde, beim zweiten

Vor-

Vorbieten 10. beim britten aber 20 kr. Strafe
unnachläſſig bezahlen müſſe, um die Stadt
um den Aufwand zu entſchädigen, den die
Verzögerung des Geſchäfts verurſachte.

5) Die Einführung eines Beiſizgeldes.
Monatlich 24 kr.

6) Die Beiziehung der Prälaten zu Zwiefalten
und Marchthal zu der franzöſiſchen Kontribution, wegen ihrer in der Stadt befindlichen
Höfe.

7) Einige vorläufige Erſparniſſe bei den Aus-
gabsrubriken der Stadtkaſſe. Unbedeutend!
Die hier erwähnte Wiedereinführung des Re-
ligionsunterrichts für die Jugend vom 14 bis
20 Jahr, nach den ſogenannten Kinderlehren,
welcher in Abgang gekommen war, ungeachtet die Geiſtlichen und Schullehrer eine be-
ſondere Belohnung dafür erhielten, iſt lobens-
würdig.

8) Die allmälige Beitreibung der Ausſtände bei
der Stadtkaſſe und den Pflegſchaften, nach
dem Verhältniß der Zahlungsfähigkeit.

Uebrigens hat ſich der Ausſchuß die weitere
Verbeſſerungsvorſchläge in Anſehung der Stadtkaſſe
vorbehalten, bis die Stadtrechnungen durchgegan-
gen ſeyn würden.

Am Ende dieſer erſten Lieferung wird noch
die Bemerkung gemacht, daß die Vorſchläge jeder
Lieferung zuerſt mit der magiſtratiſchen Deputation
und den betreffenden Pflegern, ſodann mit den
Zunft-

Zunftbüten und Zunftmeistern in Erwägung gezogen, hierauf dem Magistrat vorgelegt, und,
wenn nichts daran getadelt werden kann, für
anwendbar erklärt werden.

§. 8. Zweite Lieferuug.

Die zweite Lieferung betrift den Spital und die Armenpflege. Die besondern Gegenstände sind:

1) Die Instructionen der Pfleger;

2) Die Verwandlung einer nach Nothdurft bestimmten Holzbesoldung aus den Spitalwäl-
dern in eine bestimmte Klafterzahl.

3) Die Ablaufbarkeit der Leibeigenschaft, „welche
die Menschenwürde entehrt, und deswegen in
userm hellern Zeitalter, wo man die ursprünglichen Menschenrechte, stets mehr schätzen
lernt, mehrfällig aufgehoben wurde,, — gegen
einen angemessenen Freiheitsschilling, zur Entschädigung des Spitals.

4) Eine Abänwerung in Ansehung der theiligen
Güter.

Die theiligen Aeker, da sie dem Grundei-
genthum nach dem Spital oder einer Pflegschaft
zustehen, sollen mit Aufhebung des Naturalein-
zugs der Theilgarben dem Bürger, um ein ange-
messenes Bestandgeld überlassen werden. Bei
theiligen Weinbergen hingegen, weil das Eigenthum desselben dem Bürger zusteht, soll die
Abkaufung der Beschwerde zugestanden werden.

5) Ablösigkeit der sogenannten Gottesgaben.

Diese

Diese sind in dem Reutlinger Gebiet eine Realbeschwerde der Weinberge, und bestehen in der jährlichen Abgabe eines gewissen Maases an Wein aus denselben. Sie sind also eine Art von Bodenwein, dessen Benennung den Ursprung dieser Abgaben zu bezeichnen scheint.

6) Die Ablösung der sogenannten ewigen Zinse. Dergleichen Vorschläge verrathen freilich das Original, welchem sie nachgeahmt sind. Inzwischen sind die Gründe für die Aufhebung solcher insgemein ins Kleinliche gehenden Zinse hier kurz und bündig zusammen gestellt.

7) Verkauf der eigenen Aeker, Wiesen und Weinberge der Armenpflege, weil es als ausgemachte Wahrheit angesehen werden kann, daß Güter in einer todten Hand nie so vortheilhaft benuzt werden, als wenn sie zum freien Eigenthum des Bürgers gehören.

8) Der Verkauf der pflegschaftlichen Weinberge macht auch das Amt eines Baumanns an den Keltern überflüssig, indem alles, was dieser zu versehen hatte, durch den Kelterschreiber vollzogen werden kann.

Bei diesem Punkt sezte der Magistrat, nach einer Bemerkung am Ende dieses Stüks, noch bei, daß der Bürger künftig auch kein Einschreibgeld von den Bütten zu bezahlen habe.

9) Abstellung der sogenannten Müllerkuchen bei der - der Armenpfleg zuständigen Mahlmühle zu Bezingen. Mit diesen Müllerku=

chen

chen wurden nemlich um Weihnachten, theils in Bezingen selbst, theils in der Nachbar-schaft Geschenke gemacht. Im Jahr 1795. belief sich der Kosten auf 127 fl. 44 kr.

Am Schluß dieses Stüks ist bemerkt, daß der Magistrat aus eigenem Antrieb auch die Müllerkuchen in den Mühlen zu Reutlingen selbst abgestellt habe.

10) Verleihung einzelner Bestandtheile der pflegschaftlichen Gebäude durch die Pfleger und nicht durch die Kastenknechte.

11) Bessere Benuzung des der Armenpflege zu-stehenden Zehenden zu Ober-und Unterhausen.

12) Aehnliche Verfügung in Ansehung der Wein-zehendgefälle zu Hausen. Beide Anordnungen ganz zwekmäsig. Nach einer am Schluß die-ses Stüks beigefügten Bemerkung ist der Heuzehende zu Hausen, welcher zuvor den Bauren um 48 fl. 30 kr. überlassen war, bereits für den laufenden Jahrgang (1797) um 111 fl. verliehen, und der Weinzehen-de soll in der Kelter eingezogen werden.

13) Die sogenannten Restitutionsposten oder Geldvorschüsse der Pfleger auf Wiederer-saz ohne Versicherung und Verzinsung. Verbott aller Geld-Anlehnung von den Pfle-gern ohne förmliche Obligationen und recht-mäsige Versicherungen.

Nach einer Schlußbemerkung dieses Stüks, fand der Magistrat die meisten dieser Punkte zwek-

S 2 mäsig.

mäßig. Nur bei der Auslößbarkeit der Gottesgaben, ewiger Zinnfe und der theiligen Weinberge hatte er Bedenklichkeiten, welche er, in einer Zuschrift an die Bürgerschaft, dieser ausführlich vortrug; worauf auch der Zwölferausschuß seine Gründe den zwölf Zünften mittheilte. Von der Bürgerschaft soll hierauf am 2. Jul. 1797. einstimmig der Vorschlag des bürgerlichen Ausschusses genehmigt, und auf die wirkliche Auslösung förmlich angetragen worden seyn.

Dessen ungeachtet hat der Magistrat, nach dem dritten Stük der Verhandlungen, Seite 87, noch immer Anstand genommen, wegen der theiligen Weinberge in die Idee einzugehen. Er verordnete nämlich, daß zuvorderst über derselben Ertrag eine Berechnung von 9. Jahren angestellt, und die darauf verwendete Kösten in Abzug gebracht werden sollen, um zu sehen, ob Nuzen oder Schaden dabei herauskomme.

Der Zwölferausschuß unterzog sich selbst dieser Arbeit. Daraus ergab sich nach der Aeuserung derselben am angeführten Ort, daß der Aufwand in 8 Jahren um viel größer war, als der Nuzen, und daß das Zehendamt aus dem Erlös beim Verkauf in 9 Jahren beträchtlich an Zinnfen gewinnen könnte, da es im Gegentheil bisher Schaden hatte: dessen nicht einmal zu gedenken, daß sodann diese theilige Weinberge, wie andere freie Güter, in die Steuer genommen werden könn

könnten; weswegen dann auf den Verkauf wiederholt angetragen wurde.

§. 10.

Vorerinnerung zur dritten und vierten Lieferung.

Das dritte Stük der Verhandlungen
enthält, neben einer ausführlichen Vorerinnerung
vom 29. October 1797, die dritte und vierte Lieferung der Oekonomieverbesse-
rungsvorschläge. Die Vorerinnerung ist dazu
bestimmt, einige der Ursachen bekannt zu machen,
welche die Fortsezung dieser Verhandlungen in
etwas verzögert haben. Daraus ersehen wir, daß
ein Hagelwetter am 20. Jun. desselben Jahrs in
dem Umfang des Reutlingischen Gebiets einen
auf 300,000 fl. geschäzten Schaden angerichtet
habe. Um die Noth der Bürgerschaft zu lindern,
entschloß sich der bürgerliche Ausschuß, ohngefähr
1000 Schöffel Dinkel aus solchen Gegenden zu
kaufen, welche ihre Früchte niemals nach Reutlingen zu Markt gebracht hätten. Das erforderliche
Geld schoß der Ausschuß zusammen, und erbot
sich, diese Früchte ohne allen Gewinnstaufschlag
der Bürgerschaft zu überlassen. Dieß wäre allerdings eine rühmliche Vorsorge gewesen.

Sodann geht der Verfasser auf den in der
Zwischenzeit gehaltenen Wahl-und Schwörtag,
besonders in der Rüksicht über, weil auf demselben
auch Mitglieder des Zwölferausschusses in den
Magistrat erwählt worden waren. Diese ganze
Stelle ist unten in der Note zu der allerunterthänigsten Anzeige ꝛc. eingerükt.

S 3

Hier-

Hierauf geschieht einer neuen Einrich-
tung des Quartierwesens Erwähnung,
wobei einige Glieder des Zwölferausschusses und
unter denselben der Sprecher selbst, das Quartier-
amt mit besetzten, durch welches nun die Quar-
tierslast genau nach der Steuer auf die Einwohner vertheilt wurde.

Als weitere Gründe der Verzöge-
rung werden bemerkt, daß die Berufsgeschäfte der
Zwölfer eine kleine Pause nothwendig gemacht hätten, weil solche durch die anfänglich gehaltene täg-
liche Sitzungen allzusehr hintangesezt worden seyen;
daß es nicht zwekmäsig seyn würde, Verbesserungsvorschläge in unübersehbarer Menge aufeinander zu
häufen, ehe die vorangegangenen in Anwendung
gesezt seyn würden; daß der Ausschuß vor dem
Schwörtag Mühe genug gehabt habe, seinem Dasein die gehörige Gestalt zu geben, da er mit Hin-
dernissen zu kämpfen gehabt habe, die zu seiner
Auflösung und Zernichtung ersonnen waren; daß
er nach dem Schwörtag erst habe zusehen wollen,
wie sich der Magistrat, bei der neuen Mischung
seiner Glieder, besonders in Absicht auf die Be-
werkstelligung der früheren Vorschläge, benehmen
würde u. d. gl.

Auch sucht der Ausschuß noch sich gegen die
Verzinglimpfungen zu rechtfertigen, wozu der An-
laß hauptsächlich daher genommen wurde, daß der
Ausschuß der Bürgerschaft Hofnung gemacht habe,
die französische Kontribution werde ohne neue
Anf-

Auflagen nach und nach bezahlt werden kön=
nen, und man nun doch auf dem Punkt stehe, zu
einer außerordentlichen Kriegskostenumlage seine
Zuflucht zu nehmen. (a)

S 4   Die

---

a) Bei dieser Gelegenheit erhalten wir auch nähere
Kenntniß von den weitern im Jahr 1797. auf die
Stadt gefallenen Kriegslasten. „Wer sieht aber
nicht, — sagt der Verfasser —" den feindseligen Ver=
läumdungsgeist ganz unverkennbar hier durchblikken?
Der Ausschuß sprach ja nur von der Bezahlung der
französischen Kontribution! konnte er denn im Mai
1797. voraussehen, daß ein Hagelschlag im Juni der
Stadt und den Pflegschaften einen Schaden von drei
Tonnen Goldes verursachen würde? konnte er damals
wissen, daß der Kaiser auf den schwäbischen Krais
eine Heurequisition von 700,000 Zentner ausschreiben
würde, woran Reutlingen, über Abzug der geleisteten
Naturalabgaben, noch über eilftausend Gulden an
Geld bezahlen solle? Wußte er, daß die Stadt vom
Monat Juli bis Ende August 4 Kompagnien, den
Stab und eine Menge Pferde von dem Infanteriere=
giemente des Prinz Nassau Oranien in die Quartier
würde nehmen müssen, und daß, nach geendigtem
Lager, wieder einige Kompagnien nebst dem Stabe
einräten würden? Wer konnte die ungeheuern Vor=
spannkosten voraussehen, welche man nur erst wieder
seit dem Monat Julius bis jezt aufzuwenden hatte?
Wer konnte wissen, daß das Zehendamt den größten
Theil seines Wein = und Fruchtzehenden durch den
Hagel verlieren, der Spital den ansehnlichsten Theil
seiner Fruchtgefälle dadurch einbüßen, und die übrigen

Pfleg=

§. 9. Dritte Lieferung.

Die dritte Lieferung ist ganz dem Zehendamt gewidmet. Hier steht man in Versu-
chung Vorschläge nach französischem Zuschnitt zu
erwarten. Man muß aber dem Zwölferausschuß
und seinem Sprecher Gerechtigkeit widerfahren lassen, daß sie nicht aus den bekannten Ideen der
ersten französischen Nationalversammlung bei diesem Gegenstande ausgegangen sind.

Zwar gedenken sie der Aufhebung des Natu-
ralzehendeinzugs als eines Lieblingswunsches der
Bürgerschaft. Sie finden aber die Ausführbarkeit
dieses Wunsches beinahe unmöglich, und schränken
sich, nachdem sie sich §. 1. umständlich über die
künftige Benuzung, und besonders über die Unan-
wendbarkeit der Verleihung des Fruchtzehenden,
wie über die Unausführbarkeit der Einführung eines Geldansazes statt des Zehenden, umständlich
geäusert hatten, in den folgenden Sphis nur auf
Abstellung der Mißbräuche ein, die zum theil zu
sehr

Pflegschaften durch einen einzigen unglücklichen Tag so
hart wür en mitgenommen werden? Oder ist es die
Schuld des Zwölferausschusses, wenn der Schwäbische
Krais ungefehr 15000 Gulden Provianturumlagen von
dem Jahrgang 1796. an die Stadt forderte? Wüste
man bei dem Anfang der Zwölfergeschäfte, daß die
Stadt nur allein in dem Monat Sept. und Oct. zu
den Schanzarbeiten an dem Ulmer Vestungsbau gegen dritthalbtausend Gulden würde bezahlen müssen,
ohne das zu benennen, was es künftig noch kosten
möchte u. s. w.

sehr ins kleinliche gehen, als daß ich mich hier dabei verweilen könnte.

Verschiedene Vorschriften für den jeweiligen Zehendpfleger und den Strohvogt, (I) die Betreibung eines gewissen Rechnungsrests, (III.) die bessere Benuzung eines Heuzehenden, den die Stadt von einer gewiesen Anzahl Wiesen auserhalb ihres Gebiets zu beziehen hat, (IV.) die Verminderung des Personals beim Obst= und Krautschäzen, (V) die Abstellung des Naturalzehenden auf den s von der Stadt sehr entfernten sogenannten H a c k t h e i= l e n der Bürger, wenn sie Früchte oder Haber darauf bauen, gegen Beziehung des sonst gewöhn= lichen Geldzinses, (VI) die Einschränkung des Ver= tauschens dieser Haltheile (VII.) die Auslassung verschiedener s in den Rechnungen nachgeführter, wahrscheinlich aber ohne alle Hofnung verlohrner Güter, Gottesgaben und anderer Gefälle aus den Rechnungen, (VIII.) die schon erwähnte Anslös= barkeit der theiligen Weinberge (IX.) der Miß= brauch beim zehendamtlichen Kasten s und Keller= sturz, da auser dem Gesellschaftstrunk von ver= schiedenen Personen auch noch Wein nach Haus geholt wird, (X.) die Ansezung eines Kanons aus einem s bei dem Hochgericht gelegenen beträcht= lichen Stük Neubruch, neben Beziehung des ge= wöhnlichen Zehenden, (XI.) die Frage von dem Heuzehendrecht in Ansehung derjenigen Wiesen, welche den zu Reutlingen befindlichen auswärti= gen Höfen zustehen, (XII.) und endlich die Hebung

S 5

verschiedener Mißbräuche bei dem zehenbamtlichen
Kiefergeschäfte, (XIII,) sind die Gegenstände dieser
nicht sehr bedeutenden Vorschläge, welche auf das
Zehendmat Bezug haben.

§. 11.

Vierte Lieferung. Mitwirkung der Bürgerschaft bei der Revision der Rechnungen.

Ungleich wichtiger ist der = unter dem Namen
der vierten Lieferung S. 93 — 116. eingerükte
Aufsaz, welcher in Rüksicht auf die bei dem
Rechnungswesen eingerissenen Mängel
ganz dahin abzwekt,

"durch eine etwas ausführlichere Darstellung
zu beweisen, daß die Bürgerschaft in
Reutlingen das Recht habe, bei der
Abhör der jährlichen Rechnungen
durch eine bürgerliche Deputation
zu erscheinen, um sich von dem Gang
der Geschäfte sowohl, als von der
zwekmäßigen Verwendung der öffentlichen Einkünfte selbst zu überzeugen."

Es ist wirklich auffallend, daß das = die
Bürgerschaft repräsentirende Kollegium bisher keinen Einfluß bei Rechnungsabhören hatte, sondern
die öffentlichen Rechnungen sowohl bei der Stadtkasse, als den übrigen städtischen Verwaltungen
von dem Magistrat ganz einseitig abgehört

hört und justifcirt werden, und daß der Kassen-
rechnungsabhör sogar, welche doch unter allen die
wichtigste ist, meistens nud einige Glieder des
geheimen Kollegiums anwohnen. (a)

Der Verfasser dieses Aufsazes sucht nun, theils
aus allgemeinen Grundsäzen, theils aus der Regimentsverfassung, der Reichsstadt Reutlingen, insbesondere, das schon erwähnte Thema auszuführen,
und seine Grundsäze zugleich durch eine beträchtliche Anzahl von Beispielen anderer Reichsstädte
zu bestärken, in welchen der Magistrat bei dem
Geschäfte der Rechnungsabhör durch eine gewisse
Mitwirkung einer bürgerlichen Repräsentation,
theils vermög bestehender Verträge, theils nach
reichsgerichtlichen Erkenntnissen eingeschränkt ist.
Die hier zu Beispielen aufgeführten Reichsstädte
sind: Aachen, Aalen, Biberach, Lindau, Köln,
Dinkelsbühl, Frankfurt am Main, Goßlar, Gen-
genbach, Gmünd, Hamburg, Hall, Heilbronn,
Lübeck, Mühlhausen, Nördlingen, Nürnberg, Ra-
vensburg, Ueberlingen, Ulm, Wezlar, Weissen-
burg und Wimpfen.

„Der Zwölferausschuß sieht sich demnach —
dahin ziehen sich gegen dem Ende dieses Aufsazes
(b) die Wünsche des Ausschusses zusammen —
bewogen, im Namen der gesammten hiesigen
Bür-

---

a) Verhandlungen S. 109.

b) S. 112.

„Bürgerschaft darauf mit Nachdruk anzutragen, daß
von nun an bei allen vorzunehmenden
Rechnungsabhören, dieselbe mögen nun die
Stadtkasse oder Pflegschaften betreffen,
eine Deputation von der Bürgerschaft,
welche wenigstens aus drei, des Rechnungswesens
so weit möglich kundigen, weder in einer Verrech-
nung noch Besoldung stehenden Personen bestehen
müßte, anwesend seyn mögen. Der Zwölferausschuß behält es sich bevor, künftig die Regeln
näher an die Hand zu geben, auf welche Art die
Bürgerschaft ihren Einfluß beim Rechnungswesen
am schiklichsten, sichersten und zwekmäßigsten geltend machen könne: einstweilen aber wird auf ein
förmliches magistratisches Dekret angetragen, durch
welches der Ausschuß bevollmächtiget wird, zu jeder Rechnungsabhör aus seiner Mitte zwei, und
aus dem Zunfthuthkollegium ein Mitglied abzu-
ordnen, welche nicht nur der ganzen Verhandlung
anzuwohnen, und die Rechnungen mit zu unterfertigen, sondern besonders darüber ein wachsames
Auge haben sollen, ob die Verwaltungen nach den
Instructionen geführt, von Seite des Probations-
amtes die Defekte ohne Schonung gemacht, ge-
hörig und befriedigend beantwortet, und derselben
Erledigung betrieben werde, und in wie fern der
Magistrat zu Abstellung der erfindlichen Unregel-
mäßigkeiten sich geneigt finden lasse. Dabei ver-
steht es sich jedoch von selbst, daß der Deputation
des Zwölferausschusses alle Originalbeilagen un-

mans

„mangelhaft zur Einsicht und Prüfung mitge=
getheilet werden; und daß dieselbe, nach Befinden
der Umstände, die Rechnungen zur nochmaligen
besonderen Durchsicht verlangen könne; um genüg=
liche Zeit zu haben, dem Zwölferausschuß den
allenfalls erforderlichen Bericht zu erstatten, wel=
cher im Nothfall mit dem Huthkollegium Rück=
sprache nehmen, und solche Anordnung treffen
wird, die man zur Aufrechterhaltung des bürger=
lichen Wohlstands und des öffentlichen Zutrauens
für dienlich erachten mag."

Nach der Versicherung des Verfassers (a)
„fand auch der Magistrat diesen Antrag des
Zwölferausschusses so gerecht und billig, daß er
denselben ohne alle Einschränkung beinahe
einstimmig genehmigt, Ein einziges Mitglied
— bemerkt derselbe dabei — hat sich seine Ab=
stimmung biß nach dem Schwörtage vorbehalten
wollen, sah sich aber noch vor demselben veran=
laßt, sich von den öffentlichen Geschäften zurük=
zuziehen. Die beiden bürgerlichen Kollegien der
Zwölfer und der Zunfthüte haben auch bereits von
der ihnen bewilligten Befugniß Gebrauch gemacht,
und sind inzwischen bei allen Rechnungsabhören
zugezogen worden."

§. 9.

a) Am Ende des III. St. S. 116.

§. 12.

Fünfte Lieferung. — Vermischte Gegenstände.

Wann das vierte Stük nachgefolgt sei, ist aus demselben nicht abzunehmen; wahrscheinlich erst im Sommer 1798. da der Ausschuß (nach S. 120.) seine weitere Sizungen auf die wärmere Witterung ausfezen muß.

Es enthält dasselbe einen Auszug der fünften und die sechste Lieferung.

Die Gegenstände der fünften schon im Hornung 1798. zu Stande gebrachten Lieferung sind:

1) Die Aufhebung der Oekonomie im Fundenhauß, wodurch jährlich 600 fl. erspart werden können. Sie wurde aus der Ursache beschlossen, weil Müssigänger und Landstreicher daselbst einen Aufenthalt finden, die der Bürgerschaft durch den Bettel, den Waldungen aber durch einen nahmhaften Holzverbrauch zur Last fielen.

2) Die Abschaffung des bei der Stadt bisher unterhaltenen vierspännigen Zugs, welcher unter einer abgesonderten Verwaltung stand.

3) Eine neue Anordnung, über die Thorgelder; zum Vortheil der Einwohner.

4) Der Verkauf der Leimgrube, eines unfern der Stadt öde gelegenen, izt in ein schönes Gut umgeschaffenen Plazes. Der Vorschlag einer nochmaligen Versteigerung eines schon

übrig

obrigkeitlich verkauften Baumguts in der Mark wurde von dem Magistrat nicht gebilligt.

5) Vorschlag zu besserer Beitreibung der Steuern, daß der Bürger welcher seine laufende Steuren nicht bezahlt, von seinen zween Gemeindstheilen den einen, und welcher die Rukstände nicht nach Möglichkeit tilgt, beide verlieren, und so lange von den bürgerlichen Holztheilen ausgeschlossen seyn soll, bis die Rukstände gänzlich bezahlt seyn werden. Zwekmäsig und genehmigt!

6) Verzeichnis aller verzinslichen Kapitalien und stehenden Ausgaben; auch jährliche Stellung der Kassenrechnungen spätestens bis Jakobi zur Prob und Abhör; und

7) Bestimmung der Gebühr des Bettelvogts von den Eßwaren, welche durch Fremde auf den Markt gebracht werden.

§. 13.

Sechste Lieferung — die Verleihung der Stadtmühlen zu Reutlingen betr.

Die sechste Lieferung endlich hat ganz die bisherige Selbstadministration der fünf Mahlmühlen in Reutlingen zum Gegenstand, welche zusammen sieben und zwanzig Gänge enthalten. Nach einer gemachten sechsjährigen Bilanz, wovon die Uebersicht am Ende dieses

Stüks

Stüks beigefügt ist, beträgt der reine Ertrag dieser fünf Mühlen nicht weiter, als 2,470 fl. 56 kr. mithin auf e i n e Mühle 494 fl. 11 kr. Die Nach- theile der bisherigen Selbstadministration werden einleuchtend gezeigt. Der Vorschlag des Zwölfer- ausschusses ist also auf Verleihuug d i e s e r sämtlichen Mühlen gerichtet, deren Reali- sirung ohne Zweifel der Stadtkasse ungleich vor- theilhafter seyn würde. Auch ist der Entwurf ei- ner Verordnung beigefügt, nach welcher sich Mül- ler, Mühlknechte und Mühlgäste zu verhalten haben. Nach einer dem Inhalt der fünften Lie- ferung beigefügten Bemerkung scheint aber dieser zwekmäsige Vorschlag, welchen auch der Magi- strat genehmigte, nicht vollzogen worden zu seyn, weil sich die Bekenzunft demselben, wahrscheinlich aus eigennüzigen Gründen, widersezte, und auch einen grosen Theil der Bürgerschaft dagegen ein- zunehmen wußte.

§. 14.
Stillstand der Operationen des Zwölferaus- schusses.

Mit dieser sechsten Lieferung scheint die Thä- tigkeit des Zwölferausschusses in Stillstand oder gar ins Steken gerathen zu seyn. Es läßt sich solches schon aus einer Aeuserung am Schlusse des vierten Stüks abnehmen. Denn dieses endigt sich mit folgender Erklärung:

Da

„Da ſich die bisherigen Mitglieder des
Zwölferausſchuſſes bewogen ſehen, aus beſondern Gründen darauf anzutragen, daß
ſie von andern Perſonen in ihren Geſchäften
abgelöst werden möchten; ihre Erklärung aber
auf dieſen Bogen keinen Raum mehr findet: ſo wird jeder Zwölfer einen von ihm
eigenhändig unterzeichneten ſchriftlichen Auf-
ſaz vor verſammelter Zunft verleſen, und in
die Zunftlade verwahrlich niederlegen.‟

§. 15.

Anzeige am Reichshofrath.

Diß iſt das Weſentliche von den Unternehm-
mungen dieſes Zwölferausſchuſſes; nach der eigenen, mithin freilich immer nur einſeitigen
Darſtellung deſſelben. Daß es während dem ganzen Gange derſelben mancherlei Zwiſchenſpiele,
Widerſprüche und Parteienkämpfe gegeben habe,
läßt ſich ſchon aus den vielen Nebenbliken und
Seitenhieben auf Gegner, Verläumder, Uebelge-
ſinnte, Ariſtokraten und dgl. abnehmen. Eine ge-
naue Kenntniß aber erhält man hier nicht. In
der alleruntertthänigſten Anzeige ꝛc. hören wir nun auch den andern Theil (a).
Durch Vergleichung dieſer Schrift mit der Dar-
ſtel-

---

a) Es ſind ſiebenzehen Bürger, unter welchen der in der
Anzeige ꝛc. ſelbſt einmal benannte D. Camerer
wahrſcheinlich der Verfaſſer derſelben ſeyn wird.

ſtellung in den Verhandlungen ꝛc. wird man in
den Stand geſezt, zwar noch kein endliches,
aber doch ein richtigeres Urtheil über die Sache zu fällen. Schon der Urſprung dieſes Zwölf-
ferausſchuſſes ſtellt ſich hier ganz anders dar, als
er in jenen Verhandlungen aufgeführt worden war.
Der Geſichtspunkt, aus welchem dieſe kleine
Revolution anzuſehen ſeyn möchte, die geheimen
Entwürfe, die dabei zu Grunde gelegen ſeyn
mögen, und der Gang der Sache ſelbſt, erhalten manche Beleuchtung. In die einzelnen Vorſchläge aber hat ſich der Verfaſſer nicht eingelaſſen.
Ich werde dieſe Anzeige und Vorſtellung vollſtändig dieſem Abſchnitt beifügen. Es würde daher
überflüſſig ſeyn, wenn ich über den Inhalt derſelben mich hier verbreiten wollte.

§. 16.

Erfolg und weiterer Gang des reichshofräthli-
chen Verfahrens.

Daß der Erfolg den Abſichten und Erwartungen des klagenden Theils der Bürgerſchaft zu
Reutlingen wirklich entſprechen habe, iſt im Ein-
gange ſchon bemerkt worden. Das reichshofräthliche Erkentniß werde ich unter Z. II. ebenfalls
vollſtändig abdruken laſſen.

Der weitere Gang des reichshofräthlichen
Verfahrens, theils überhaupt, theils insbeſondere
gegen den Bürgermeiſter Fezer, iſt aus den nach-
gefolgten Erkenntniſſen zu erſehen, welche dieſem
Abſchnitt ebenfalls werden beigefügt werden.

I. An

I.

An kaiserliche Majestät alleruntetthänigste Anzeige, Vorstellung und allergehorsamste Anheimstellung der zu ergreifenden Maßregeln, von Bürgern der Reichsstadt Reutlingen.

Vorbericht

an die Bürger der Reichsstadt Reutlingen.

Noch nicht leicht hat ein höchstverehrliches Reichshofraths-Konklusum so viel Aufsehen in unserer Stadt erregt und so mancherlei Urtheile hervorgebracht, als das, welches in diesen Tagen ergangen ist. Um Jeden in den Stand zu sezen, nach Wahrheit zu urtheilen, will man die wahre Veranlassung desselben hier öffentlich bekannt machen; denn die Bürger, welche dieses Konklusum veranlaßten, wollten kein Geheimniß vor ihren Mitbürgern haben.

In unserer alleruntetthänigsten Vorstellung sind für jezt nur wenige Thatsachen von den vielen neueren Vorgängen unter uns ausgehoben, aber mit so vielen lautsprechenden Beweisen belegt worden, daß das höchstverehrliche Konklusum eine gerechte Folge davon ist.

Man lese und urtheile, ob wir nicht unter solchen Umständen die Pflichten gegen unser Vaterland und uns selbst, so wie das Verhältniß,

T 2 in

in welchem wir mit Kaiser und Reich stehen,
mißkannt haben würden, wenn wir noch länger
Anstand genommen hätten, dem allerhöchsten
Reichsoberhaupt von diesen Vorgängen eine
allernnterthänigste Anzeige zu machen.

Wir sind weit entfernt, uns in einen Prozeß
verflechten zu wollen, (denn wer wird auch daran Freude finden?) wie blß unsere allerunterthänigste Darstellung selbst am deutlichsten zu erkennen giebt. Sollten wir aber wider Willen, wofür
uns Gott verwahren wolle, jedoch in einen Prozeß
hineingezogen werden: so solle jeder mit seinem eigenen Gelde prozessiren, und wehe dem, der nur
den Gedanken hat, auch nur diese Irrung auf
Kosten des Publikums beilegen zu wollen! Wer
streiten will, soll seine Lust mit eigenem Gelde und
nicht mit dem sauren Schweiß seiner Mitbürger
büßen wollen. Mögen doch ja alle Kassen unse-
res öffentlichen städtischen Vermögens wohl ver-
wahret! und möchte die Lauterkeit der Absichten
derjenigen Bürger nicht verkannt werden, die es
besser mit dem Vaterlande meynen, als man ihren
Mitbürgern glaubend machen wollte, und welche
ihren gethanen Schritt, die allerunterthänigste
Vorstellung an kaiserliche Majestät, so wie
das darauf ergangene höchstverehrliche Konklusum
hier öffentlich darlegen.

Reutlingen im Jul. 1799.

Ad

Ad Auguſtiſſimum!

Wenn der jezige leidige — in mehrere Reiche Europens eingedrungene Revolutionsgeiſt auch ſchon hie und da in unſerem Teutſchlande die Köpfe der gemeinen Bürger und Untergebenen gegen ihre Oberen und vorgeſezte Obrigkeiten irre geführt hat, um auf eine Umkehrung der bisherigen Ordnung der Dinge anzudringen:

So befinden ſich, allergnädigſter Kaiſer und Herr! wir Endes allerunterthänigſt unterzeichnete gemeine Bürger der unmittelbaren freien Reichsſtadt Reutlingen ſchon ſeit geraumer Zeit in einem leider etwas ähnlichen Fall; indem uns mit allen unſern übrigen gutgeſinnten Mitbürgern nichts ſo ſehr als die Aufrechterhaltung der bisherigen = von Euer kaiſerlichen Majeſtät hoch ſanktionirten Verfaſſung der dieſſeitigen Stadt, und des ganzen gemeinen Stadtweſens am Herzen ligt, nun aber dagegen dieſe Verfaſſung von andern wenigen unſerer Mitbürger, oder vielmehr nur durch Einen derſelben, welcher bereits ſchon ziemlich ſich der ganzen Magiſtratsgewalt bemächtiget hat, entriſſen werden will; indem wir der veſten, und wie wir uns beglaubigen, auch eben ſo richtigen Ueberzeugung leben, daß gleichwie die ganze Organiſation unſers Stadtregiments, ihrer bisherigen Verfaſſung und Unverlezlichkeit nach, auf der allerhöchſten Autorität Euer kaiſerlichen Majeſtät beruhet, alſo auch durchaus keine Abänderung derſelben oder Neuerung, wenn

T 3　　　　　　solche

solche auch gleich Zeit und Umstände erforderlich
machen, und darüber sogar Magistrat und Bürgerschaft eine Uebereinkunft mit einander treffen
sollten — anders als unter der allerhöchsten
Sanctionirung Euer kaiserlichen Majestät
auf rechtsgültige Weise bestehen kann.

Wir sehen nun bereits schon über ein Jahr in
der für die Verwaltung unsers gemeinen Wesens
gehörigen Organisation ein g a n z n e u e s K o l-
l e g i u m von nicht weniger als 12. M ä n n e r n
nach der Z a h l u n s e r e r z w ö l f Z ü n f t e aufgestellt.

Diß n e u und e i g e n m ä c h t i g eingeschobene
Kollegium maßte sich schon in den ersten Augen-
blikken seiner Entstehung nicht nur gegen uns gemeine Bürger der Stadt, sondern auch gegen einzelne Glieder des Magistrats ganz ungescheut eine
G e w a l t an, deren sich wohl in keiner Reichsstadt
das ganze Magistratskollegium erlauben möchte.

Von noch weit n a c h t h e i l i g e r e n F o l g e n
dürfte es aber für unser Publikum durch den ge-
h e i m e n noch viel mächtigeren E i n f l u ß seyn,
den es sich auf unsere M a g i s t r a t s w a h l e n
zu verschaffen gewußt hat; zumalen da ein M a n n
sich an d e s s e n S p i z e gestellet hat, einzig dessen Machwerk es auch, und zwar zu keinem andern Zweke war und ist, als durch dasselbe zu intri-
guiren, unter der jezt so sehr imponirenden Larve
des Patriotismus und Demokratismus über Magistrat und Bürgerschaft den Meister zu spielen und
zu herrschen, und unser ganzes gemeine Stadtwesen

wesen mit seinen demagogischen Insinuationen und
Künsten, zum schnöden Dienste seines unedlen Pri-
vatismus, unter seine Alleingewalt zu bringen, und
darunter zu erhalten.

Es ist dieser kein anderer, als der jezt sich so
nennende J. U. D. Fezer;

Ebenderselbe, welcher, (von seinem ehema-
ligen Aufenthalt in Wien und dem heillosen Wesen, das er dorten getrieben, hier auch nicht mit
einer Sylbe zu gedenken) in einem höchst verehrlichen Concluso des höchstpreißlichen Reichshofraths, Veneris 9. Nov. 1787. mit seinem
zudringlichen Gesuch um eine zweite Syndicatstelle
bei unserer Stadt abgewiesen wurde, mit der beigefügten eben so gerechten als ernstlichen Weisung —

„Daß er künftighin nicht nur von aller re-
spektlosen, ungebührlichen und auf Empörung ab-
zielenden Schreibart, sondern auch von allen,
das Stadtwesen betreffenden Impreſſis, so wie
von anderwetterem bei den Zunfthüten, dem
grosen Rath und der Bürgerschaft auf Störh-
rung der allgemeinen Ruhe abzwelenden Be-
treibungen und Zusammenkünften um so gewie-
ser sich enthalten solle, als im wibrigen auf
fernere Anzeige derselbe für unfähig zu allen
städtischen Diensten erklärt und nach Umständen auch schärferer kaiserlichen Ahndung zu
gewarten haben solle.“(*)

Z 4   Und

_____

*) Beilag Num. I.

Und Ebendeſſelbe, welcher zum auffallenden
Beweiſe, wie glüklich ihme ſeine Abſichten mit
ſeinem Machwerke des gedachten neuen Stadtkol-
legiums gelungen, im Jahr 1797. zum Burgermeiſter gewählt, und im vorigen Jahr das
für unſere Stadt ſo wichtige Amt des regierenden Burgermeiſters erhalten hat;   -

Aber auch wieder ebenderſelbe; welcher, wie wir
äuſerlich vernehmen, in der obſchwebenden groſſen
Irrung zwiſchen einem Theil der Bürgerſchaft und
dem Magiſtrat in Eßlingen einen ſchweren Verdacht
wider ſich haben ſolle, von einer oder mehreren
Schriften der Eßlingiſchen Syndicats-Deputir-
ten der Koncipient geweſen zu ſeyn.   :

Allergnädigſter Kaiſer und Herr!

Wir Endes alleruntertänigſt Unterzeichnete
ſind hiemit gar nicht gemeint, mit dieſem Manne,
welcher unter äuſerlicher Beobachtung aller der
gehörigen Formalitäten das gewählte Oberhaupt
unſerer Stadt, und die erſte Magiſtratsperſon iſt,
uns irgend einer perſönlichen Beſchwerde
oder Beleidigung halben in eine förmliche
Klage einzulaſſen.   -

Auch haben wir uns weit entfernt gehalten,
gegen denſelben uns irgend einen Anhang unter unſerer Mitbürgerſchaft zu machen,
um dadurch auch nur den Verdacht zu erregen, als
ob es uns gleichgiltig ſeyn könnte, wenn auch bei
unſerer Stadt die Bürgerſchaft wider den Magiſtrat

strit in Irrungen und Mißhelligkeit verwikelt
würde.

In diesen Gesinnungen würden wir selbst uns
und unsere Mitbürgerschaft, besonders bei den
gegenwärtigen schweren Zeiten, für höchst unglük-
lich halten, wenn es, durch dergleichen eigenmächtige Neuerungen in unserer Regimentsverfassung,
deren nachtheilige Wirkungen und Folgen, zumalen, wenn so viele unlautere Absichten mit unter-
laufen, nie ausbleiben, am Ende je zu weitläufi-
gen Irrungen kommen sollte.

Uns kann und soll daher es an einer allerun-
thänigsten blossen Anzeige genügen, bei welcher nur eine nähere und wahrhafte Anfüh-
rung der faktischen Umstände erforderlich
seyn dürfte, um zur reichsväterlichen Begegnung,
und Abwendung etwa zu befürchtender weiterer
Abweichungen von der bisherigen Verfassung, und
daraus entstehender verderblichen Folgen, die nun
so angemessenere Vorkehrungen treffen zu können.

Im Jahr 1797. waren die Kosten und Schäden des Kriegs schon so hoch angeschwollen, daß
zu einer reifen Berathschlagung über die ausgie-
bigsten und mindest-drükenden Mittel, sie zu bestreiten und auszugleichen, von Seiten des Magistrats für nöthig erachtet wurde, den grossen Rath beizuziehen und zu versammeln.

Weil aber in Rüksicht dieser schweren und
hochwichtigen Angelegenheiten unserer Stadt schon
damals unter dem Volke manche Ausstreuungen

X 5   in

zu ungleichen Urtheilen über den Magistrat gemacht worden waren, so wurde dieser, um in der
Sache gerade und offen zu handeln, veranlaßt den
Zünften zu erlauben, daß von jeder derselben
4 Männer aus ihrer Mitte, dieser Versammlung
zugeordnet werden könnten, um desto eher über
alle die jezt zu verfassenden Schlüsse die gemeine
Bürgerschaft zu belehren, und zu beruhigen.

In dieser grosen solchergestalt organisirten Versammlung geschah es nun, daß in der besten Meinung, mit teutscher Biederkeit, selbst ein Magi-
stratsglied, der Amtsburgermeister Fehleisen auf
den, von Einigen geschehenen Antrag einer vom
Magistrat auszuwählenden Bürgerdeputation zur
Ausfindigmachung der erforderlichen Hülfsmittel,
den ganz unbefangenen Vorschlag that, „damit
der Magistrat bei solcher Deputation um so
weniger einer Partheilichkeit beschuldiget werden
könne, so möge die Bürgerschaft selbst aus
ihrer Mitte, etwa jede Zunft einen Mann,
zu einer solchen Deputation wählen, welche ihre
Gedanken zusammentragen sollte, auf welche Art
die Kontribution bezahlt werden könnte, ohne zu
dem verhaßten Mittel neuer Steueranlagen zu
schreiten." (a)

Von diesem zeitigen und vorüberge-
henden Geschäfte wurde aber sogleich Anlaß
genom-

a) Die Gezellische Ler... ndlungen, Beilage Nro. 2.
S. 2.

genommen, dem grofen Rath sich als Stellver=
treter der Bürgerschaft dar=und sein
Mitwirkungsrecht bei der Verwal=
tung des öffentlichen Vermögens in
seinem ganzen Umfang vor Augen zu stellen: (b)

Sodann eben so plözlich dieser Vorgang be=
nuzt, zu dem vorhabenden Stadt=Oekonomie=
Verbesserungsgeschäfte, aus der Bürgerschaft ein
stabiles Kollegium zu organisiren, wel=
chem gegen den kleinen Rath und Ma=
gistrat, als vorgespiegeltes Aristokraten=
Kollegium, die Rechte der Volksvertre=
ter, wie es sich für die demokratische Verfas=
sung der dißseitigen Stadt, worinn ursprünglich die
höchste Gewalt das Volk besize, gebühre, (c)
übertragen werden sollten. (d)

Ungeachtet nun dem=vom damaligen Amts=
burgermeister Fehleisen obengedachten Vorschlage
aus der ganzen Versammlung auch nicht Ei=
ner mit seiner Stimme beigefallen war; so
wurde nun doch, als ob es vom ganzen
Rath einhellig genehmigt worden wä=
re, unter Vorspieglung eines am 15ten
April 1797. geschehenen Beschlusses,
die Sache betrieben, um eine solche Deputation
von 12 Mitgliedern, durch die versammelten Zünfte,
und also von jeder Einen Deputirten unmit=
tel=

---

b) Beilag Nro. 2. S. 2.
c) Ebend. S. 17.
d) Ebend. S. 2.

telbar wählen zu lassen; schon der dritte Tag
hernach, der 1⁻te April, als der Ostermontag zu
dieser Wahl anberaumt, und, als das so rasche
Zuwerkgehen nicht sogleich gelingen wollte, der
Aufenthalt Bedenklichkeiten für die Folgen zugeschrieben; „wie man sie so gerne
wittere, wenn man mehr aristokratisches als demokratisches Blut in den
Adern fühle.‟ (e)

Als nun am 23. April durch ein auf allen
Zunftstuben verlesenes Herrengebot (f) von
Seiten des Magistrats die Glieder des großen Raths zu ihren allenfalsigen Öko-
nomie-Verbesserungsvorschlägen aufgerufen wurden, welche den Zunftmeistern und beeden Zunfthüten übergeben, und von diesen
dem Magistrat zur Prüfung und Entscheidung vorgelegt werden könnten; so war
es schon damals vergeblich, die Sache
innerhalb der konstitutionellen Gränzen zu erhalten: Vielmehr waren schon alle
12 Zünfte durch demokratische Insinuationen und demagogische Künste „ganz
von einem Geiste beseelt‟ (g), auf ihrem
Vorsaze eines zu organisirenden neuen stabi-
len Bürgerkollegiums zu beharren.

Es

---

e) Beilag Nro. 2. S. 3.
f) Beilag Nro. 3.
g) Beilag Nro. 2. S. 3.

Es wurde daher sogleich an eben diesem Tage,
am 23. April auf jeder der 12 Zünften zur Wahl
eines Deputirten geschritten, und von der Kieferzunft Dr. Fezer aufgestellt. (h)

Noch am selbigem Tage, nach vollzogener Wahl, versammelten sich diese Zwölfer zu vorläufigen Besprechungen, und liesen
dem Regieramte und dem Magistrat die
förmliche Anzeige machen, „daß der bürgerliche
Zwölferausschuß sich bereits förmlich
gebildet habe." (i)

Von Seiten des Magistrats, um eines
Theils von den Berathschlagungen über die so
auserordentlichen Bedürfnisse und auszufindenden
Hülfsquellen die ehrsame Bürgerschaft nicht aus-
zuschliesen; aber doch auch andern Theils, um
allen exorbitirenden Anmassungen so
viel möglich in Zeiten zu begegnen, erließ
unterm 28. April an diesen Bürgerausschuß ein
Dekret, mit der Weisung, „daß ihm zu einer
ersprieslichen Mitwirkung eine magistratische Deputation zugeordnet und vorgesezt werden solle."

Indem solches von Seiten des Zwölferausschusses für eine förmliche konstitutionelle
Anerkenntnis ausgelegt wurde, (k) mochte
er vielleicht eben darum um so weniger mehr Aus-
stand

h) Beilag Nro. 2. S. 3.
i) Ebend. S. 4.
k) Beilag Nro. 11. S. 4.

stand nehmen, für sich und seinen Geschäftsgang
ein förmliches Statutum unterm 7. Maii
zu errichten: (l) zu Folge dessen aus den Zwölfen
noch ein engerer Ausschuß von dreien gebildet — das Amt eines Sprechers angeordnet
— solches nun dem Dr. Fezer übertragen — auf
den folgenden Tag den 8. Mai die erste förmliche Sizung anberaumt, und dazu die magistratische Deputation schriftlich zu sich
eingeladen wurde; (m) Da nun diese bei ihrem
Erscheinen durch den Syndikus vorderfamst in einer Anrede, die Rechte des Magistrats zu
verwahren suchte: so wurde solche sogar
nicht geachtet, daß sie vielmehr von dem
Sprecher dieses neuen Collegii, durch die
schon zum Voraus einstimmig genehmigte Rede erwiedert wurde, (n) worinnen allgemeines Mistrauen gegen die reichsstät-
tische Magisträte, schlauer Patriciate
und aristokratisch gesinnter Bürger halben, erwekt; aus unserer Stadtverfassung
die , am 23. April geschehene Errichtung des
Zwölferausschusses gerechtfertiget; der Ge-
danke an eine hierzu erforderliche Einwilligung
und Authorität Seiner Kaiserl. Majestät
nur ängstlichen Seelen zugetraut und
die-

---

1) Beilag Nro. 1r. S. 4.
m) Ebend. S. 6.
n) Ebend. S. 7.

diesen heimgewiesen, dagegen sich auf die
mit einem jeden Fürsten des Reichs gegen
Kaiserl. Majestät gemeinhabende reichsständische Freiheit berufen; (a) dem neuen
Kolle-

---

a) Beilag Nro. 2. S. 23. 24. Die ganze hieher gehörige Stelle ist folgende:

„Aengstliche Seelen könnten vielleicht wähnen, zu wich-
„tigen Verbesserungen in der städtischen Oekonomie sei
„die vorläufige Einwilligung des Kaisers erforderlich.
„Aber solche Leute würden durch Zweifel von der Art
„entweder zu erkennen geben, daß ihnen die teutsche
„Reichsverfassung nicht bekannt ist, oder sie setzen sich
„in den Verdacht, ihre besondere Absichten damit zu
„beschönigen, Auf ans gewinnen, und die Bürger-
„schaft irre führen zu wollen. Jeder teutsche Reichs-
„stand hat das unbestrittene Recht, seine einheimische
„Haushaltung zu verbessern, darzu hat Reutlingen so
„viel Befugniß, als Wirtemberg; und die Reichsge-
„richte können nur in dem Fall dazwischen treten, wenn
„die gesezlichen Gerechtsame eines Dritten beleidiget
„werden. Der von Kaiser und Reich gegen Frankreich
„geführte Krieg hat uns schwere Summen gekostet,
„die wir, dem Reichsverbande getreu, aufnehmen,
„dem zu lieb neue Schulden machen mußten. Wenn
„wir also durch eigenes Nachdenken kluge Maasregeln
„aufzufinden vermögend sind, wodurch unsere Rettung
„beschleunigt werden kann, so haben wir nichts weniger,
„als eine Ahndung von Seiten des Reichsoberhauptes
„zu besorgen: Auch ist es eine schwache Grille, glauben
„zu wollen, daß wir auf diese Art in einen Prozeß ver-
„wickelt werden könnten. So wenig ein teutscher Fürst
der

Kollegium, die Person und Vollmacht der
ganzen Bürgerschaft gegenüber vom Magistrat beigelegt, und dann noch weiter in einem
gar gelehrt angestimmten Tone deducirt wurde,
daß 1. die Bürgerschaft einen solchen stellver-
tretenden Ausschuß zu ernennen berechtiget,
und 2. der Magistrat solchen anzuerkennen —
und dessen Verfügungen als verfassungsmäßig und verbindlich zu betrachten schuldig
wären.

Mit jedem Tag so zu sagen dreister gemacht, foderte nun dies solchergestalten neu orga-
nisirte Kollegium unterm 10ten Mai vom Magistrat die Vorlegung der sämtlichen Stadt-
rech-

„oder ein reichsstädtischer Magistrat mit seinem Un-
„terthan oder Bürger zürnen kann, welcher seine Wirth-
„schaft auf einen bessern Fuß zu sezen bedacht ist; so
„wenig kann uns die Verbindung, worin wir mit Kai-
„ser und Reich stehen, dieses zu thun verhindern.
„Kaiserliche Majestät werden uns vielmehr vollen Bei-
„fall schenken, weil wir nur durch zwekmäßige Verbes-
„serung unserer Staatshaushaltung im Stande erhal-
„ten werden, unsere Verbindlichkeiten als Reichs- und
„Kraisstand künftig desto eher wieder erfüllen zu kön-
„nen. Frägten wir ja doch auch nicht zuvor in Wien
„an, ob wir einen Waffenstillstand schliessen, und uns
„denselben unter dem Drang unvermeidlicher Umstände
„beinahe 100,000 fl. kosten lassen sollten; warum soll-
„ten wir nun erst daselbst anfragen, wie wir diese
„Lüken in unserer öffentlichen Kasse wieder auszufüllen
„suchen müßten!

rechnungen: deren Einsicht auch demselben, laut
Decreti vom 12ten Mai 1797. (o) jedoch unter der
Weisung auf die Einschreitung in die konstitutionellen Modifikationen, und der Verwahrung
und Warnung ertheilt worden, „daß diese ma-
„gistratische Ver...nstigung weder auf eine Rech-
„nungsrevision, noch auf irgend einen Superiori-
„tätsgedanken über die vorgesezte Obigkeit, noch
„auf bürgerliche Konvocationen und sonstige Jr-
„rungen und Weiterungen ausgedehnt werde, und
„dahero nach vorliegenden allerhöchst kaiserl.
„Verordnungen sich genauest geachtet werde, so
„daß wann wider Verhoffen der bürgerliche Aus-
„schuß die allerhöchst kaiserl. Verordnun-
„gen, und somit auch das magistratische Ansehen
„und dessen Befehle außer Au..n sezen würde,
„Magistrat sich hiemit feierlichst verwahrt haben
„wolle, und dem bürgerlichen Ausschusse alle Ver-
„antwortung vor Gott, dem allergnädigsten
„Kaiser! und der ehrsamen Bürgerschaft überlasse‟
wie dann dergleichen eigenmächtige Konvokationen
in den höchst verehrlichen Conclusis d. Ao. 1767.
und 1771. (p) längst durchaus verboten worden
sind.

Ein

Ein anderer Vorgang gab aber bald deutlich
zu erkennen, daß es dem neuen Kollegium, oder
vielmehr seinem Sprecher, eben nicht sowohl um
Stadt - Oekonomie - Verbesserungsvorschläge, als
vielmehr um andere Dinge zu thun seyn möchte.

Denn als eines Tags die blos hiezu berufen
seyn sollende Zwölffer vor Rath erschienen, und von
demselben durch ihren Sprecher die unbedingte Genehmigung ihrer sogenannten ersten Lieferung von
Verbesserungsvorschlägen mit ziemlicher Zudringlichkeit verlangten; dagegen aber der damalige
Amtsbürgermeister Fehleisen in der Rathssession die
ganz unbefangene Besorgnis äuserte: ,,daß es
,,bei kaiserlicher Majestät Verantwortung
,,geben könnte, wenn der Magistrat keine Anzeige
,,über diese diktatorische Auftritte mache‟; so er-
frechte sich nun schon das neue Zwölferkollegium,
und das noch dazu blos in seinem engeren Ausschusse und Sprecher an solchen gedachten
Amtsbürgermeister in einem Insinuatum vom
17ten Jun. 1797. folgende Erklärung ergehen zu
lassen: (q)

P. P.

,,Aus besonderer Schonung hat der Zwölfer-
,,ausschuß in der heutigen Rathssizung nicht weit-
,,läufiger auf diejenige Magistratspersonen anbrin-
,,gen wollen, welche mit Berichten nach Wien ge-
,,droht haben.

,, Wir

q) Beilage Nro. 7.

„Wir wüßten nun zwar nicht, unter was vor
„einer Form, und aus was vor Gründen eine
„Beschwerde geführt werden könnte: denn eines
„Theils sind wir zu allen Zeiten im Stande,
„durch öffentliche Vorlegung unsers Protokolls,
„und allenfalls auch durch den Druk unserer Ver-
„handlungen, die Aechtheit unsers Zuwerkegehens
„zu erweisen, und auf der andern Seite sind wir
„versichert, daß die Burgerschaft unsere bisherige
„Bemühungen mit Dank aufnimmt.

„Aber wir verheimlichen es nicht, diejenigen
„würden sich ein unangenehmes Schiksal bereiten,
„welche sich unterstünden, die einheimischen heilsamen
„Verbesserungsgeschäfte durch auswärtige Hinder-
„nisse vereiteln zu wollen.

„Wir glauben daher Tit. Herrn Amtsbur-
„germeister Fehleisen alles Nachdruks warnen zu
„müssen, das anvertraute Stadtsigill keinem Brie-
„fe aufzudruken, welcher die gegenwärtigen Ge-
„schäfte in einen verhaßten Gesichtspunkt stellen
„könnte; auch verwahren wir die Stadtkasse noch-
„mals aufs feierlichste, und erklären jeden für die
„Folgen verantwortlich, welcher einen Gegenstand
„aus der Stadt zu spielen den Absicht haben
„könnte, den man innerhalb unserer Mauren leicht
„selbst beilegen kann, wenn nur gegenseitiges Ein-
„verständnis beibehalten, und von Seiten des
„Magistrats der Bürgerschaft willfährig die Hand
„geboten werden will.

„Wir

„Wir hoffen diese Erinnerung werde nicht
„misdeutet, sondern als ein Beweis unserer vor=
„züglichen Achtung angesehen werden.

„Gegeben Reutlingen den 17. Juni 1797.
„von Seiten des Zwölferausschusses.

D. Fezer.

Fleischhauer.

Kittel.

Helbling.

Hier könnten wir wohl freilich vieles bemerken,
was die gerechteste Rüge verdiente, wenn der
frechste und unleidentlichste Despotismus, welcher
hier sprach, sich nicht von selbst zu deutlich dem
a l l e r h ö c h s t e n R i c h t e r zur gerechtesten und
verdientesten Ahndung darstellte.

Wir fahren daher ohne weiteres blos fort in
unserer Geschichtserzählung.

Was nur also ferner nach dieser einmal so
getroffenen Organisation dieses neuen Zwölferkolle=
giums bald voraus zu sehen war, und wofür von
Seiten des Magistrats in dieser gegründeten Be=
sorgnis in dem oben angeführten Dekret vom 12.
Mai 1797. (r) treulich gewarnt worden war;
daß solches Z w ö l f e r k o l l e g i u m, oder solcher
Burgerausschuß von Zwölfen, mit seinem e n g e r n
A u s s c h u s s e und S p r e c h e r, weil nun doch
auch unter diesen Zwölfen ein Judas Ischariot
erscheinen könnte, seinen vorgespiegeltermasen so
rei=

---

r) Beilag Nro. 4.

reinen Patriotismus mit keinem Superio-
täts-Gedanken über die vorgesezte Obrigkeiten besudeln, und vornemlich auf bürgerliche Konvocationen und sonstige Irrungen und Weiterungen seine Stadt-Oekonomie Verbesserungsvorschläge keineswegs ausdehnen
solle; als wovon freilich der altenkundige und no-
torisch genug gewordene Karakter des Mannes,
welcher zum Sprecher des neuen Kollegiums
aufgestellt worden war, alles befürchten ließ: das
traf bald ein, und legte sich nachher noch deutlicher an den Tag, jemehr allmählig der Zeitpunkt
herannahete, wo der Stadtverfassung gemäs die
jährliche Wahlen zur neuen Wiederbesezung des Stadtregiments vorgenommen
werden müssen.

Was schon früher jedem bider- und gutgesinn-
ten Bürger diß Zwölferwesen mit ihrem arroganten
Sprecher verwerflich, und zugleich in dem dahin-
ter versteckten Plan höchst verdächtig machen mußte, war beedes, daß eines theils gedachter Sprecher nach blossem Gutdünken, und immer da, wo
es auf Durchsezung seiner gefaßten Entschlüsse und
Intimidirung Anderer — (seien es nun blosse Pri-
vate, oder auch wohl gar das ganze Magistratskollegium gewesen,) ankam, die übrigen Bürger-
kollegien, so hoch verboten und verpönt es auch
immer ist, zusammenberief, und daß er andern-
theils eine grosse Animosität bewies, als endlich
im Jan. 1798. die Mezgerzunft, die dieses kon-

U 3   stitu-

ſtitutionswidrigen Zwölierweſens überdrüſſig war, ihrem Zwölfer ſein eingebildetes Amt abnahm, und ihn heimſchikte.

Denn gleich bei der erſten Lieferung der ſoge=nannten Verbeſſerungsvorſchläge, wo es nun um die Bewirkung der magiſtratiſchen Genehmigungen zu thun war, berief der Sprecher der Zwölfer das Huthkollegium und die Zunftmeiſter in den Zwölferrath, und nach bewirktem Beitritt derſelben, legte er ſie vor dem Magiſtrat, in geſeſſe=nem Rath, dem Stadtrichterkollegio zu ihrer gleich=mäſigen Genehmigung vor, wo ſich eben damals der Vorgang mit dem Amtsburgermeiſter Fehleiſen ereignete, welcher ihm das Fezeriſche obgedach=te diktatoriſche und inſolente Inſinuat (s) zuzog.

Als ferner von Magiſtrats wegen die Abſen=dung einer Deputation nach Raſtadt beſchloſſen, und hiezu gedachter Fezer, als Burgermeiſter, mit dem Syndicus dazu abgeordnet wurde, ſo ließ Fezer, ohne Vorwiſſen des Magiſtrats, den gro=ſen Rath auf das Krämer·Zunfthaus zuſammen rufen, und brachte es bei dieſem dahin, daß zu ſolcher Raſtadter Sendung noch zwei Zwölfer zugeordnet wurden.

Noch auffallender aber war ein Vorgang, den Fezer nach ſeiner Rukkunft von Raſtadt ſich erlaubte.

Denn

---

s) Beilag Nro. 7.

Denn, nachdem in seiner Abwesenheit die Mezgerzunft sich mit ihrem Deputirten vom Zwölferkollegium absagte, und nach einer vom Magistrat anbefohlenen, und unter Vorsiz des Amtsburgermeisters, mit Zuziehung des Stadt = und Feld= Schultheißen viritim geschehenen Abstimmung, ein für allemal darauf beharrte, ward der S p r e = c h e r solches K o l l e g i u m s, aus Besorgniß d i e s e r Vorgang dörfte N a c h a h m u n g finden, darüber so entrüstet, daß er bei dem gegen uns Endes allerunterthänigst unterzeichnete, (die wir eben von ihm immer bei der Bürgerschaft des Aristokratißmus beschuldiget und verhaßt gemacht wurden,) geschöpften Verdacht, als ob es durch unsere Verleitung geschehen wäre, die Z u n f t g e = r i c h t e am 2. Mart. 1798. auf der Krämerzunfts= Stube versammeln, und dorten einen schriftlichen gegen uns verleumderischen Aufsaz verlaß.

Mehrere schon vorher gegangene Umstände erregten endlich bei uns, bei einem solchen Manne, der nun an der Spize des Stadtregiments, und als Sprecher des Volks stand, solche gegründete Besorgnisse eines Ausbruchs von Gewaltthätigkeiten und Mißhandlungen, daß wir nun zulezt glaubten, es uns und unserer Mitbürgerschaft schuldig zu seyn, einmal öffentlich hervorzutretten, den immer troziger = und schnaubender werdenden Demagogen öffentlich ins Gericht zu fordern, und ihm da die Spize zu bieten.

U 4   Wir

Wir thaten daher bei dem Amtsburgermeister
das geziemende Ansuchen, um eine Rathsversammlung, vor welcher wir zu einer förmlichen Klage
über die uns angethane Beschimpfungen, auf die
Herausgabe dieser Fezerischen Schmäh-
schrift bringen könnten.

Kaum ward aber zu Rath angesagt, und uns
vorgeboten, so ließ der Mann, welcher nun als
unser Beklagter zur Rede und Antwort in das
Gericht gestellt werden sollte, ohne Vorwissen
und wider den ausdrüklichen Be-
fehl des Amtsburgermeisters, um sich
zuvörderst mit seinen Heerschaaren gegen uns zu
bewafnen, und in vermeintlichen Respect zu sezen,
neben seine Zwölfer, noch gegen o Mann
aus dem grosen Rath auf die Rothgerberzunft-
Stube in der Nähe des Rathhauses aufmarschi-
ren: von wo aus sodann vier Deputirte,
gleichsam als Wächter, auf das Rathhaus abgeordnet wurden.

Mit der Unerschrokenheit, welche das Bewußt-
sein seiner guten Sache immer gibt, trat nun ich,
Camerer, in die vollgesessene Rathsstube ein,
mit der vorläufigen Bitte, uns sämtliche Klage
und Rechtskonsorten vorzulassen, mir die Wort-
führung zu verstatten, vor allen Dingen aber zu
untersuchen, von wem, und aus was für
Gründen die vielen Andern mit versammelt worden seien: und da sie von niemand anders, als
ihrem einzigen Verleumder, dem Fezer, Rede,

Ant

Antwort und Recht verlangten; vorderſamſt zu
befehlen, daß eben darum alle übrige nach Haus
ſich begeben ſollten.

Aber leider war ſchon um dieſe Zeit die Authorität des Magiſtrats, durch den Einfluß
Fezers und ſeines Anhangs, ſo tief herabge-
ſunken, daß der gegebne Magiſtratsbefehl
von der verſammelten Fezeriſchen Schaar auf der
Gerberzunft-Stube ſowohl, als ihren Deputirten
auf dem Rathhaus unbefolgt blieb, daß hierauf mehrere Magiſtratsglieder von ihren Stühlen
auftraten, und der Thüre zuliefen, mit der Aeuſſerung: „daß auf ſolche Art ſie unnöthig auf dem
Rathhaus ſäſſen, wo nur die Zwölfer zu befehlen
hätten“ daß auch Wir nun in dieſem Lermen ge-
meinſchaftlich ihnen entgegen in die Rathsſtube
eintraten, wider das tumultuariſche Verfahren feî-
erlichſt proteſtirten, die Herausgabe der Schmäh-
ſchrift verlangten, und am Ende nichts weiter als
den unbedeutenden Beſcheid zu bewirken
vermochten:

„daß gedachte Schrift unterdrükt - und bei den
„— auf den folgenden Tag zuſammenberufenen
„Zünften unvorgeleſen bleiben ſolle“

Wir könnten hier auch noch anderer Auftritte,
beſonders eines - eben dieſes andern Tags auf der
Krämerzunft-Stube, zwiſchen dem Zwölfer Chriſtian, welcher mit in Raſtadt geweſen, und dem
Amtsburgermeiſter Feblelien ſich ereigneten Vor-
falls gedenken, wenn wir uns nicht überzeugt

U 5   hiel-

hielten, daß zu unserem gegenwärtigen Zwecke es
an der umständlichen Erzehlung von einem einzigen
Vorgange vollkommen genügen dürfte.

Denn da nun einmal die völlige Organisation
dieses neuen Kollegiums so glücklich gelungen war;
so wußte der schlaue Sprecher desselben alle Umstände dabei zu seinem Vortheile zu benuzen.

Aus den zwölf Zünften ward das neue Zwölferkollegium organisirt und gebildet, und somit
hatte der redselige — und immer viel zu sprechen
habende Sprecher desselben auf jeder Zunft einen
Kollegen, durch den er das, was er nicht selbst
sprechen wollte, immer sprechen lassen konnte.

Nebendeme konnten und mußten ihme unauf-
hörlich die Stadtökonomie Verbesserungsvorschläge
zum Vorwand und Anlaß dienen, bald das
Huthkollegium, und nach Umständen bald
auch hintenach das Zunftmeisterkollegium
(die zwölf Glieder des kleinen Raths) zu versammeln, für seine Plane zu stimmen, und
dann mit seinen eilf Zwölferkollegen vor den
Magistrat zu tretten, und von demselben dessen
Beistimmungen, wozu schon ein großer Theil
vorbereitet worden war, zu fordern.

Doch, da nun endlich die Wahlzeit erschien, und zuvörderst die Zunftmeister gewählt
werden sollten:

„von deren Wahl, als der Basis der Wahl
des Magistrats, der jezige Sprecher des Zwölferkollegiums vormals selbst eine ausführliche Dar=
stellung

stellung gegeben hatte, in seinen Bemerkungen über Wahlrecht und Wahlfreiheit
der Bürger in der kaiserlichen freien
Reichsstadt Reutlingen. 1782. in 8. (t)
so glaubte nun gedachter Sprecher des Volks, um
in der Ausführung seines Plans einen vesten Fus
zu fassen, es jezt Zeit zu seyn, eine Hauptmine
springen zu lassen.

Zuvörderst pro captatione benevolentiæ &
auræ popularis ließ er nun von seinen Verhandlungen des bürgerlichen Zwölferausschusses das
zweite Stük, (u) und damit von den anwendbaren
Stadtökonomie-Verbesserungen die erste Lieferung austheilen: wo in der Vorerinnerung und dem Eingang der Zwölferausschuß sich so ganz in seiner Erhabenheit von
Patriotismus über alle ungleiche Urtheile hinaus sezte, gegen die wenigen Aristo-
kraten in der Stadt, über die lezten Zukun-
gen ihrer gescheiterten Wünsche und
Hofnungen in einem Hohn sprechenden Tone
hinweg spöttelte, sodann wieder die Gerechtsame der Bürgerschaft, welche bei Rath
in Schuz zu nehmen wären, voranstellte,
aber auch nicht undeutlich merken ließ, wie wenig
man sich hierin auf die bisherigen Zunftmeister, deren Beruf es sei, solchen Schuz zu leisten-
als

---

t) Beilag Nro. 8.
u) ———— Nro. 9.

als z. B. auf den Zunftmeister und Feldschultheis (Roberger) verlassen könne. (x)

Als aber der Zunftwahltag selbst erschien, ließ der Sprecher des Zwölferkollegiums nun auf allen 12 Zünften folgenden Aufsaz verlesen:

„Meine Herrn, und geliebte Mitzünftiger!

„Ich habe euch vor 8. Tagen im Namen „des aufgestellten bürgerlichen Zwölferausschusses „von denjenigen Arbeiten ausführliche Nachricht „ertheilt, welche uns bisher beschäftiget haben.

„Wir legten euch das erste Stük unserer „Verhandlung im Druk vor, und heute können „wir unserem Versprechen gemäs die Fortse- „zung ertheilen.

„Auf diese Art hoffen wir unsere Mitbürger „auf die deutlichste Art über die Gegenstände un- „serer Geschäfte zu belehren. Wir werden dieselbe „auch mit Eifer und Treue fortsezen. -

„Der heutige Tag ist zu den neuen „Wahlen bestimmt. Diß ist ein sehr wichtiger „Beruf der Bürgerschaft. Wir brauchen euch „nicht erst zu sagen, daß ihr auf diese Art den „Grundstein zu einer guten Staatshaushaltung „selbst legen könnet. Wenn ihr gut gesinnte „Vorsteher habt: so darf es dem Ausschus „für den guten Fortgang seiner Verbesserungsar- „beiten nicht bang sein.

„Aber

---

x) Beilag Nro. 9. S. 33. 34.

„Aber diese Arbeiten werden entweder schei-
„tern, oder wenigstens verzögert werden, wenn
„wir nicht auf deroselben vertrauliche Un-
„terstüzung, Mitwirkung und Theilnahme rechnen
„dörfen.

„Der Ausschuß ist weit entfernt, Eu-
„re Wahlen zu leiten. Wählt nach eurem
„gewissenhaften besten Wissen, Männer - welche ihr
„für die tüchtigsten und verständigsten haltet, nnd
„welche sich gemeiner Stadt Nuzen bestens ange-
„legen sein lassen.

„Der Ausschuß ist jedoch schon häufig dar-
„über gefragt worden:

„ob die Zunftmeister nach der hiesigen Verfassung
„und nach dem Wahlprivilegium stärker an den
„Magistrat als an ihre Zünfte, oder die
„Bürgerschaft mit Pflicht gebunden seien?

„Um alle Misverständnisse zu beseitigen, will der
„Ausschuß einer ehrliebenden Bürgerschaft hier-
„über eine kurze Erläuterung geben.

„Die Zunftmeister werden hauptsächlich dar-
„auf beeidiget, gemeiner Stadt Reutlingen treu
„und hold zu seyn, deren, wie auch einer jeden
„Zunft Nuzen und Frommen zu fördern, und zu
„schaffen, deren Nachtheil und Schaden aber zu
„warnen, und nach bestem Vermögen abzuwenden.
„Durch diesen Eid sind die Zunftmeister vollkom-
„men an die Wohlfart der Bürgerschaft
„gefesselt, so wie der ganze Rath selbst auf
„nichts anders, als auf das Beste der Stadt und
„der

„der Burgerschaft verpflichtet ist, „folglich
„steht der Eid der Zunftmeister ihnen nie im
„Weeg, das Wohl der Bürgerschaft
„bei Rath zu besorgen. Sie sind vielmehr
„diejenige Stellvertretter der Bürger-
„schaft, welche das beste der Stadt bei
„Rath stets vertreten sollen, und wenn sie
„dieses nicht, sondern gar das Gegentheil thun,
„so machen sie sich des Zutrauens der
„Bürgerschaft unwürdig..

„Zwar werden die Zunftmeister auch darauf
„beeidigt, den heimlichen Rath zu verschweigen.
„Diß aber hat nicht den Sinn, daß sie den Nu-
„zen der Stadt und der Bürgerschaft
„hintansezen, und blos auf die Wünsche des
„Magistrats Rüksicht nehmen sollten, sondern
„sie sind durch diese Verpflichtung angewiesen, das
„geheim zu halten, was den Nuzen der Stadt
„und der Bürgerschaft hindern könnte, wenn es
„öffentlich ausgesagt werden wollte, indem man
„nicht alles, was wahr ist, auf öffentlichen Straß-
„sen verkündigen soll.

„Der Zwölferausschuß wünschte von Herzen,
„daß die neuzuwählenden Zunftmeister diese Er-
„klärung wohl zu Gemüth nehmen. und sich künf-
„tig darnach achten mögen: dann werden sie nie
„Ursach haben, sich vor dem bürgerlichen Wahl-
„tage zu scheuen oder eine Absezung zu besorgen.

„Schreitet nun in Gottes Namen nach der vor-
„geschriebenen Ordnung im Frieden, Ruhe, Stille
„und

„und Eintracht zu dem Wahlgeschäfte selbst, der
„Höchste leite eure Gesinnungen, damit eure Wahl
„der Stadt und Bürgerschaft zum immerwähren=
„den Seegen gereichen möge."

Reutlingen, den 8. Julius 1797.

Von Seiten des Zwölferausschusses.

Dr. Fezer.

So ward dann vorerst über den bisherigen Stadt=
und Feldschuldheiß, Zunftmeister Koberger hie=
mit schon der Stab gebrochen, wie dann wirk=
lich auch an dessen Stelle Einer vom Zwölfer=
kollegium Stephan Botteler (y) nachher ge=
wählt wurde.

Aber diß ist wohl nicht das Einzige, das an
diesem Vorgang gerügt zu werden verdiente.

Dem Wahlprivilegium zu Folge soll niemand,
wer der auch sei, die Burgerschaft in dieser ihrer
bestgegründeten Freiheit hindern noch irren; (z)
und jetzt ließ gar dieser Sprecher des Volks eine
Rede voll der zudringlichsten Insinua=
tionen unmittelbar vor der Wahl verlesen.

Und was den ganzen Innhalt dieser Rede vom
Sprecher des Volks an das Volk in dem
Augenblike der vorhaben den Wahl der
Zunftmeister, als der Stellvertreter des in 12
Zünfte abgetheilten Volks der Burgerschaft, be=
trift:

(Davon

---

y) Beilag Nro. 9. S. 36.
z) Die Fezerische Bemerkungen Beilage Nro. 5. S. 9.

(Davon nicht zu gedenken, daß jedem ver-
nünftigen Bürger das neu aufgestellte Zwölf-
ferkollegium nun wieder, und zwar selbst,
nach der eigenen Rede des Sprechers desselben,
in der ganzen Zwecklosigkeit und Konstitu-
tionswidrigkeit seiner Existenz, sich darstellen muste, indem der Charakter der Zwölfer
einzig in der Person eines Stellvertret-
ters des Volks und der Bürgerschaft bei
Rath, und gerade auch in das nemliche der
Charakter der Zunftmeister gesezt wurde:)

So fand man auch wieder darin auf eine
nur Mistrauen und Unheil erwetende
Weise den Magistrat und die Bürgerschaft
gegen einander gestellt;

Ferner die ziemlich domitianisch-klin-
gende Frage aufgeworfen, an welche von
beeden Partien, dem Magistrat oder der
Burgerschaft der Zunftmeister mit seiner Ei-
despflicht zugethan sei? ferner, das Wohl der
Bürgerschaft den Zunftmeistern, im Gegensaz
gegen den Magistrat, auf das Gewissen gelegt;

Und, von Seiten des neu aufgestellten Kollegiums, die konstitutionswidrigste Anmassung sich
herausgenommen: den Eid des Zunftmeisterkolle-
giums förmlich zu interpretiren, demselben seine
eigentlichste Deutung zu geben, und einzelne
Mitglieder desselben, des Zutrauens der Bürgerschaft für unwürdig zu erklären. So
konnte

konnte und muſte nun freilich der Fezeriſche
Plan mit allen»von ſeinem Zwölferkollegium ſich
verſprochenen Wirkungen und Folgen in die
jeztgeſchehene Wahlen, und die neue Organi-
ſirung und Wiederbeſezung des Stadt-
Regiments, ſolchem allem nach, um ſo eher
gelingen, je konſtitutionswidriger und zügelloſer
der Sprecher des Volks mit ſeinen zwölf Aus-
ſchüſſen ſich in das Wahlgeſchäfte, als das wahre
Heiligthum unſerer Konſtitution, ein-
bringte, indem

a) ſogar ſelbſt ein Zwölfer, Stephan Votteler, neu erwählter Weingärtner-Zunft-
meiſter, in die Reihe der Siebner gewählt
wurde; ferner b) die Zwölfer feierliche Deputationen an die Siebner abordneten,
um deren Wahl zu leiten;
auch ſolche ſichnicht ſcheueten,

c) als Zwölfer, darüber förmlich abzu-
ſtimmen, wer übergangen, oder wieder
gewählt werden ſolle; wie hievon mehrere
Zwölfer den beſten Beweis mit ihren Zeugniſſen
liefern könnten, wann ſie darüber eidlich abgehört
werden ſollten.

d) Daß endlich der damalige Amtsburgermeiſter Fehleiſen veranlaßt wurde, wie er die
Umſtände davon am beſten anzugeben im Stande
ſeyn dürfte, ſein Amt unterm 14. Jul. 1797. vermittelſt beiliegenden Schreibens, niederzulegen. (a)

Wohllöbliches Siebener-Kollegium!

Lange schon lag es in meinem Plan, das seit 22. Jahren getragene Amt eines Bürgermeisters niederzulegen, jedesmalen aber wurde ich durch Zureden guter Freunde davon abgehalten. Allein, je mehr sich der gegenwärtige Schwörtag wieder nähert, desto mehr finde ich — besonders bei gegenwärtigen, und wahrscheinlich folgenden Auftritten, wo niemand mehr weiß, wer Koch oder Keller ist — mich bewogen, meinem Vorsaz einmal getreu zu bleiben, und einem wohllöblichen Kollegium der Herren Siebener zu erklären, daß ich von nun an mit Verwaltung öffentlicher Aemter nicht mehr beschweret seyn will. Es wird Ihnen um so weniger schwer fallen, wieder einen andern Bürgermeister zu bekommen, als schon von einigen - auf die Herren Siebener vielen Einfluß habenden Herren Zwölffern — dafür gesorgt zu seyn scheint, meine Lüke wieder auszufüllen, die wider alle hergebrachte Ordnung, und ganz wider den Sinn des ihnen gegebenen Auftrags, sich in Wahlsachen mischen, die doch immer dem Gewissen der Wählenden allein überlassen bleiben sollen. Ich kann mich jedoch kaum überzeugen, daß ein wohllöbliches Kollegium der Herren Siebener seiner theuer abgeschwornen Pflichten nicht zu sehr eingedenk seyn werde, als daß es sich in seinem wichtigen Amte auf irgend eine Art sollte verleiten, oder sich wider den Tenor des Wahlprivilegiums einreden lassen,

was

was doch zu allen Zeiten nie geschehen durfte, und als eine widerrechtliche Wahl angefochten und verworfen werden könnte.

Uebrigens beruhiget mich das Bewußtseyn, für meine Vaterstadt immerhin als ehrlicher Mann gesorgt und gehandelt zu haben, was auch immer Nebenabsichten und Rachsucht für Verläumdungen erdichten, die ich gewis zu widerlegen im Stande seyn werde.

Ich bin mit Achtung

Eines wohllöblichen Siebener Kollegiums

ergebener Diener, Fehleisen.

Reutlingen den 14. Jul. 1797.

e) Gleichwie mehrere Zwölfer zu Zunftmeistern oder Zunfthüten, also der so rastlose Sprecher und Treiber des Volks nun auch zum Bürgermeister, und einer der ersten Magistraturen der Stadt gewählt wurde. (b)

X 2   NB. Be-

---

b) Beilage Nro. 11. Vorerinnerung zu den Verhandlungen III. St. S 2. Die ganze hieher gehörige Stelle ist folgende:

„Mitlerweile war auch der jährliche Wahl = und „Schwörtag eingetreten: einige Mitglieder des Zwöl= „fetausschusses wurden durch ihre Zünfte zu Zunftmei= „stern der Zunfthäte, der Sprecher des Ausschusses „aber von dem Siebener = Kollegium zum Bürgermei= „ster erwählt.

„Zuerst fragte es sich nun, ob Glieder des Magistrats „zugleich auch Mitglieder eines bürgerlichen Ausschus= „ses

NB. Bekanntlich beruht, unserer Stadtkonstitution nach, das ganze Regiment bei uns auf dem kleinen und grossen Rath; vom grossen Rath stehen das Hutkollegium und die Zunftgerichte zwischen dem kleinen Rath und der Bürgerschaft mitten inne. Selbst der kleine, so wie der grosse Rath

---

„es seyn könnten, weil der Zwek aller bürgerlichen
„Ausschüsse dahin gerichtet ist, die Gerechtsame der
„Bürgerschaft gegen die Magistrate in Schuz zu
„nehmen? Weil aber, besonders nach der hiesigen Ver-
„fassung, der Magistrat blos zeitlicher Verwalter des
„öffentlichen Vermögens ist, und alle Jahr der Fall
„eintreten kann, daß Magistratsglieder wieder in die
„Reihe der Bürgerschaft zurüktreten: so ist der Unter-
„schied zwischen obrigkeitlichen Personen und Bürgern
„nicht so auffallend sichtbar, als anderwärts, und
„das Interesse beider Theile ist auch minder getheilt,
„als in andern Reichsstädten. Und weil dusser die-
„sem der Auftrag des Zwölferausschusses hauptsächlich
„darin besteht, die Anwendung vernünftiger Erspa-
„rungsgrundsäze in Vorschlag zu bringen, der Magi-
„strat aber ebenfalls die Obliegenheit hat, sein ganzes
„Ansehen zur Erleichterung der Bürgerschaft zu ver-
„wenden: so ist es ganz nicht widersprechend, Mit-
„glieder des bürgerlichen Ausschusses im Magistrat
„zu haben, wo sie die Wünsche der Bürgerschaft unmit-
„telbar zu unterstüzen vermögend sind. Indem haben
„sich die betreffende Zünfte ausdrüklich erklärt, daß
„sie in die = zu Magistratsgliedern gewählter Zwölfer
„fortan ihr Vertrauen sezten, und sich nicht darzu
„entschliesen könnten, ihre Stellen im Ausschusse
„durch andere Personen zu ersezen.

Rath, wird alle Jahre aus der Mitte unserer Bürgerschaft aufs neue gewählt; jezt wozu noch ein
drittes Bürgerkollegium von Zwölfen? Indessen
giebt es natürlich ein grofes Uebergewicht, wenn
Einer, wie Fezer, mehrere Personen und Stellen aus allen den Regimentskollegien in
sich und seinen Anhängern vereinigt. So
erreichte der bisherige Sprecher des Volks, und
nunmehr neu gewählter Bürgermeister und
Chef des kleinen Raths, mit seinen Kollegen,
im Zwölferkollegium, als nunmehr neuge-
wählten Mitgliedern im Zunftmeister- und Huthkollegium, nun vollends sein Ziel, wenn die —
zu Magistratsgliedern erwählte Zwölfer
nichts destowentger ihre Stellen in dem neu aufgestellten Zwölferkollegium, wenigstens
noch vor der Hand, fortbehalten durften.

Je geläufiger es bishero dem Sprecher des neu
aufgestellten Zwölferkollegiums war, die Zwölfer als die Schildwachen und Behüter der
Gerechtsame der Bürgerschaft gegen den
Magistrat darzustellen, und sie darum für nöthig fand, weil es an den Zunftmeistern und
Zunfthüten, welche doch eben das seyn sollten,
allein nicht genügen wollte: desto eher hätte
man vermuthen sollen, daß er nunmehr mit sich
selbst sowohl, als den übrigen von seinen Zwölferkollegen, welche jezt Magistratsglieder
geworden, in Verlegenheit kommen dürfte. Da
aber dieser so rüstige Sprecher des Volks, was

X 3   er

er nur will, auch zu sprechen vermag; so
koſtete es auch ihn wenig Mühe, ſich aus dieſer
Verlegenheit zu helfen, und er deducirte gar bald
die Zuläſigkeit der Vereinigung beider-
lei Stellen im Zwölferkollegium, und im
Magiſtrat aus den ſtattlichſten Gründen, wie
ſolche aus dem vorauszogenen dritten Stük und
deſſen Vorerinnerung (c) erſehen werden können.

Diß ſind nun, allergnädigſter Kaiſer
und Herr! die manchfaltigen konſtitutionswidri-
gen Winkelzüge und Nebenwege, wodurch
es dem — bei dem Schwörtag 1798. nun vollends
gar Amtsbürgermeiſter gewordenen Sprecher des Volks, ſich in den Magiſtrat und
deſſen erſte Stelle zu ſchwingen, gelungen iſt; diß
iſt eine kurze Skizze ſeiner Erdreiſtungen, womit
er ein ganz neues Kollegium auf die ei-
genmächtigſte Weiſe über uns in dem Stadt-
regimente aufgeſtellt hat, und — ſeiner demago-
giſchen Inſinuationen z. B. als ob der
Magiſtrat bisher die Bürgerſchaft bei dem Rech-
nungsweſen im Dunkeln geführt, und nur ſeit
der Mitte dieſes Jahrhunderts um einige Tonnen
Goldes gebracht hätte, (d)

und Schleichwege, wodurch er vermittelſt ſeines
gemachten Anhangs nun ſich unſers ganzen Stadt-
regi-

---

c) Beilag Nro. 11. S. 3.

d) Verhandlung 3tes Stük Beilag Nro. 11.

gegiments und einer völligen Diktatur bemeistert hat, und nun Troz allen denen bietet, welche nichts anders und nichts weiters als sein eigenmächtiges und unförmliches Diktaturkollegium ab- und dagegen die alt herkömmlichen von Euer kaiserlichen Majestät sanctionirten Magistraturen in die ihnen zugehörige Autorität und Selbstständigkeit hergestellt haben wollen.

Zur Steuer der Wahrheit, und zur Ehre unserer Bürgerschaft, dörfen und wollen wir nicht verhehlen, daß seither die Mezgerzunft nicht die einzige geblieben ist, welche vom Zwölferkollegium sich mit ihren Deputirten losgesagt hat, vielmehr, daß solcher Zwölfer jezt nur noch acht sind, und man jezt von Seiten des grosen Raths denen Zünften, welche mit solchem Zwölferkollegium nun ein für allemal nichts weiter zu thun haben wollen, dessen Wiederbesezung in den erledigten Stellen sogar aufbringen will.

Aber doch ist das Zwölferkollegium zum Instrumentalgebrauche seines Sprechers, und unserer Konstitution, auch der Sanction von Euer kaiserlichen Majestät, worauf dieselbe beruht, zum Troze, noch nicht aufgehoben.

Eben so wenig ist der Magistrat, über welchen sich dasselbe durch seine arrogante Anmaffung hinauf geschwungen, in seine gebührende Autorität wieder hergestellt, und bei der Organisation,

X 4   wel-

welche ihm planmäßig zu geben, dem Sprecher des Volks durch seine Zwölfer schon im Jahr
1797. bei der sich erlaubten groben Bestürmung
der Wahlen, und vollen Bemeisterung der Siebener und ihrer Stimmen, so mächtig gelungen war,
und auch wieder bei der Wahl 1798. glückte, da
vor derselben nicht weniger als fünf Sena-
toren, um der Zwölfer willen, ihre Magi-
stratur resignirten, und an deren Stelle
meist Zwölfer gewählt wurden, — steht ihm auch
noch nichts im Wege, unter der konstitutionellen
Deke des ihm jezt anvertrauten Amtsbürgermei-
ster-Amts den unleidentlichsten Diktator
über Magistrat und Bürgerschaft zu
spielen.

Euer kaiserlichen Majestät allerhöchst
erleuchteten Einsichten kann es nicht entgehen, was
für Unheil auch nur durch einen einzigen Mann
von solchem Charakter am Ende über eine ganze
Reichsstadt, und zumalen die unserige, wo der
Magistraturwechsel alle Jahr durch
Wahlen geschieht, gebracht werden kann, und
zur mildesten Vorkehrung der eben so ernstlich als dienlichsten Mittel kann es uns Endes
allerunterthänigst Unterzeichneten, die wir nur unser gemeines Stadtwesen besseren Händen anvertraut, auch Friede und Eintracht wieder hergestellt, und beedes auf das sehnlichste wünschen,
daran vollkommen genügen, Euer kaiserlichen
Majestät die Anzeige bloßer Faktums,
                                                          welche

welche sich seit einiger Zeit bei uns ereignet haben, an das reichsväterliche Herz unterthänigst gelegt zu haben.

Reutlingen den 12. März 1799.

II.
Reichshofrathskonklusum vom 2. Jul.
1799.

Lunæ 1. Jul. 1799.

Zu Reutlingen inbenannte Bürger, die daselbst durch das Eindringen eines Einzigen vorgefallenen revolutionären, ruhestörenden und die Verfassung umstürzenden Auftritte betr. sive implorantischer Anwald Eicherer, sub præf. 12. Mart. a. c. überreicht alleruntertänigste Anzeige, Vorstellung und alleruntertänigste Anheimstellung der zu ergreifenden Maßregeln, appon. n. I - IX. in duplo.

Idem sub præf. eod. überreicht alleruntertänigste Vorstellung und Bitte: pro termino 1. D ex allegata causa ad exhibendum duplicatum exhibiti de præf. antedicto concedendo.

Idem sub præf. 27. Mai ejusd. anni trägt alleruntertänigst nach das Duplicat der Vorstellung de præf. 12. Mart. a. c. nebst Bitte, pro hoc Duplicatum ad dictam expositionem apponendo, ac ferendo quantocius retro petito

X 5   auxilio

auxilio cæf. app. dupl. cum adj. à Nro. 1 - 11. inclufive.

Idem fub præf. eod. legitimat fe ad acta, juncto petito hum. legali, appon. mandat. procur.

Idem fub præf. 14. m. præt. überreicht aller« unterthänigften Nachtrag ad exhibitum de præf. 12. Mart. a. c. juncto petito iterato pro maturando auxilio cæf. appon. fubadj. ad Num. 7. in duplo.

Referantur exhibita.

Martis, 2ten Jul. 1799.

Zu Reutlingen innbenannte Bürger, die da» felbft durch das Eindringen eines Einzigen, vorgefallenen revolutionären ruheftörenden, und die Verfaffung umftürzenden Auftritte betreffend.

Abfolvitur relatio & Conclufum:

I. Cum acclufione Exbibitorum de præf. 12. Martii, und 14. Junii c. a. refcribatur dem Magiftrat der kaiferlichen Reichsftadt Reutlingen ex officio:

Kaiferliche Majeftät hätten aus den beige» henden Exhibitis und deren Anlagen, befonders aber aus den von dem bürgerlichen Zwölferaus« fchuß felbften, durch den Druk bekannt gemachten Verhandlungen mit Unwillen erfehen, daß fich er» fagter Ausfchuß, mit Mißkennung und Ueberfchrei» tung des Zwekes feiner Auffiellung, über die in

Be»

Betreff des Oekonomiewesens der dortigen Reichs=
stadt erlaffenen kaiserlichen Verordnungen und Vor=
schriften unbedenklich hinweg gesezt, überhaupt in
die Verfaffung der Stadt auf mehrfache Weise
willkührlich und eigenmächtig eingegriffen, die An=
zeige seiner Handlungen bei kaiserlicher Majestät
durch frevelhafte Abmahnungen, und Drohungen
und selbsten, durch freche Bestreitung der kaiserlichen
Gerechtsame zu verhindern gesucht, und nicht nur
alle schuldige Subordination gegen den ihm vor=
gesezten Magistrat vergeffen, sondern sogar sich
und seine anmaßliche Autorität, über seine Obrig=
keit und deren gesezmäßige Gewalt hinausgesezt,
und seine Meinungen und Vorschläge zu Verfü=
gungen erhoben habe, welche der Magistrat als
verfaffungsmäßig und verbindlich anzuerkennen
schuldig sey.

Da nun kaiserliche Majestät dergleichen herrsch=
süchtige, und pflichtwidrige Unternehmungen keines=
wegs dulten könnten, als wollten Allerhöchstdieselben

1) ernannten Ausschuß hiemit kaffirt und auf=
gehoben, sofort ihme Magistrat diese kaiserliche Ver=
fügung den Zwölfern gebührend zu eröfnen, und
sich auf keine Weise mit denselben weiter einzu=
laffen, auch wie er solches befolgt, und respective
zu befolgen gedenke, in Zeit zweier Monate aller=
gehorsamst anzuzeigen befohlen, danebst des dem
Stadt=Aerario und den milden Stiftungen re=
spective durch Aufhebung der im 2ten Stük aus=
geführter Verhandlungen S. 72. erwähnten Steuer,
und

und die in Betreff der Gottesgaben, ewigen Zin-
fen und theiligen Güter getroffenen Veränderungen, oder durch die übrigen eigenmächtigen Neuerungen etwa zugegangenen Schadens halber, das
Weitere gegen ersagte Zwölfer zu ftatuiren, fich
ausdrücklich vorbehalten haben.

2) Fänden Allerhöchftdiefelben nöthig, den Amts-
bürgermeifter D. Fezer, als fogenannten Sprecher
des mehrerwähnten Ausfchuffes, der angezeigten
pflichtwidrigen Grundfäze und Handlungen halber, zur Verantwortung zu ziehen, auch denfelben
inzwifchen, und bis auf weitere kaiferliche Verordnung, von dem Bürgermeifteramte fowohl, als
allen übrigen Rathswürden und Aemtern, wie hiemit gefchähe, auszufchlieffen. Der Magiftrat habe
daher diefe kaiferliche Entfchlieffungen demfelben ge-
hörig bekannt zu machen, ihme zu Verfaffung feiner
Verantwortung autoritate fpecialis Commiffionis
Cæfareæ die beigefchloffene Exhibita cum termino quatuor feptimanarum vorzulegen, auch ea-
dem autoritate wegen deffen Uebergehung bei der
bevorftehenden Raths = und Aemterwahl das Nöthige zu verfügen, oder falls bei Einlangung diefes kaiferlichen Befehls der Wahltag fchon vorüber,
und ernannter Fezer zu irgend einer Rathsftelle oder
Amt aufs neue gewählt worden feyn follte, denfelben unverzüglich davon zu entfernen, und eine andere interimiftifche Wahl zu veranlaffen.

3) Nachdem auch er, Magiftrat, daß er den
Eigenmächtigkeiten und Anmaffungen des gedachten
Aus-

Ausschusses, ohne bei kaiserlicher Majestät
die gebührende Anzeige zu thun, nachgegeben, sich
gegen Allerhöchstdieselben und das ihm anvertraute
gemeine Stadtwesen verantwortlich gemacht habe:
als habe er, was er etwa zu seiner Rechtfertigung
oder Entschuldigung anführen zu können vermeine,
in Zeit zweier Monate, mit Anschluß der Verantwortung des D. Jezers, alleruntertänigst einzu-
bringen.

4) Werde Ihme hiemit aufgegeben, sämmtliche vollzogene sowohl, als unvollzogene Oekono-
mieverbesserungs=Vorschläge ad acta: Reutlingen
Stadt=Oekonomie=und Debitwesen betreffend, umständlich und mit Beifügung seines Gutachtens in
eodem termino anzuzeigen, und kaiserliche Entschließung darauf zu gewärtigen, immittelst aber,
soviel insonderheit die lezern belange, mit allem
Vollzuge einzuhalten.

II. Injungatur dem Reichshofraths Thürhü-
ter, die Insinuation dieses kaiserlichen Rescripts zu
besorgen, und wie es geschehen elapso termino
anzuzeigen.

III. Ponantur mandata procuratoria ad
acta.

Ignaz von Hofmann.

III.

III.
Reichshofrathskonklusum vom 30. Sept. 1799.

Lunæ 30. Sept. 1799.

In Reutlingen innbenannte Bürger, die das
selbst durch das Eindringen eines Einzigen vorge=
fallenen, revolutionären, ruhestöhrenden, and die
Verfassung umstürzenden Auftritte betr.

I. Cum inclusione der so rubricirten fernern
Anzeige und Vorstellung de præs. 9. curr. mensis
rescribatur dem Magistrat der kaiserl, Reichsstadt
Reutlingen ex officio: Er habe, so viel

1) die dem Anbringen nach während der
Amtsführung des gewesenen Amtsbürgermeisters
Fezer unterlassene Beeidigung der Pfleger; ferner
die angeblich vernachläsigte Sicherstellung der Pfleg=
kasse, und die Verlegung des Rechnungstermins
von Georgi auf Jakobi betreffend, umständlichen
Bericht zu erstatten und solchen mit der membr.
4. rescr. Cæf. de 2, Jul. nup. erforderten An=
zeige, zu deren Einbringung ihm hiemit ein ander=
weiter Termin von 2 Monaten a die, insin. hujus
von Amts wegen verstattet werde, ad acta Reut=
lingen, Stadt = Dekonomie und Debitwesen betr.
einzureichen.

2) Habe er den D. Fezer über die Anlagen 15.
und 16. des angeschlossenen Exhibiti ungesäumt ad
Protocollum zu vernehmen, und denselben zu

voll=

vollständiger und glaubhafter Erläuterung des erstern anzuhalten, überhaupt aber alles dasjenige,
was zu Aufklärung der Sache dienen könne, in
rechtlicher Ordnung und mit Ernst und Eifer vor-
zulehren, auch was allenfalls der D. Fezer zu
seiner Vertheidigung anführen oder beibringen zu
können vermeine, zum Protokoll zu nehmen, und
solches demnächst mit der respective ernanntem Fezer, und ihme Magistrat, per membr. 2. & 3.
rescr. Cæs. de 2. Jul. a. c. aufgegebenen Verantwortung und Rechtfertigung, zu deren Vorlegung ihm hiemit gleichermassen ein weiterer Termin von 2. Monaten, von Zeit der Insinuation
gegenwärtigen Rescripts an zu rechnen, ex officio
präfigirt werde, on kaiserliche Majestät allerunterthänigst einzusenden. Uebrigens und

3) Versehen sich Allerhöchstdieselben zu ihm
Magistrat alles Ernstes, daß er Impetrantes
gegen Verfolgungen und Unannehmlichkeiten, wo-
ferne sie dergleichen dieser oder ihrer früheren
pflichtmäsigen Anzeigen wegen wirklich zu besorgen
haben sollten, nachdruksamst schützen werde.

II.) Injungatur dem Reichshofrats-Thürhü-
ter, die Insinuation dieses kaiserlichen Rescripts
zu besorgen, und wie es geschehen elapso termino anzuzeigen.

III. Ponantur mandata procuratoria ad acta.

Ignaz von Hofmann.

IV.

IV.

Reichshofrathskonklusum vom 23. Dec. 1799. die interimistische Entfernung des Bürgermeisters Fezer von allen Raths⸗ und Aemterstellen betr.

Lunæ 23. Dec. 1799.

Zu Reutlingen, innbenannte Bürger, die da⸗ selbst durch das Einbringen eines Einzigen vorge⸗ fallenen revolutionären Auftritte betreffend.

1) Wird dem Magistrat der Reichsstadt Reut⸗ lingen, wofern es indessen wirklich nicht ge⸗ schehen seyn sollte, dem membr. 2, Rescripti de 2. Jul. nuperi, soviel die interimistische Entfernung des Bürgermeisters Fezer von allen Raths⸗und Aemterstellen betrift, sogleich Angesichts dieses kaiserlichen Conclusi Folge zu leisten, und wie es geschehen, in Zeit von 4. Wochen allerunterthänigst anzuzeigen, bei Strafe zweier Mark Goldes ex propriis hiemit aufgegeben.

2) Injungatur dem Reichshofraths⸗Thürhüter die Insinuation dieses kaiserlichen Rescripts zu besorgen, und wie es geschehen elapso termino anzuzeigen.

3) Ponantur mandata procuratoria ad acta.

Ignaz von Hofmann.

Achter

Achter Abschnitt.

Vermischte Gegenstände.

Verwahrungen des Hochstifts Trident wegen der Verhältnisse gegen der Grafschaft Tyrol.

Bei der Reichsberathschlagung über die Note der französischen Minister in Rastadt wegen des russischen Truppenmarsches, kam es gelegentlich zu gegenseitigen Verwahrungen wegen der Verhältnisse zwischen dem Hochstift Trident und der gefürsteten Grafschaft Tyrol. Den Anlaß gab die Schlußäußerung in der Tientischen Stimme, in welcher das unumwundene Vertrauen gegen kaiserliche Majestät geäußert wurde:

„Allerhöchstdieselbe wollen nicht nur als Reichsoberhaupt für das wahre Wohl gesammter Reichsstände, sondern auch in der Eigenschaft eines gefürsteten Grafen von Tyrol, als gnädigster Schuz-und Schirmherr ihres reichsunmittelbaren Hochstifts, für dessen unverkürzte Erhaltung reichsväterlich besorgt zu seyn, huldreichest geruhen,“

Ob besondere Vorgänge im Krieg zu dieser offenbar absichtlich eingeschobenen Verwahrung Anlaß gegeben haben, ist mir nicht bekannt.

Inzwischen veranlaßte dieselbe folgende Verwahrungen:

„Oesterreich interloquendo: habe wahrgenommen, daß in der vortreflichen tridentinischen Abstimmung Dinge in Anregung gebracht worden, die, wenn gleich nicht so böse gemeint, gleichwohl in künftiger Auslegung den Rechten des durchlauchtigsten Erzhauses Oesterreich zu nahe treten könnten; daher man hiergegen die — durch altes Herkommen, Verträge und Besizstand bestens gegründete Jura austriaca feierlich reserviren, und alle in älteren Reichstagsverhandlungen dieserwegen vorgetragene stattliche Gründe hier wiederholt haben will."

„Trient, interloquendo: halte sich an die eben so angepriesene ältere Verträge."

Auch hat der österreichische Gesandte, welcher das Direktorium führte, am Schluß der Sizung noch eine Direktorialrüge deswegen dem Protokoll beigefügt, welche auf folgende Art gefaßt wurde:

„Direktorium: Vordersamst, um seiner Direktorialobliegenheit Genüge zu leisten, werde hier bemerket, daß gegen das bisherige Herkommen und gute Ordnung ein=von der in Proposition gestellten Materie ganz diverser hieher nicht gehöriger Gegenstand in die hochfürstlich tridentinische Abstimmung aufge=

genommen worden; welches, ohne Konsequenz
für die Zukunft hoffentlich seyn werde."

Diese Aeuserung blieb unbeantwortet.

Da sich diese gegenseitige Verwahrungen in
dem Reichsprotokoll über den russischen Truppenmarsch verlieren: so habe ich für zwekmäßig gehal-
halten, sie hier besonders heraus zu heben.

2) Obsignationsstreit des Hochstifts Augsburg
mit dem Fürsten von Taxis in dem Ort
Ballmertshofen.

Zwischen dem Hochstift Augsburg und dem
Fürsten von Thurn und Taris ist in dem Jahr
1798. über die Behandlung der Verlassenschafts-
sache des dortigen Pfarrers ein Streit entstanden,
welcher an den Reichshofrath erwachsen ist. Das
bischöfliche Ordinariat behauptete, an erwähntem
Orte von unfürdenklichen Zeiten her ruhig und
ohne allen Widerspruch sich in dem Besitze zu befinden, in Sterbfällen der dortigen Pfarrer die
Verlassenschaft in die Sperre zu nehmen, und,
ohne alle Mitwirkung der weltlichen Herrschaft, an
die Erben zu verabfolgen. Er beschwerte sich daher dasselbe nun darüber, daß in dem lezten Fall,
nach dem Tode des Pfarrers Blattners der fürstlich tarische Beamte in dem Ballmershöfischen
Pfarrhof tumultuarisch eingefallen sey, die fürstlichen Sigille mit Gewalt angeschlagen, die bischöfliche Verhandlungen mit gleicher Gewaltthä-
tigkeit unterbrochen, und die angefangene Verstei-

Y 2   gerung

gerung via facti, und zur Proſtitution des Ordi-
nariats eingeſtellt habe; auch daß der Fürſt gegen
weitere Jurisdictionsübungen unerlaubte Selbſt-
hülfe gebraucht, und ſogar Strafbefehle habe ergehen laſſen.

Auf dieſe , am 27. März 1798. eingereichte
Klage wurde am 28. Jänner dieſes Jahrs das
gebetene Mandatum caſſatorium & inhibitorium
ſine clauſula dahin erkannt:

das Ordinariat zu Augsburg in dem Be-
ſizſtand, die Velaſſenſchaft der Pfarrer und
anderer geiſtlicher Perſonen zu Ballmertshofen privative zu obſigniren, zu inventariſiren
und zu vertheilen, ferner nicht zu beeinträch-
tigen, die dagegen in dem Pfarrhaus zu
Ballmertshofen verübte gewaltſame Anmaſ-
ſungen zu kaſſiren, ſich ferner in dieſes Geſchäft nicht einzumiſchen, ſofort alle verurſachte Schäden und Köſten zu vergüten, und
künftighin nicht mit Thathandlungen, ſondern
im Wege Rechtens fürzugehen, auch hinlängliche Kaution zu ſtellen.

3) Eingriffe des Wiener Stadtmagiſtrats in
die reichshofräthliche Gerichtsbarkeit in
einer Gantſache.

Von der Wittwe des verſtorbenen Reichshofraths Agenten Vacano iſt ihre Zahlungs-
Unvermögenheit bei dem Reichshofrath angezeigt,
und

und hierauf von demselben dem kaiserlichen Ober-
hofmarschall - Amt zu Formirung des Konkurses
der Auftrag ertheilt worden.

Was es hiebei mit dem Stadtmagistrat zu
Wien für einen wahrscheinlich ganz vorübergehen-
den Jurisdictions = Conflikt gegeben habe, ist aus
nachfolgendem Reichshofrats - Konklufo zu ersehen:

Sabbati 4. Mai 1799.

Vacano Eleonora Wittwe, puncto ces-
fionis bonorum, five kaif. königl. Oberhofmar-
schall Graf Anton von Schafgotsch, sub præfen-
tato 23. April a. c. überreicht allerunterthänigsten
Bericht ad Documentum Cæf. de 8. antedicti
menfis & anni mit Bitte um fernere Verhal-
tungsbefehle.

1) Ponatur des kaiferl. königl. Oberhofmar-
schalls allerunterthänigster Bericht de præfen-
tato 23. elapfi ad acta.

2) Fiat infinuatum in Freundschaft an die
kaiferl. königl. böhmisch = österreichische Hofkanzlei dahin:

Nachdem die Wittwe des verstorbenen beklagten Agenten Vakano unter dem 7. m.
p. ihre Zahlungs = Unvermögenheit bei kaiferl.
böhmischer Kanzlei angemeldet, und darauf
dem kaiferl. Oberhofmarschallamt die Formirung des Concurfus Creditorum aufgetra-
gen worden, so sey nunmehr aus einem von
demselben erstatteten Bericht zu vernehmen,

Y 3   daß

daß der hiefige Magiſtrat gedachter Wittwe
Habſchaften in die enge Sperr genommen
haben. Da nun aber dieſe Verfügung nicht
anders als aus Unbekanntſchaft mit der oben
angegebenen Qualität der Schuldnerin geſche=
hen ſeyn könne; ſo werde eine löbliche böh=
miſch=öſterreichiſche Hofkanzlei in Freundſchaft
erſucht, erſagtem Stadtmagiſtrat aufzugeben,
daß derſelbe die angelegte Sperr unverweilt
aufhebe, und die etwa bei ihm aufgetretenen
Gläubiger ad forum Concurſus verweiſe.

4.) Wirzburg gegen das Kloſter Brombach.

Von dem Hochſtift Wirzburg iſt gegen das
Kloſter Brombach über Verwaigerung des Appel=
lationsgangs und Vervielfältigung der Juſtanzen
am Reichshofrath Beſchwerde geführt worden;
Hingegen hat auch das Gotteshaus Brombach
gegen die fürſtlich wirzburgiſche Regierung und den
abteilichen Unterthanen Georg Dertinger, puncto
arrog. inſt. appellationis & incomp. recurſus
Klage erhoben, auch insbeſondere noch gegen die
fürſtlich wirzburgiſche Regierung um Citation ex
leg. diffam. gebeten; Es wurde aber dieſe Ci=
tation ſowohl als das ſämtliche Geſuch des Got=
teshauſes Brombach, in dem reichshofräthlichen
Concluſo vom 21. Mai dies Jahrs als unſtatt=
haft erkannt.

Hingegen wurde auf die Klage des Hoch=
ſtifts Wirzburg an eben dieſem Tage

1)

1) mit Einschluß des wirzburgischen exhibiti vom præs. 15. Febr. an das Kloster Brombach ein Decret dahin erkannt:

\ „dasselbe habe in Zukunft die Gerichtsbarkeit über seine Unterthanen in erster Instanz, entweder durch rechtskundige Amt-
leute auf dem Laude, oder durch seine Klo-
sterkanzlei allein administriren zu lassen, und
wie es diesem nachzukommen gedenke, in
term. 2. M. anzuzeigen."

Im übrigen wurde

2) der impetrantliche Theil mit seinem Gesuch auf das sub rubro inverso ergangene
Konklusum verwiesen.

5) Debitwesen des Hauses Sachsen = Coburg = Saalfeld.

Von dem neuesten Gang des Herzogl. Sachsen = Coburg = Salfeldischen Debitwesens, und der
Vollziehung des bestätigten Zahlungsplans gibt
folgendes Reichshofrathskonklusum Nachricht.

Veneris 24. Mai.

Sachsen = Coburg = Saalfeld Herzogl.
Hauses Zahlungsplan betr. commiss.

1) Ponatur des regierenden Herrn Herzogs zu
Sachsen = Gotha sub præs. 27. Sept. a. p. &
8. Jan. a. c. alleruntertthänigst erstatteter Bericht ad acta.

2) Rescribatur dem Herrn Herzog, als zum Herzogl. Sachsen = Coburg = Saalfeldischen Debitwesen verordneten Kommission:

So

So wie Se. kaif. Majeſt. die Befolgung des
unter dem 9. Dec. 1797. allergnädigſt erlaſſe=
nen Reſcripts, und die einberichtetermaſſen ſeit
dem Jahr 1795. beſonders geſchehene merkliche
Verminderung des ſtatus paſſivi zu allerhöch=
höchſtem Wohlgefallen gereiche; ſo verſehen ſich
Allerhöchſtdieſelbe zur Kommiſſion daß ſolche vor=
züglichen Bedacht darauf nehmen werde, daß
weder das bei erfolgter Eröfnung des gedachten
kaif. Reſcripts an die S. Coburgiſche Kammer,
im Protokoll eingefloſſene Wort: nach Möglich=
keit, noch die bei der denen Mandatariis Creditorum geſchehene Publication bemerkte Welt=
läuftigkeit und Beſchwerlichkeit einer Kommu=
nikation mit den Gläubigern Veranlaſſung ge=
be, die pünktliche Erfüllung des unter dem
9. Dec. 1797. ausgefloſſenen allerhöchſten Re=
ſcripts abzuhalten, welches die neuerer Zeit et=
was häufig vorgekommene auſſerordentliche Vor=
ſchüſſe e Camera nothwendig gemacht haben.
Uebrigens hätte kaiſerl. Majeſtät gegen die be=
merktermaſſen in Gemäsheit der Primogenitur=
Konſtitution erfolgte Auszahlung der 20,000 fl.
Heuraths = und 4000 fl. Florationsgelder nichts
zu erinnern, begehrten aber, daß die Gläu=
biger ſelbſt über die anverlangte Bezahlung
der Vermählungskoſten a 3000 Rthlr. vernom=
men, und deren Erklärung zu Faſſung kaiſerl.
Reſolution a Commiſſione eingeſchikt werde.

www.ingramcontent.com/pod-product-compliance
Lightning Source LLC
Chambersburg PA
CBHW021105270326
41929CB00009B/746